2版（修订本）

李嘉诚全传

金泽灿 著

华中科技大学出版社
http://www.hustp.com
中国·武汉

图书在版编目(CIP)数据

李嘉诚全传/金泽灿著. -- 2版(修订本). -- 武汉：华中科技大学出版社，2019.10（2021.11重印）
　ISBN 978-7-5680-5625-0

Ⅰ.①李… Ⅱ.①金… Ⅲ.①李嘉诚-传记 Ⅳ.①K825.38

中国版本图书馆 CIP 数据核字(2019)第 184386 号

李嘉诚全传 2版（修订本）　　　　　　　　　　　　　　　　　金泽灿　著
Lijiacheng Quanzhuang

策划编辑：亢博剑
责任编辑：沈剑锋
封面设计：刘红刚
责任校对：曾　婷
责任监印：朱　玢

出版发行：华中科技大学出版社(中国·武汉)　　电话：(027) 81321913
　　　　　武汉市东湖新技术开发区华工科技园　　邮编：430223

印　　刷：天津中印联印务有限公司
开　　本：710mm×1000mm　1/16
印　　张：21.5
字　　数：320千字
版　　次：2019年10月第2版第1次印刷　　2021年11月第2版第3次印刷
定　　价：49.80元

本书若有印装质量问题，请向出版社营销中心调换
全国免费服务热线：400-6679-118　　竭诚为您服务
版权所有　侵权必究

【序言】

建立自我　追求无我

　　李嘉诚一直是商界的传奇，他身上似乎集中了所有创业者必然要经历的挫折坎坷和不懈奋斗。辉煌的背后总有着不为人知的坚持，以及无数辛酸、感人的故事。成功后的李嘉诚，将自己奋斗的一生浓缩为一句话："早年的人生是个人努力多一些，中年以后则是运气多一些。"他的表述极为平淡，然而当我们仔细了解他的人生奋斗历程后，却可以从中领悟出时势与英雄的互动。

　　李嘉诚生于潮汕地区，在他小的时候，家乡还比较封闭落后。当时上海、广州等大城市正在经受"工业革命"的洗礼，而他还在乡间学堂背诵"之乎者也"。他的父亲是个典型的教书先生，不像其他潮汕人那样擅长外出经商。如果按照这个轨迹发展下去，李嘉诚很有可能会子承父业，默默无闻地度过一生。

　　人们常说，上天要考验一个人，必先让他经受磨难。由于日寇全面侵华，一场巨大的战争灾难降临到了中国人民头上，幼小的李嘉诚也不幸沦为难民，被命运抛到了香港。父亲很快就被生活的重担压垮了，李嘉诚不得不中断学业，独立谋生，先后做过茶馆的跑堂伙计、钟表店学徒、五金厂推销员、塑胶公司推销员。在努力工作的同时，他还自己苦学英语。

　　作为一个潮汕人，李嘉诚的身上显然也具有商业细胞。从事推销工作后，他创意连连，见解独到。他给自己定下了高远的目标，并付出超常的努力，工作业绩令同事们望尘莫及，职位也不断上升。这时，他又有了跳槽的想法，但不是奔向更加优厚的工资待遇，而是奔向更大更广的施展空间，奔向当时的朝阳行业。

总是在坎坷的路上行走，总是让命运穿过激流。年轻时的李嘉诚，每到有可能享受安稳生活的时候，总是让自己从零开始。接下来，他开始独立创业了。他用手中少得可怜的一点资金，加上借贷，创办了长江塑胶厂。创业之初，他亲力亲为，艰难支撑，甚至为了掌握关键技术而到国外的工厂打工学艺。他不仅把眼光盯在钱与物上，还用苦学得来的知识武装自己的头脑，靠诚恳待人、办事公正积累的信誉和人脉来谋求发展。

兴办实业是李嘉诚一贯坚持的商业理念，但在香港这个以商贸、金融业为主流的国际化大都市，他渐渐学会了顺势而为，不失时机地涉足房地产业，投资船运码头、电灯等行业，并竭力促成公司上市。在金融和股票市场，他如鱼得水，眼光独到，以小鱼吃大鱼、以退为进、人弃我取、低进高出等手法，实现了资本的快速扩张；随后又向在港外资企业发起挑战，主导了一幕幕鲸吞式并购重组的大剧。

面对风险巨大的商业竞争，李嘉诚始终坚持"现金为王"，踏实经营实业，限制企业负债率，从来不在地产和股市上过度投资，作风极为稳健。由于对国家政策和经济大势判断正确，同时对香港前途信心十足，他在几次大的人心波动中敢于逆市而上，不仅使公司平安渡过了走资风波和金融风暴，而且使自己从地产大亨变为股市大腕，又从行业至尊成为进军现代高科技的急先锋。

如今在香港，李嘉诚的印记无处不在，很多人住在他修建的公寓里，用着他旗下电力公司的供电设备，喝着他生产的瓶装水，并且在他主导的香港零售市场的连锁超市里购买东西……

在内地，随着经济的快速发展，市场不断成熟，20世纪90年代后期，李嘉诚逐渐加大了对内地的投资力度，先后在北京、上海、青岛、重庆、深圳、广州、东莞及珠海等主要城市发展地产项目。同时，他还进军内地港口市场，参与开发深圳盐田港集装箱码头、上海港、洋山深水港二期、烟台港八角港区等，直接分享中国经济增长所带来的好处。

在国外，李嘉诚从20世纪60年代便开始投资加拿大，业务范围涉及酒店、地产、石油及证券等，其中以赫斯基石油最令人瞩目。在欧洲，他以买"橙"卖"橙"创造了企业并购神话。从2000年开始，他的长子李泽钜累计斥资2000亿港元收购了英国、加拿大和澳大利亚的11个基建项目，涉及电力、水务、天然气供应等。2012年10月，李泽钜又斥资167亿港元收购荷兰国际集团在我国港澳地区及泰国的保险业务。通过这些大手笔的投资收购，不难看出李嘉诚的财富帝国已经后继有人。

在世人心目中，李嘉诚是一个凝聚和代表奋斗、领先、财富的卓越商人和企业家。他灵活应变，参透了商道玄机；他长袖善舞，建立了通达人脉；他运筹帷幄，做到了长远制胜；他知人善任，把人才变成资本；他自强不息，靠坚韧造就成功；他苦心孤诣，培养自己的后代成为新一代儒商；他以德服人，打造了人格的金字品牌……更引人注目的是，他用毕生心血实现财富帝国的美好梦想后，又在83岁高龄时完成了家族企业的传承过渡，在三分财产中彰显出大智慧。

作为商界"超人"，一个风向标式的人物，李嘉诚的一举一动总能掀起不小的震动。2013年以后，李嘉诚因为大量抛售内地和香港物业，同时又在欧洲大肆收购而被推到了风口浪尖上，媒体甚至发声："别让李嘉诚跑了！"对此，无论如何解读，都必须承认李嘉诚善于规避风险，懂得止盈。对他来说，在市场风险增加的情况下，及时套现、落袋为安才是真正的投资。同时他也希望自己的商业帝国在他故去之后能够正常运转，有一个良好的延续。姑且不论李嘉诚把投资重点转向海外正确与否，仅从他2019年在华为与英国商议5G合作时伸出援手，帮助华为打开欧洲市场的行为，我们便看到了一个世界级华人企业家对于民族企业的支持，以及拳拳爱国之心。

本书以翔实客观的笔调，详细叙述了李嘉诚的成长历程及其商海奋斗的实战经历，向读者全面展示了李氏财富帝国的商业传奇。在近70年的商业实践中，李嘉诚不仅创造了巨大的物质财富，而且身体力行地创立了一套具有丰富内涵的人生哲学和经商理念。他所走过的每一步，都是在商海中用心探索、大胆实践的结果，值得有志于在商场上大展宏图的人细细品味、学习借鉴。

本书在编辑的过程中，得到了林学华、张慧丹、林春姣、李小美、曹阳、庞欢、张丽荣、孙长胜、李泽民、龚四国、林红姣、向丽、曹驰、曹琨、林望姣、王凯军、林双兰、曹霞、李本国、林华姣、李鹏、林丽姣、陈艳、吴露、陈胜、陈艳威、林喆远、翟晓斐、刘艳、刘屹松、孔志明、梁晓丹、周新华、王志利、赵艳霞、张杨玲、陈怡祥、林中华、曹茜、刘永兵、曹建祥、曹建国、王晓玉等不少同仁的支持和帮助！在此特表示深切的谢意。

目　录
Contents

第一章　乱世浮沉 / 1
    1. 出身书香世家 / 1
    2. 关于船长的梦想 / 4
    3. 举家逃往香港 / 8
    4. 学做香港人 / 11
    5. 清苦的生活 / 14

第二章　艰难谋生 / 16
    1. 茶楼的小堂倌 / 16
    2. 从钟表学徒到钟表销售 / 23
    3. 推销铁桶小试身手 / 27
    4. 投身塑胶行业 / 31

第三章　创业之路 / 36
    1. 创办长江塑胶厂 / 36
    2. 质量危机的考验 / 41
    3. 意大利偷师学艺 / 45
    4. 抢占欧洲市场 / 51

第四章 花开两枝 / 56
1. 放手一搏，进军北美 / 56
2. 救业与产业过渡 / 59
3. 兴建收租物业 / 62

第五章 伉俪情深 / 65
1. 有情人终成眷属 / 65
2. 低调的贤内助 / 69

第六章 时势造英雄 / 73
1. 香港地产危机中的豪赌 / 73
2. 让长江实业"骑牛"上市 / 76
3. 股市地产双丰收 / 79

第七章 问鼎中区 / 85
1. 分析对手，制定"克敌"方法 / 85
2. 以智取胜，花落长实 / 89
3. 攀上汇丰银行 / 91

第八章 吞并英资 / 94
1. 九龙仓角逐大战 / 94
2. 以小博大，入主和黄 / 97
3. 重振和黄创佳绩 / 101
4. 打造零售帝国——屈臣氏 / 104

第九章　美丽华之争 / 110
    1. 低价竞购美丽华酒店 / 110
    2. 收购与反收购 / 112

第十章　广纳人才 / 116
    1. 厚待元老重臣 / 116
    2. 大胆起用青年才俊 / 118
    3. 聘用洋人干将 / 121
    4. 善用智囊人物 / 125

第十一章　剑指港灯 / 130
    1. 按兵不动，静待时机 / 130
    2. 欲擒故纵收购港灯 / 131

第十二章　孝子严父 / 136
    1. 尽心侍奉慈母 / 136
    2. 既做慈父，也做严师 / 139

第十三章　有备而战 / 143
    1. 屋村计划：居者有其屋 / 143
    2. 见好就收的置地收购战 / 148

第十四章　股海弄潮 / 154
    1. 把握市场脉搏 / 154
    2. 积极救市 / 156

3. 协助中资上市 / 158

4. 重组长和系 / 163

第十五章　坚守香港 / 166

1. 看好香港,不做"走资派" / 166

2. 走跨国化发展道路 / 169

第十六章　上阵父子兵 / 174

1. 培养长子接班 / 174

2. 有惊无险的绑架事件 / 180

3. 次子自立门户 / 185

4. 遭遇盈科滑铁卢 / 188

5. 小超人的"数码港"计划 / 191

6. 借力"世纪午餐" / 195

第十七章　进军电信业 / 201

1. 花重金养"贵橙" / 201

2. 卖"橙"行动 / 203

3. 竞投3G牌照 / 207

4. 灵活运作3G业务 / 210

第十八章　跑马圈地 / 215

1. 炒楼风波引非议 / 215

2. 逢低吸纳优质地皮 / 219

3. 布局内地市场 / 221

第十九章　红颜助力 / 226
    1. 从天而降的开发项目：东方广场 / 226
    2. 一切从大局出发 / 228
    3. 成功入主 Tom.com / 232

第二十章　中药国际化 / 238
    1. 北上联姻同仁堂 / 238
    2. 让中药走向世界 / 241

第二十一章　多元发展 / 245
    1. 布局生物产业 / 245
    2. 收购华娱卫视 / 248
    3. 投资内地港口市场 / 252
    4. 做玩具交易平台的整合者 / 256
    5. 投资科技新秀 / 260

第二十二章　善举义行 / 264
    1. 热心公益事业 / 264
    2. 独资兴建汕头大学 / 268
    3. 慷慨解囊，助无助者 / 273
    4. 成立李嘉诚基金会 / 278

第二十三章　过冬法宝 / 283
    1. 降价促销，逢低储地 / 283
    2. 争取每一个投资机会 / 288

3. 现金为王的"过冬"策略 / 293

第二十四章　撤资风波 / 298

1. 抛售资产 / 298
2. "商业考量，与撤资无关" / 303
3. 王者回归 / 305

第二十五章　一代儒商 / 309

1. 为人低调，谦逊好学 / 309
2. 视名誉为第二生命 / 314
3. 简简的生活更有趣 / 316
4. 商场做对手，场外做至交 / 318
5. 三权分立——用心良苦的分家方案 / 322
6. 既富且贵的人生追求 / 328

第一章 乱世浮沉

出生于潮汕地区的李嘉诚,从小就生活在一个有着浓重儒学气氛的家庭,无奈生逢乱世,面对外敌入侵,他不得不跟着家人辗转流离,历经坎坷。父亲早逝使他早早便承受了生活的重压,被迫中断学业,然而,目光远大的他不放过任何学习的机会,逆境没有让他沉沦,反而使他更加奋进。

1. 出身书香世家

三山环抱,一水相拥,灵秀山川的孕育,悠久历史文化的沉淀,使这座古风与现代气息交相辉映的城市风光旖旎、人文荟萃,而它便是令一代儒商李嘉诚魂牵梦萦的故乡——潮州。

1928年7月29日(农历六月十三日),李嘉诚出生于广东省潮安县府城(今潮州市湘桥区)北门街面线巷5号。如今的面线巷,毗邻喧哗的北门市场,如面线一般狭长,小巷中有一座极为寻常的古宅。

这座古宅宅门不大,亦无雕龙画凤,即使着意渲染,也无法将它描述出"古色古香,静谧幽雅"之气。然而,这个普普通通的老宅院,在半个多世纪以前却是一个不折不扣的书香世家,也是李嘉诚的故居。现存的李家祖宅门前用于插贡旗的碑座,就是书香世家、人才辈出的历史见证。

据李氏家谱记载,李嘉诚的祖先原为中原人士,明末清初,因为灾荒，一世祖李明山举家南迁至福建莆田，后又因战火连绵不断，再由福建莆田迁至潮州府海阳县（今广东省潮州市）。故有传记载："李氏家族自一世祖李明山起在这块土地（粤东潮州府海阳县）上居住了约有十代，其中经历了二世祖李朝客、三世祖李子坤、四世祖李仲联、五世祖李世馨、六世祖李克任、七世祖李鹏万、八世祖李起英及李晓帆，传至九世李嘉诚父亲李云经，直至李嘉诚恰居第十世。"

在《李氏家谱》中有这样的记载佐证："李明山之父李牟字沐，配汤氏，行二，生子怀功字明山，庠生。牟文武双修，明崇祯七年随父自陕西、山西授拳，误入闯贼（李自成起义军）营为将，明崇祯十七年遭闯贼杀，子怀功依牟堂兄李仲浙江俊府武堂习拳成师，徙往福建传拳为生，徙莆田又迁潮州府。"

李嘉诚的曾祖父李鹏万曾经是清朝每12年选拔一次的文官八贡之一，宅门前有一座3米高的碑台，上插贡旗，一时被传为佳话。李家治学风气甚浓，知书识礼，在四乡八里之中颇有名望，深受村民尊重。

祖父李晓帆是清末秀才，因清末由考试入仕的制度渐废，故未能入仕，闲居乡野。20世纪初，正值中国饱受列强欺辱、西学渐进的时代，实业救国、学习西夷之长技等新思潮日盛。饱读四书五经的李晓帆，毅然送两个儿子李云间、李云梯东渡日本留学，一个学商科，一个念师范，学成回国后分别在潮州、汕头执教。

李嘉诚的父亲李云经排行老三，还有一个弟弟叫李奕（李云松）。李云经从小聪颖好学，孜孜不倦，每次考试总是名列前茅。1913年，15岁的李云经以优异成绩考入省立金山中学，1917年毕业时成绩名列全校第一。但时值家境式微，无力供他升读大学，李云经接受莲阳懋德学校的聘请，走上了治学执教之路。

那个时代的潮州本是一个"省尾国角"的小地方，但海外贸易十分发达。作为中国最具传奇色彩的人群之一，潮汕人被世人公认为"东方的犹太人"，这源于潮汕人的经商之道。人们都说潮汕人"在家是条虫，出门是条龙"，这就是说潮汕人很善于出门闯世界，并逐渐形成传统。自19世纪中叶汕头开埠以来，每年输出的契约华工达数万。他们心怀憧憬，前赴后继，蔚然成风。这不是因为社会动荡或是天灾人祸的逼迫，而是数百年来潮汕人养成的积极开拓的精神，是潮汕商业文化的独特景观。潮汕人的迁徙，不同于山东人闯关东、宁波人闯上海，足迹仍在国内，潮汕人是放眼海外。"商者无域"是潮汕人的观念。

李云经生活在这个大的文化氛围中，尽管接受的是传统家教，也不可能不受其影响。执教数年之后，李云经一度弃教从商，远渡重洋，在爪哇国三宝垄一间潮商开办的裕合公司里做店员。经历了短暂的打工生涯，因生意失败，李云经打道回府，在潮安城恒安银庄任司库与出纳。后因时局动荡，天灾人祸，银庄倒闭，他失业了。

就这样，李云经在商界转了一个小小的圈儿，还是回到了原点——重执教鞭。

或许是接受了太多的传统道德，重义轻利，安贫乐道；或许是更热衷于教育事业，视教育为强国利民之本，不论何种原因，李云经对教育事业的热爱是毋庸置疑的。他在隆都后沟学校任教后，因教学有方，声誉日隆，于1935年春被聘为庵埠宏安小学校长。1937年，李云经转聘为庵埠郭垄小学校长，直至潮州沦陷。

李嘉诚是李云经的长子，深得祖母的宠爱。李嘉诚蹒跚学步时，信佛教的祖母就教导他：要行善做好事，好人会有好报。当时他虽然还不明白这些话的意思，却把这些话口诵心默，牢记于心。

孩提时代的李嘉诚声音嘹亮、眼神清澈、天庭饱满，乡亲们都十分喜欢他，亲切地称他为"阿诚"或"大头诚"。很多人认为李家这个长子是块读书做官的料，长大后会有出息，一定会光宗耀祖，复兴李家的门楣。

然而，李嘉诚来到人世时，社会动荡不安，军阀混战，腥风血雨。尽管当时北伐取得了辉煌的胜利，但中国依旧处于半殖民地半封建社会。全球经济经历长久繁荣后，接踵而来的是世界性的经济大萧条。1931年"九一八"事变的消息传至潮州，各界群情激昂，纷纷成立各种抗日救国群众团体，抵制日货，实行对日经济绝交。

潮州因偏安一隅，受时局的影响相对较小。李嘉诚家境虽不富裕，但生活基本上是安定的，他在潮州度过了 11 年美好的童年时光。

2. 关于船长的梦想

作为一个古老的海滨城市，潮州城北有金山，东有笔架山，西有葫芦山，浩瀚的韩江绕廓南流，构成三山一水护古城的壮丽图景，恍若世外桃源，素有"岭海名邦"之称。

每当闲暇的时候，李云经便带着李嘉诚流连于青山绿水之间，人间的一切烦恼仿佛随着江水漂流远逝。李云经常常将情怀寄寓于山水，品评历史英雄人物，教导儿子做人的道理，使他养成仁爱诚信的品德。李云经对儿子的最大期望，就是希望他学有所成，报效国家和建设家乡。

李嘉诚不负父望，聪颖好学，3 岁就能咏《三字经》《千家诗》。咏诗诵文，是他童年时代的最佳娱乐。在这些童蒙读物中，他接受了传统文化的熏陶。

1933 年，5 岁的李嘉诚迎来了正式上学的日子，进入潮安县府城北门街观海寺小学读书。这天，父亲为他举行了隆重的祭拜孔圣人的仪式。母亲庄碧琴给他做了三道菜：猪肝炒芹菜、干炒大葱和鲮鱼。在潮州的方言中，肝是"官"的谐音；芹菜取"勤"之意；葱是"聪"的谐音；鲮鱼的眼睛特别明亮，寓意聪明伶俐。三道菜寄予了父母对孩子的希望：聪明伶俐，勤奋读书，出人头地。

潮州北门观海寺小学是当地很有名气的一所小学，任教老师都有一套特别的教学方法。按照教师的要求，一个月内读过的书必须在月底背诵出来，到了年底要把一年读过的书全都背出来，否则就要受到学校的责罚。当同学们抱着书本苦苦背诵的时候，李嘉诚童心聪慧，早已发现无须死记硬背的好方法。这就是：熟读思考，然后用心理解，在此基础上将书本内容记在脑海里。他用这种方法，根本不用死记硬背，照样能考出好成绩。

　　李嘉诚在观海寺小学上学时，中国新文化运动已历经10多年的风风雨雨，上海、广州等大城市正在经受工业革命的文明洗礼。但在乡间，学堂的读书声与寺庙的诵经声一样亘古不变，"之乎者也"构成授课的主要内容，伴随着日复一日的钟声悄然流逝。

　　由于对先生教授的诗文早已烂熟于心，李嘉诚对陌生的诗文抱有浓厚的兴趣，经常自己找文章来诵读。因为找到了行之有效的学习方法，加上课余时间的阅读，他不仅能够熟练背诵、默写，还能提出一些独到的见解和看法。

　　有一次，老师在上课时提出了一个成语"不求甚解"，要求学生讲出成语的来源并进行解释。许多学生虽然明白这个成语的意思，却不知道它的出处，更不会详细解释。只有李嘉诚站起来说："老师，我能回答。"老师十分惊讶，示意他回答，他侃侃而谈："成语'不求甚解'出自晋朝陶渊明的《五柳先生传》。陶渊明是东晋时的大文学家，他热爱大自然，志虑忠纯，不贪恋富贵荣华，不贪恋功名利禄，因为自家住宅旁边种有5棵柳树，他给自己起了一个'五柳先生'的别称，并且写了一篇《五柳先生传》，记述自己青年时期的志向。陶渊明生性喜读书，但读书时并不仔细推敲，而是追求领悟文中的要义。他常常因为读书大有领悟而十分高兴，甚至连吃饭都忘记了。"同学们听到这里都默默地笑了，李嘉诚继续说道："他这种强调意会的读书方法就是'不求甚解'的最初含义，但是经过后世人们的引用，逐渐失去了陶渊明的原意，而演变成形容工作或学习的态度不端正，不求深刻理解，而只停留在对事物的表面认识上。"李嘉诚的这番解释，不仅赢得了同学们的钦佩，而且获得了老师的赞许。老师对其他同学说："你们要把李嘉诚作为学习的榜样，多读书，多学习有用的知识，而不要'不求甚解'。"

　　李家的古宅中有一间小小的藏书阁，线装古籍层层叠叠排放在书架上。每天放学回家后，李嘉诚便泡在藏书阁里，孜孜不倦地阅读诗文。他尤其喜欢陆游、辛弃疾、岳飞、文天祥等人的诗词，感动于文天祥

"人生自古谁无死，留取丹心照汗青"的高风亮节，沉浸在岳飞"壮志饥餐胡虏肉，笑谈渴饮匈奴血，待从头，收拾旧山河，朝天阙"的爱国情操中。在这些英雄人物的身上，李嘉诚深深懂得了民族、国家的尊严，也深深懂得了"故土之于生命，祖国之于人生"的重要意义。

他的堂兄李嘉来感叹道："嘉诚要小我10多岁，却异常懂事。他读书非常刻苦自觉，我见过好多次，他在书房里点煤油灯读书，很晚很晚都不睡觉。"

李嘉诚读书的悟性与勤勉，深得父亲的嘉许。1936年，李嘉诚转入潮安县庵埠镇（今彩塘）崇圣小学，就读至1938年。

李云经时任宏安小学校长，李嘉诚后又转入宏安小学就读。父子同在一所学校，相处的时间更多了，两人的话题莫不围绕着书。书籍向李嘉诚展示了另一个世界，随着父亲娓娓的话音，李嘉诚仿佛看到：忧国忧民的屈原，仰天吟唱"路漫漫其修远兮，吾将上下而求索"；李白屹立船头，慨然赋诗"朝辞白帝彩云间，千里江陵一日还；两岸猿声啼不住，轻舟已过万重山"；杜甫在寒冷的秋夜，悲愤高歌"安得广厦千万间，大庇天下寒士俱欢颜"。虽然似懂非懂，但这些都在他幼小的心灵里留下了不可磨灭的印记。

李云经是一个热爱祖国、热爱事业的有识之士，因时局动荡，经济衰退，生活清贫，使他未能建功立业，只得把厚望寄托在儿子身上。所以，李嘉诚优异的学习成绩，对郁郁不得志的父亲是一种慰藉。

在父亲的教诲下，李嘉诚从小就立下大志：勤勉苦读，出人头地，报国为民。李云经尽管很疼爱儿子，但他知道，过分的溺爱只会害了孩子，因此他把心中的慈爱以别的形式表现出来。

李云经喜欢带儿子去看海。他认为，海的浩渺、海的雄阔，能够让孩子的心胸更博大，使孩子的生命充满激情。

有一次，李云经领着李嘉诚来到汕头的海边，他一边指着港口来往如梭的巨轮，一边给李嘉诚讲生活的道理。李嘉诚一边认真听父亲讲述，一边用他大大的、乌黑发亮的眼睛好奇地看着蓝天下波光粼粼的大海，看着一艘万吨巨轮。他简直弄不懂这么深的水怎么可能稳稳地浮着这么大的船，而且还是铁的，他太佩服船长了。他认为，能让这么一条大铁船稳稳地浮在海面上的人，一定是个大英雄。于是，他向着大海，向着那艘万吨巨轮喊道："爸爸，将来我也要做大船的船长！"

李云经疼爱地抚摸着儿子的头发，高兴地说："好孩子，有志气！阿诚，做一个船长不容易，必须考虑很多很复杂的问题。"然后，李云经又极其认真地说："你看，现在天气很好，是难得的晴天。但是，出海后，风暴来了怎么办呢？做船长的，一定要提前想到，提前做好准备。而且，阿诚，要记住，做任何事情都要像做大船的船长一样，既要预先准备好一些事情，又要随时准备应对突如其来的一切事情。"

从此以后，船的形象、船长的意识便紧紧地伴随着李嘉诚奋斗的一生，他所做的一切都在努力实现这一梦想。李嘉诚从小就把自己的人生比作一条船，把他驰骋商场、纵横东西的李氏王国比作一条船，所以，后来当他的公司越做越大的时候，他很自豪地宣布："我就是船长，我就是这条行进在波峰浪谷中的船的船长。"

大凡有志之人，无论年长年幼，只要心里有了宏大的目标，就会产生永不枯竭的动力。所以，李嘉诚一有时间就躲在小书房里，如痴如醉地看书，海阔天空地思考问题。即使有很多书他看不懂或似懂非懂，但他仍能凭自己的天赋和聪颖努力去领悟。在书房的小小天地里，他常常做着状元及第、衣锦还乡的好梦，对那些精忠报国的有识之士敬佩不已。

这一切，都是李嘉诚童年最美好的记忆。

一心向学的李嘉诚，如果不是时局所迫，也许会沿着求学路一直走下去，而且极有可能继承父业，在家乡做一名教师。可世间风云变幻莫测，未来会是怎样，谁也无法预料。

我们从李氏数十代族谱中找不出祖上有丝毫经商赚钱的基因，从李氏严格的传统家教中也看不到经商致富的只言片语。李嘉诚成为一代商界天骄当属异数，而造成这个异数的，正是他所处的那个时代，以及香港特殊的生活环境。

3. 举家逃往香港

1937年,"七七"事变爆发,日本帝国主义发动全面侵华战争。8月31日,两架日机飞越丰顺、汤坑等处,投弹数枚,开始了对潮汕地区的轰炸,战火迅速向潮安城区蔓延。日本帝国主义的铁蹄开始践踏这片宁静的土地,李嘉诚美好的求学梦想也被打碎了。

1939年6月,李嘉诚随父到潮安县郭垄小学就读。6月21日,日军侵占汕头。6月27日,日军的飞机对潮州城区狂轰滥炸,宁和而美丽的潮州城成了一片废墟。随后,日军分三路先后开进潮州城,潮州沦陷。

昔日如世外桃源的潮汕地区一片腥风血雨,报上不时以醒目的标题刊登日寇暴虐乡里的消息。李嘉诚的父亲时任郭垄小学校长,整天忧心忡忡。母亲庄碧琴笃信佛教,烧香拜佛,祈祷佛祖保佑家人和乡亲平安。但是,日本侵略军没有丝毫人性,继续没日没夜地在城区狂轰滥炸,县教育科不得不宣布所有的学校停课。

李嘉诚对于故乡的最后一课始终记忆犹新。当时,处在乡间的庵埠未遭日军轰炸,大部分学生仍按时来到学堂上课。国文老师慷慨激昂地讲解岳飞的《满江红》,最后,师生们含着悲愤的热泪高唱《义勇军进行曲》:"起来,不愿做奴隶的人们,把我们的血肉,筑成我们新的长城……"

不久,日军开始屠城,一面大肆烧杀抢掠,一面四处张贴安民告示。城区的居民惶惶不可终日,纷纷逃出城外,到山乡农村投靠亲友,躲避战乱。

潮安县庵埠镇是在6月22日被日军占领的,之后学校被迫停课,这也意味着执教多年的李云经彻底失业了,他带着李嘉诚回到位于潮州城的家中。李嘉诚小学尚未毕业,升学无望,在沦陷区又不敢随意走出家门,只好躲进藏书阁默读古书。时事纷乱,兵荒马乱,他从书本中明白了许多世事和人生道理。

1940年年初，李嘉诚随家人到祖母许氏出生地澄海县隆都镇松坑村避难。不久，李云经又带全家逃往文祠镇后沟村，投靠在该地小学任教的胞弟李奕。

兄弟见面，李云经沉痛地说："我逃荒失业，生活无着，一家人患疟，没医没药，祸不单行，苦不堪言。"兄弟俩长吁短叹，怆然涕下。

李嘉诚的祖母已是风独残年、体弱多病的老人，哪经得起这番折腾。这一年，她因惊吓过度、忍饥挨饿而病逝。李嘉诚的伯父李云间、李云梯在他乡执教，因日寇封锁交通，不能奔丧。李云经、李奕兄弟二人倾资为老母操办了简单的葬礼，草草掩埋在后沟的山冈上。

李云经失业一年，仍未找到教职。他不善体力劳动，亦不会做小生意，唯有感叹"百无一用是书生"。李奕薪水微薄，李云经不忍接受其接济，眼看自己执教多年攒下的积蓄即将告罄，他心急如焚，天天琢磨着到何处去谋生。

李云经与庄碧琴商议多日，决定到香港投靠内弟庄静庵。庄静庵是香港的殷商，相对内地烽火连天，兵荒马乱，香港却是太平盛世，一派祥和繁荣，成为战时内地人的最佳避难所。

这年冬天，李嘉诚和弟弟李嘉昭、妹妹李素娟，随父母从文祠镇松坑村出发，踏上了艰难的逃亡旅程。当时，重镇和大道大都被日军占领封锁，海路也不通，日本军舰在粤东沿海水域横冲直撞。李云经一家只能走崎岖的山间小路，穿越平原地带则选择在夜间行动。

寒冬腊月，北风袭人，淫雨霏霏，阴冷潮湿。他们不敢也无钱住客栈，于是或露宿荒山野地，或在山村向好心人家借宿。全家冒着随时可能被杀的危险，躲着不时而来的流弹，爬过一道道封锁线，步行十几天，历尽千辛万苦，终于辗转到达香港，风尘仆仆地来到庄静庵家中。

庄静庵问了问老家的近况，然后开始介绍香港的现状，他说："香港时时处处都有发财机会，就怕人懒眼花，错过机会。潮州人最吃得苦，做生意个个是好手。我认识好些目不识丁、从潮州乡下来的种田人，几年后都发达了。"他劝姐夫、姐姐不要着急，安心休息，逛逛香港的街市，再慢慢找工作。看着眼前这个面黄肌瘦、衣衫脏旧、额头高高、瘦骨伶仃的外甥，庄静庵做梦也没有想到李嘉诚日后会做出一番惊天动地的事业来。

庄静庵幼年也曾在潮州乡间读私塾，小学毕业后，他像众多潮汕人一样离家外出闯荡，先在广州的一家银号当了几年学徒，后来晋升为部门经理，有了一些资本后便独立创业，经营批发生意。

1935年，27岁的庄静庵来到香港闯天下。当时香港还没有钟表业，钟表皆是瑞士等国的产品，人们称为西洋货，经销商大都是洋商。庄静庵涉足钟表业，只能从最简单的产品做起。他在上环开办了一家山寨式工厂，生产布质、皮质表带，交给港九（香港和九龙的简称）的钟表商代销。庄记表带质优价廉，深受代理商和消费者欢迎，生产规模日益扩大，产品还销往内地。

20世纪40年代初，庄静庵兼营钟表贸易。他购入瑞士钟表，销往东南亚各国。50年代，庄静庵正式介入钟表业，渐渐成为香港最大的钟表制造和销售商，被香港的潮州人视为成功人士。当时潮州人在香港大多经营米铺、酱园、餐馆、土杂山货铺，像庄静庵这样有产业的制造公司并不多。但庄静庵并不满足于眼下的业绩，仍在不断地扩大规模，因而资金分外紧张，姐姐一家人的到来，无疑成了庄家的负担。不过，庄静庵没有表露出丝毫不快，他腾出房间让他们一家人住下，并设家宴为姐夫、姐姐接风洗尘。

出乎李云经夫妇意料的是，庄静庵始终未提起让姐夫李云经到他的公司里工作。也许庄静庵认为李云经年纪比自己大，不便指使管理。庄静庵的个性是在商言商，生意归生意，亲情归亲情，绝不把公司人事与亲戚关系搅和在一起。

李云经长期生活在传统伦理氛围中，尽管心里明白这是香港商家普遍的做法，但在感情上却不那么容易接受内弟的态度。庄碧琴很想去质问弟弟，但被李云经制止了。他不想给庄静庵添太多的麻烦，来香港投靠庄静庵已是万不得已。况且，他毕竟是个读书人，有着传统学儒惯有的清高，不愿意"为五斗米折腰"。

第二天，李云经便出去找工作，结果四处碰壁，他心中不禁感到一丝失落。在家乡，他是受人尊敬的小学校长。他那渊博的学识，令众多财主富商黯然失色。而在香港这个资本社会，一切都颠倒过来了，拜金主义盛行，金钱成为衡量人的价值的唯一标准。没有人向李云经请教古书上的问题，更没有人夸奖李嘉诚吟诵诗文的出众禀赋。在香港只有一句真理：赚不到钱，你的生命将是脆弱的。

正值不惑之年的李云经，陷入了深深的困惑之中。繁华的香港，竟没有一个教师的容身之所。

庄静庵异常忙碌，没日没夜，每天都要工作10多个小时。最初的一段时间，他经常来看望姐夫一家。渐渐地，他来的次数越来越少，有时几天都不见他的人影。庄静庵对自己家人亦是如此，他没有闲暇时间与家人安安静静地相聚一堂，或外出看戏郊游。

除了庄静庵这门至亲外，李云经夫妇在香港还有不少亲友同乡。他们来看望过李家一两次，便再无音信。潮州人在异国他乡以团结互助著称，故能发达。但帮衬也是有限的，潮州籍富翁无一不是靠自己打拼。李嘉诚尊敬并崇拜舅父庄静庵，舅父不像自家叔伯总是引经据典大谈伦理道德，舅父是个实用主义者，是个不喜清谈的拼搏奋斗之人。

生意冲淡了家族气氛及人际关系。李嘉诚稍大后，庄静庵深有感触地说："香港商场竞争激烈，不敢松懈懒怠半分，若不如此，即便是万贯家财，也会落得个一贫如洗。"所以，李嘉诚很理解舅父的处境和做法。

4. 学做香港人

尽管与香港的商业文化格格不入，但李云经明白，要想在香港生存，非得融入这个社会不可。几经挫折之后，他不再向儿子谈古论典了。

经过一番波折，李云经在一间潮州商人开的公司里找到了一份工作。其时，抗日战争进入了最艰苦的阶段，香港商会号召爱国商人和市民募捐，以购置飞机大炮支援抗战。李云经捐出了宝贵的数元港币，而富商们动辄捐出数千上万港元，喊了大半辈子教育救国的李云经，为此很无奈地对友人感叹道："实业亦可救国。"

李云经开始面对现实，主动适应环境，与此同时，他也不再以圣贤之风范教子，而是让儿子同样学会适应环境，"学做香港人"。

在香港这个繁华的大都市，除了要有资本以外，还要有高超的交际能力，才能做一个出色的香港人。而首要的交际工具就是语言。香港的大众语言是广州话。广州话属粤方言，潮汕话属闽南方言，彼此互不相通。此外，香港受英国的殖民统治近百年，其官方语言是英语，这是香港社会的一种重要语言工具，尤其是在上流社会。

有鉴于此，李云经要求李嘉诚必须攻克这两种语言，一来可以立足于香港社会，二来有助于与人沟通交际。将来若能出人头地，还可以跻身于香港上流社会。

1941年，李嘉诚进入香港中学读初中。他再也不是什么优秀学子，坐在教室里听老师讲课，如同在听天书，简直不知所云。而其他同学自小学习英语，听起课来毫无困难。广州话和英语成了横在李嘉诚面前的两道最大的坎，也隔断了他和老师、同学之间的交流。这使学习上从来没有过吃力感觉的李嘉诚，产生了难以言喻的自卑感。但他知道，在香港，想生存、想做大事，非得学会英语不可。因此他暗下决心，无论多么困难，都一定要攻克英语难关。

为了学好广州话，他拜舅舅家的表弟、表妹为师，每天苦练发音，遇到不清楚的发音就立刻找表弟或表妹问明白，尤其表妹庄月明，更是他的好老师。为了尽快学会广州话，他每次开口说话，无论说什么都会用广州话表达。每看到一件物品，他脑海里马上就会反应出该用哪句广州话来表达。在学校里，他也一改上课默不作声，下课安静无语的习惯，主动举手回答问题，和同学们进行讨论。尽管他的广州话说得磕磕巴巴，有时还会引起同学们的哄堂大笑，但他始终没有放弃，一直坚持下来。就连晚上躺在床上休息时，他也不忘默默念叨几句。由于勤奋练习，多学多说，没过多久，李嘉诚的广州话就说得一天比一天流利了。

攻克了广州话这个难关后，李嘉诚上课听讲就轻松多了，如有听不清或听不懂的地方就记下来，回到家里再请教表妹。很快，他的学习成绩便有了提高。他知道父亲很辛苦，自己上学的学费来之不易，只有刻苦努力学习，取得优秀成绩，才能回报父母。

接下来他要攻克英语这道关卡了，这是一个较长期的任务。

在学习英语时，李嘉诚采用了更积极的方法。在学校遇到不懂的单词或句子，他就谦虚地向老师、同学请教。每天回到家做完老师布置的功课后，他就开始苦读英语。为了不影响家人休息，他总是在大家都睡下后，偷偷跑到院外的路灯下面，小声地读或是默默地念，直到夜深才轻手轻脚地回到房间休息。第二天天还没亮，他又爬起来，开始默默地背单词。父母看在眼里，喜在心里，虽然心疼孩子，但他们也知道要想学到更多的东西，没有吃苦的精神是不行的。看到孩子不仅喜爱学习，而且很懂事，做父母的怎能不高兴呢！

经过一年多的刻苦学习，原本就聪颖过人的李嘉诚最终攻克了英语这个难关，不仅熟练掌握了课本上的知识，还学习了一些课外知识。他的进步让老师和同学都感叹不已，各科老师都称赞他有天赋，是其他学生的好榜样。而受到表扬的李嘉诚仍不骄不躁、谦恭有加，这使他赢得了同学们的尊重，同学遇到不懂的问题都乐意与他探讨。

就这样，李嘉诚用自己的聪明才智和勤奋努力战胜了初到香港时的自卑心理，重新在学校里找到了如沐春风的感觉。这个时候，学习对年少的李嘉诚来说就是最大的快乐，而看到劳苦奔波的父母露出的暖暖笑意，他的内心更是对未来充满了希望。

5. 清苦的生活

所谓"物竞天择，适者生存"，只有适应环境，才能在艰难复杂的环境中生存下来，才能谈得上改变环境，发展自己。当时香港社会冷酷的现实，使李云经的老夫子思想受到了颠覆性的冲击。从他身上可以看出潮汕人思想变化的轨迹和迅速适应外界环境的能力，他们不论漂泊到哪里，都能与当地文化很好地融合在一起。李云经虽有学究之气，但也是个非常要强的人，深知人情冷暖，面对沉重的生活压力，他不得不放下架子，加倍努力挣钱。

1941年12月，太平洋战争爆发，8日凌晨，日军南路主力向香港发起猛烈进攻。空军首先轰炸了香港启德机场和停泊在香港海面的英军舰船，并摧毁了香港英军薄弱的空军力量，随即向九龙要塞发起攻击。18日深夜，经过5天的连续炮击后，日军分别在北角、不莱玛、水牛湾完成了登陆。英军几次反攻均未能成功。25日，日军又加强攻势，迫使英军无条件投降。到26日，香港完全沦陷。

在日军的统治下，香港百业萧条，港币不断贬值，物价飞涨，李家的生活愈加困难。日本南路侵略军还强迫香港市民使用军用票，经过一段时间的过渡后，将香港居民手中的港币变成了不值分文的废纸。李云经辛辛苦苦挣来的钱，转眼间变成了无法流通的军用票，只能换取一点点日用品。为了养家糊口，他只能拼命工作。由于长年劳累，加上贫困、忧愤，他染上了肺病，在家庭最困难的时期病倒了。

为了让儿子继续上学，李云经坚持不住院，医生开了药方也不去药店买药，偷偷省下药钱作为儿子的学费。李嘉诚也特别懂事，用节省的钱买一些医学书籍回来看，帮助父亲治病。后来，李云经的病情日益严重，庄静庵实在看不下去了，才"强行"把他拖进了医院。

为了给父亲治病，李嘉诚一家的生活相当清苦。两顿稀粥，加上母亲去集贸市场捡来的菜叶子，便是一天的伙食。为了安慰父亲，李嘉诚每天放学回到家,都会详细汇报自己的学习情况。听到儿子各科取得优异的成绩,日渐病重的李云经不禁露出发自内心的微笑。这时,李嘉诚总是反过来安慰父亲,劝他不要太担心,好好治病。几十年后,每当回忆起这一幕,李嘉诚心里就感到格外心酸。

1943年冬天,李云经病危,他知道未成年的儿子将来更需要依靠亲友的帮助,但同时又不希望儿子抱有太重的依赖心理。因此,他把李嘉诚叫到床前,轻声告诫道:"做人一定要有骨气,求人不如求己。吃得苦中苦,方为人上人。失意时莫灰心,得意时莫忘形。"不满15岁的李嘉诚听了,坚定地点了点头,李云经这才放心地闭上了双眼。

李云经没有留下一文钱,却给李嘉诚留下了受益终身的宝贵遗产,那就是做人的道理。

李家的顶梁柱塌了,作为长子,李嘉诚不得不眼含热泪,结束学业出去打工,用他那稚嫩的肩膀,挑起赡养慈母和抚育弟弟妹妹的重担。尽管舅舅表示要提供资助,但李嘉诚明白,靠人资助绝非长久之计。倔强的他相信,只要自己肯努力,一定能渡过难关。他暗自发誓要摆脱贫困,出人头地。

庄静庵自己也是10多岁就离开父母到广州打天下,不过,他仍然没有明确表示让李嘉诚进他的公司做事。李嘉诚在体味世态炎凉之后,更加明白了一个道理:家人的生活可以暂时靠人帮助,但工作没有人可以帮助自己,他必须赤手空拳打出一片属于自己的天地来。

从此,李嘉诚开始了艰辛的独立谋生之路。

第二章 艰难谋生

在香港这个国际商业汇集之地,青年李嘉诚读完了自己的社会大学:街头求职是入学考试,茶馆跑堂是预科班,表店学徒是选修课,入户推销是必修专业,跳槽改行是跨越年级,因出色业绩换来的升职则是他取得的毕业证书。

1. 茶楼的小堂倌

"香港少寒冬,却有冷死麻雀冻死翁。"1943年冬,正是香港少有的寒冬。北国的风,翻越南岭,掠过珠江平原,直扑香港。日军占领时期,市面本来就十分萧条,再加上寒冷,街上行人愈加稀少。

在这缺衣少食、人人自危的日子,谁也不会关注一个行街的少年和妇人——这就是李嘉诚和他的母亲庄碧琴,为了谋份工作奔走在寒风中。母亲带着李嘉诚沿街挨家挨铺寻找工作,但很多公司都在裁员,一个没有工作经验的半大孩子,要想找份工作何其艰难。他们足足走了一整天都未能如愿。

天黑了,跑了一天的李嘉诚又累又饿。母子俩步履蹒跚地回到家,李嘉诚躺在床上不愿动弹,母亲把在路上捡来的菜叶洗干净,生火做粥。这时,舅父带来一小袋米,问了问他们的起居饮食,板凳没坐热就告辞了。他自然明白姐姐、外甥外出找工作的事情,但他并未提及此事。或许庄静庵有他自己的想法,从生意上考虑得多一点,又或许他是在故意考验外甥的意志与骨气。当然，李嘉诚也没乞求舅舅伸出援助之手。

第二天早晨，李嘉诚坚持一个人出门，他不忍母亲跟着他一瘸一拐艰难地行街。但他劳累一天依然是失望而归。

眼看生活日益艰难，庄碧琴心急如焚，她掏出一张字条交给李嘉诚，说："你去找潮州的亲戚和同乡，潮州人总是帮助潮州人的。"字条上面写着一些潮州亲友的人名、地址。李云经在世的时候与他们有过往来，算是有一点交情。这是庄碧琴一夜辗转反侧、迫不得已想出的办法，希望能给儿子一点帮助。

李嘉诚接过母亲的字条，仔细看了看，他最熟悉的应该是在上环的黄叔。黄叔是李嘉诚伯父李云梯的学生，在潮州的时候，黄叔家住在潮州北门，和李家的老宅仅隔两条街巷。如果能在黄叔的杂货店当一个打杂的小伙计，就能暂时解决家里的温饱问题。李嘉诚心中燃起了一线希望。

然而，当他来到上环街道时，整条街上看不见开门的店铺，他透过一家家店铺的门缝朝里望去，里面大多空荡荡的，没有一点货物。他走到黄记杂货店门口，只见里面一片狼藉，除了倒塌的货架和一堆垃圾外，看不到一个人影。黄叔究竟出了什么事？他们一家都去了哪里？自从父亲过世之后，他还没有见到过黄叔及其家人，难道他们一家人都搬走了，还是被日本士兵抓走了？一种不祥之感涌上心头，他极力不去想那不幸的可能，并安慰自己说："黄叔一定是觉得日军当道，生意难以维持，才关了店铺，搬到别的地方去了。"他这样想着，才不至于将刚刚燃起的希望之火熄灭。

离开上环后，李嘉诚又按照母亲所写的人名和地址继续寻找。这些人大多是经营小商铺、店面，分散在香港不同的商业区。李嘉诚按照远近距离，一家家地上门询问。然而，其中一部分人和黄叔一样，店铺荒置，人也不知道去了何处；还有一部分人倒还在原处居住，只是关了店铺，自己的生活也是勉强维持，根本没有能力帮助他人；剩余一小部分还在开业的也生意惨淡，随时都可能关门。

希望一个接一个地破灭了。李嘉诚不知道回家怎样面对母亲。他搜肠刮肚地思索，究竟还能去哪里找工作呢？突然，他脑海中冒出了一个天真的想法，商业不景气，各处店铺、商家都关门歇业，但银行不同啊！银行就是做钱的生意的，应该不会没有钱！倒不如去那里找份工作，哪怕只是当一个负责端茶倒水、扫地跑腿的小工也行。年少的李嘉诚哪里明白，在日本侵略者的统治下，通货膨胀，经济萧条，香港商业整体停滞不前，而银行是依靠商业运作的，自然也受到了很大冲击，根本没有什么业务，又怎么会再招人呢？于是，他最后一丝希望也破灭了。

奔走了一天，李嘉诚拖着疲惫的身体回到家中，在看到母亲的一刹那，他几乎无法掩饰自己满脸的失意与忧愁，恨不得痛哭一场。生不逢时，造化弄人啊！不料，母亲却露出许久不见的笑容，微笑着对他说："你舅舅来过，让你明天去他的公司里上班呢！"

李嘉诚愣住了，泪水在眼眶里打着转。这两天，他遭受了太多的辛苦和委屈，所受的白眼和冷语深深打击了他。尽管如此，他仍觉得好事来得太快了。

母亲高兴地说："进了舅舅的公司，天天跟钟表打交道，这是一门好技术，日后准能发达。阿诚，你可要好好干，听舅舅的话。""我不进舅舅的公司，我要自己找工作。"稍感欣慰的李嘉诚想起父亲的遗言，不想受他人太多的荫庇和恩惠，哪怕是亲戚。

母亲直愣愣地望着李嘉诚，以为听错了。李嘉诚果断地又重复了一遍。母亲不再吱声，她发现儿子在某些方面太像他的父亲了，这就是人穷志不穷的骨气，并且比他父亲还要倔强。她同意儿子再去找一天工作，并且说："事不过三，再过一天还找不到，就一心一意进舅舅的公司上班。"

李嘉诚对自己充满了信心，他对母亲说："如果明天我还找不到工作，后天我就去舅舅的公司上班。"

第二天清晨，他早早就出门，跑到较远的地区，在街巷中穿行，不放过任何一个商铺、店面。功夫不负有心人，或许是他的诚意和倔强打动了苍天，时值正午，他走进位于西营盘的一座名叫"春茗"的茶楼，这是当地规模较大、较为著名的老字号，正是在这座茶楼里，连连碰壁的李嘉诚找到了他人生中至关重要的第一份工作。

当时，茶楼老板让他找一个本地有资产和信誉的人士做担保。庄碧琴便带着李嘉诚来到庄静庵家中，想请庄静庵做保人。不巧的是，庄静庵出去谈生意了，要很晚才能回来。急切的李嘉诚唯恐没有及时带担保人去茶楼，老板会改变主意雇用他人。庄碧琴看出了儿子的不安，她想了想，对儿子说："阿诚，你不要着急，舅舅既然不在，不如我跟你先去茶楼看看，告诉老板这个情况，请他体谅一下，明天我们再来请舅舅一起过去。"

李嘉诚觉得母亲的主意很好，于是母子俩一起来到春茗茶楼。庄碧琴和茶楼老板面谈了许久，她的温柔贤淑给老板留下了很好的印象。得知他们孤儿寡母的不幸生活，茶楼老板动了恻隐之心，当即同意让庄碧琴为儿子做担保，母子俩不由得喜出望外。

就这样，少年李嘉诚有了平生第一份工作。

李嘉诚到茶楼上班的第一天，庄碧琴就把此事告诉他的舅舅庄静庵，庄静庵有些惊讶，没想到外甥说到做到，竟然自己找到了一份工作。通过这件事，他不再怀疑李嘉诚独立谋生的能力和决心，为了表示祝贺与鼓励，他特意挑选了一只小闹钟送给这个令人刮目相看的小外甥，好让李嘉诚方便知道钟点，掌握每天早起的时间。李嘉诚收到舅舅的礼物后非常高兴，这确实是他极为需要的。

在香港，广东人居多，而广东人大都有喝早茶、晚茶的习惯。每天李嘉诚都是第一个赶到茶楼，在沉沉的夜色中等待茶楼开门。经过一天辛勤忙碌的工作，他总是打扫完厅堂后才最后一个离开茶楼。

最初的一个月是最难熬的，初涉社会的李嘉诚实在不习惯如此高强度的工作，但他好强的个性决定了他做任何事情都要做到最好，因此他咬牙坚持着，每天累得回家后就倒在床上沉沉睡去。第二天，他仍然在小闹钟的铃声中准时睁开眼睛，强忍着困倦起床穿衣，匆匆洗漱过后，吃点东西就出门上班了。

茶楼的工作异常辛苦，每天工作时间长达15小时以上。冬天的早晨，李嘉诚必须在凌晨5点左右赶到茶楼，为客人们准备好茶水茶点。大伙计休息时，他还要待在茶楼侍候。晚上是茶客最多的时候，茶楼打烊时已是夜深人静了。后来回忆起这段日子，李嘉诚说自己是"披星戴月上班去，万家灯火回家来"，话虽富有诗意，但这对一个十四五岁的少年来说实在是太不容易了。庄碧琴很心疼儿子，常常为他准备好一碗潮州人喜欢喝的热白粥，让他暖暖疲乏的身子。

找工作的艰辛，使李嘉诚十分珍惜这份来之不易的工作，他真诚敬业、勤勉有加，很快便赢得了老板的赏识，并成了加薪最快的堂倌。尽管如此，他仍不敢有丝毫懈怠。他把闹钟调快10分钟，定好响铃。后来，他将这一习惯保留了大半个世纪。而在今天，大家都知道李嘉诚的手表永远比别人的快10分钟，这早已成了商界交口赞誉、津津乐道的美谈。

对当时的李嘉诚来说，茶馆工作的价值远不止是一个"饭碗"。他深知自己不能长期做一个小小的堂倌，也不能满足于养活一家老小，而必须把茶楼的工作当作一个接触社会、体验人生、积累经验的机会。因此，他利用一切可以利用的时间，抓紧读书自学，同时在工作中处处留意，不放过任何增长见识的机会。

茶楼接待的是南来北往的客人，三教九流，什么人都有；同时，茶楼又是一个自在清闲的地方，人们在里面常常不着边际地聊天。也许是泡在书堆里太久的缘故，李嘉诚对于茶楼里的人和事有一种特别的新鲜感。

他喜欢听茶客谈古论今，散布小道消息，从中了解到社会和世界上的许多事情。这些事情大部分是在家中、课堂上闻所未闻的。许多说法都与父亲和老师灌输的那一套大相径庭，使李嘉诚见识到社会错综复杂、异彩纷呈的一面。耳濡目染使他天真的心灵渐渐成熟起来。

他发现茶楼的客人有穷人，也有富人，更多的是生意人，他们各具特色，又各有喜好。言谈举止，有的儒雅风流，有的粗俗不堪，有的则沉默低调。于是，在干好自己手头工作的同时，他开始暗暗观察起每位客人来。

他首先根据茶客的特征，揣测他们的籍贯、年龄、职业、贫富、性格等，然后找机会验证。接着，他又揣摩茶客的消费心理，看他们喜欢喝什么茶，喜欢什么茶点。慢慢地，他发现观察人是一件很有趣的事情。

经过这样的历练，李嘉诚对一些常客的消费需要和习惯了如指掌，比如谁爱吃什么茶点、爱喝什么茶，他心中都有一本账。甚至一个陌生的客人来到店里，他也能大致揣测出对方的身份、地位、喜好和性情。只要客人一落座，不用开口，他就能将客人想要的茶点送上，同时根据客人做生意的类别用不同的话语问候一番。

李嘉诚既能投其所好，又能真诚待人，使顾客感到特别受尊重，高兴之余自然乐意掏腰包。能赢得顾客欢心并让顾客乖乖地掏钱，自然也能博得老板的喜欢。于是，李嘉诚更加自觉地训练自己察言观色、见机行事的本事，很快成了一个出色的堂倌，并迅速了解了各种人情世故。

茶楼还是一个传播生意信息的场所，李嘉诚通过茶客的谈话学到了许多做生意的诀窍。

一天，茶楼里坐满了客人，李嘉诚和其他伙计一起站在旁边侍候茶客。有一位常客和朋友边喝茶边谈生意经，李嘉诚不知不觉竟听得入了迷，忘了自己的工作。突然，他听到大伙计低声叫自己的名字，让他赶紧拎茶壶过去给客人添水。匆忙之间，他将滚热的开水溅到了一位客人的裤腿上。这是他在茶楼第一次做错事情。在茶楼里，茶客就是茶楼的衣食父母，是堂倌侍候的大爷。小伙计若是把水溅到客人身上，事情可大可小，若遇上蛮横的茶客，必会甩堂倌耳光，而且会找老板闹个不停。

李嘉诚知道自己犯了大错，心里仿佛十五吊桶打水七上八下的，他倒不担心被老板责骂，而是害怕自己被解雇，失去经济来源，一家人又要重新回到以前紧巴巴的生活中。他想到这里，一时手足无措，拎着茶壶呆立在那里。还没等他回过神来，老板赶紧从柜台跑过来，正要开口训斥他，让他给客人赔不是，没想到那位茶客并没有生气，反而开口对老板说："不怪这位小师傅，是我不小心碰到了他。"老板听了面色和缓了许多，但还是厉声呵斥李嘉诚道："这位先生不责怪你，你还不赶快谢谢这位先生。"李嘉诚赶紧给那位茶客鞠躬道歉。老板也赔着笑脸说："对不起，对不起。"那位茶客笑着摆摆手，说："算了，算了，这没什么。"

茶客走后，茶楼老板把李嘉诚叫到一边，李嘉诚紧张极了，老板见状，没有再过分训斥他，只是恳切地对他说："阿诚，我知道是你不小心把水溅到客人的衣服上，以后做事可千万要当心。一定记住，万一犯了什么过失，应该马上向客人赔礼道歉，说不定大事化小，小事化了。像你刚才那样傻呆呆地站着，什么话也不说，还好这位客人心善，会轻易放过你；要是心怀恶意的客人，还不知会闹成什么样子，那时局面就不好收拾了。我们是做茶楼生意的，南来北往的都是我们的主顾，老板和伙计都难做，以后做事可要小心啊！"听了老板这番话，李嘉诚忙点头答应："我一定会注意的，以后不会再发生这种事情了。"

这一天余下的时间，李嘉诚提起百倍精神来工作，直到深夜才收拾完毕下班。回家以后，他顾不上吃母亲留给他的夜宵，立即将这件事告诉母亲。母亲听了，连声念诵着佛号说："真是佛祖保佑！你遇到的都是好人。"随即，她又告诫儿子："凡事总有因果，古人常说'种瓜得瓜，种豆得豆'，'积善必有善报，作恶必有恶报'。茶楼老板和那位客人一定会好心有好报的。"

这件小事成了李嘉诚职业生涯中最深刻的一课，终身未敢忘怀。

尽管艰苦的日子给人的感觉很漫长，但李嘉诚因为适应了茶楼的工作，日子也就没那么难熬了。很快，由于他真诚敬业、做事用心，老板不断给他加工钱，他开始能够像其他堂倌那样轮流午休或早归，薪水也超过了一些堂倌。

李嘉诚从心里感激茶楼老板帮助自己实现了养家糊口、供养弟妹求学的愿望，并给予了自己很好的锻炼机会。

2. 从钟表学徒到钟表销售

对李嘉诚来说，他的志向绝不只是做一个小伙计。茶楼的工作做得再好，终究难有出头之日。他渴望从事新的有技术含量的职业，以求从新职业中得到发展，得到突破，尤其是想从事与复杂的钟表打交道的行当。舅父的中南钟表公司便成了他的首选去处。

李嘉诚为此犹豫了好些天。进入社会之初，他曾忤逆舅父的一番好意，现在又想回头，他担心舅父怪罪并拒绝自己。经过一番思考，他觉得自己不应有太多的顾虑，自己在社会上经受了磨炼，已具备一定的能力，进入舅父的公司做事，不算是接受恩赐，而是为舅父干活挣钱。幸好庄静庵也没有让他失望，同意让他到中南钟表公司上班。

于是，李嘉诚辞掉了春茗茶楼的工作，开始了另一种完全不同于茶楼工作的职业生涯。不过，庄静庵并没有因为李嘉诚是自己的外甥而给予特别照顾，公司里甚至没有人知道他们的亲戚关系。

初进公司，李嘉诚只是小学徒的身份，还不能接触钟表活，他和其他学徒工一样，从一点一滴的杂事干起，负责扫地、泡茶、倒水、跑腿等。这些活对他来说并不陌生，他在茶楼受过严格的训练，现在做起来自然驾轻就熟，加上勤快机灵，职员们交代的每件事他都做得又快又好，很快就赢得了大家的赞赏。许多人在庄静庵面前夸奖李嘉诚，说这个新来的学徒工伶俐勤快，而且聪明谦恭，"甚至看别人的脸色，就知道别人想做什么，他就会主动帮忙"。庄静庵听了心里也很高兴，他知道职员们绝不是知道了他们的关系而讨好自己，他也相信自己没有看错这个外甥。

在钟表公司当学徒工，主要工作就是打打杂，做些闲散的后勤工作，可以正常上下班，与每天工作16小时的茶楼相比，已经是非常清闲了。李嘉诚终于有了点空闲时间，但他并没有光顾着休息，而是跟着公司里的钟表师傅学技术，这也是他当初想到钟表公司工作的最主要动机。心灵手巧的他深受钟表师傅的喜爱，他们很愿意教他，仅仅半年时间，他就熟练地掌握了各种型号钟表的装配及修理工艺，对钟表出现的各种常见问题及解决办法都了如指掌。钟表师傅忙不过来的时候，就将小件的活计放心地交给他去做，每一次他都完成得很好，帮师傅们节约了不少时间。这也使他获得了上上下下的一致好评，大家都称赞他是一个好学上进的年轻人，将来一定会大有作为。后来，人们终于知道他是庄静庵的亲外甥，依然和他相处融洽，庄静庵对此也感到非常欣慰。

1945年8月，日本宣布无条件投降。

在日本占领香港之前，香港有163万人口，在日本统治时期锐减至60余万。香港城区遭到极为严重的破坏，大批建筑被毁坏。英国政府重新接管香港初期，约有17万香港居民无家可归、无房可住。那些战争一开始就逃离香港到国外避难的香港居民，得知日本投降的消息后，纷纷返回香港。据统计，战后几个月中，每个月都有大约10万香港人回流。这也给战后的香港造成了极大的压力。原本物资不足、食品短缺、住房匮乏的香港，要承受一次前所未有的持续增长的返港人潮。

后来香港的局势逐渐稳定，商业发展即将步入正轨，庄静庵以一个商人的独特眼光，预见到香港的经济很快就将得到长足发展。为了更好地顺应发展形势，他立即调整公司的战略部署，着手扩大公司规模，调整人事安排。

同时，为了更好地锻炼李嘉诚各方面的能力，庄静庵将他派到高升街的钟表商店当店员。在那里，李嘉诚开始学习如何直接面对客户，如何销售商品。在老店员的带领下，他不断学习、揣摩，很快就掌握了钟表销售的技巧，取得了令人满意的销售成绩。

与李嘉诚在高升街钟表商店共事的老店员，虽然与这个清瘦的年轻人相处的时间不是很长，但对他的印象却极为深刻。20多年后，李嘉诚已经成为商界名人，有媒体记者找到这些店员做采访，他们还清楚地记得当时的情形，称赞道："那时候，李嘉诚被派到我们高升店，是店里年纪最小的。我们都觉得他还没有成年，什么都不懂，一开始谁都没把他当一回事，可是他的表现令我们都很吃惊，很快就对他刮目相看。他对每一种钟表的结构、原理都非常熟悉，给客人介绍的时候知识很全面，老练得就好像吃钟表饭很多年的人，让人不敢相信他才学习了短短几个月的时间。店里的钟表出了问题，都不用找公司的钟表师傅，他基本上都能解决。他脑子好用，反应也快，做什么事情很快就上手。当时我们都以为他会成为一个能工巧匠，以后肯定是一位"标青"（出色）的钟表商人，真没想到他今后会那么威风。"

从钟表公司到钟表商店，李嘉诚凭着勤奋努力得到了同事们的认可，同时也得到了庄静庵的喜爱和信任。不过，庄静庵虽然满心欢喜，十分自豪，但他从不当面夸赞李嘉诚，仍然对其严格要求，有时甚至有些苛刻。李嘉诚对此并无怨言，他明白舅父对自己的良苦用心，无论舅父提出什么要求，他都会当作最重要的任务来完成，从不打半点折扣。

1946年上半年，香港经济迅速恢复到战前最好的水平，也就是相当于1939年那个时期的经济水平。经过近一年的修整，日本统治时期遭到严重破坏的工厂、商铺都逐步恢复了生产与营业，从各处回归的居民使香港人口激增到100多万。社会繁荣、商贸复苏，各国运载货物的巨轮，重新穿梭在维多利亚港口，香港这颗美丽的东方之珠又再现了往日的光芒。

随着商业大环境的好转，各行各业都出现了可喜的增长势头。在钟表业已经大展拳脚的中南钟表公司更是有了长足的发展，销售量占据了香港的较大份额，并重新建立了东南亚地区的销售网络，营业额呈几何级数向上攀升。这一时期，庄静庵开始筹划开办一间钟表装配工厂，他计划几年后将钟表装配扩展为自产钟表，不再依靠进口的钟表零配件。此时，李嘉诚的才华和能力已经得到了庄静庵的全面肯定，他准备借这次开办钟表新厂的机会，重用这位已崭露头角的能干的外甥。

此时的李嘉诚，虽然年少位卑，但生活的境遇使他骨子里有股不屈的傲气，他无时无刻不渴望出人头地，渴望像舅父、像茶楼里遇到的那些大老板一样，干一番自己的大事业。

李嘉诚也看好中南钟表公司的前景，更为香港经济的迅速繁荣而兴奋不已。闲暇之余，他站在维多利亚港湾边，眺望着尖沙咀五彩缤纷的灯光，再一次陷入沉思——今后的路该怎样走下去？

其中一条路，就是在舅父的羽翼下谋求发展。中南钟表公司已成为香港钟表业的巨擘，留在中南钟表公司自然可以收入稳定、生活安逸。另一条路就是再次到社会上闯荡，寻求属于自己的事业。而这条路要艰辛许多，并且充满风险。

经过一番深思熟虑，李嘉诚选择了后者，相对于安稳的生活，他更喜欢挑战自我。他认为，待在舅父的羽翼下，很束缚自己的手脚，贪图安逸会丧失自己的斗志，应该趁年轻多学一些谋生的本领，拓宽视野，增长见识，以实现自己做大事的夙愿——做一名驾驶大船的船长。

17岁的李嘉诚已学会独立思考，但他也是一个知道感恩的人。舅父待自己不薄，是李家的恩人。现在舅父很欣赏自己的才干，希望自己好好干下去。因此，他虽心念已定，却不知如何向舅父开口，只得请五金厂的老板向庄静庵转达自己的意思。

之后，庄静庵找李嘉诚诚恳地谈了一次，发现外甥确实是长大了，思想已经很成熟了。他开始设身处地地站在李嘉诚的角度看待这一问题，当年自己也是一步步由打工仔变成老板的。李嘉诚眼下虽然还不能独立创业，但他迟早会踏出这一步。

庄静庵知道，天性独立倔强、不愿受人荫庇的李嘉诚不会贪图安逸，一定会凭自己的能力打出一片天地，这是一种值得称道和鼓励的志向。

1946年年初，打定主意的李嘉诚终于离开了庄静庵的公司。临行前，他向庄静庵就香港钟表业的前途做了一番周详的分析，并提出了自己的建议。这一分析即使以今天商家的眼光看来，依然堪称独到透彻。

李嘉诚认为，瑞士的机械表生产技术炉火纯青，而日本人避其锋芒，抢先开发了电子石英表的新领域，很快占据了中档钟表市场。于是，世界钟表市场便形成了这样的格局：高档表市场为瑞士人独霸，中档表市场则为日本人所占据。这样，中低档表市场就成了空当。李嘉诚建议舅父迅速抢占这一市场。

正如李嘉诚所预言的，后来香港以生产价廉物美的中低档表为主，迎合了中下层消费者的需要，成为世界上继瑞士、日本之后的又一大钟表生产基地。中低档表的生产成为香港的支柱产业之一。

庄静庵的中南钟表公司后来成为香港钟表业巨头，可能与李嘉诚的建议有一定关系。少年李嘉诚的商业眼光已颇具大家风范。

3. 推销铁桶小试身手

李嘉诚离开庄静庵的公司时，还没有想到去办实业，而且也没有资本基础。所以，他首先想到应该学会赚钱，这时他已经不愿意去给人当学徒了，而选择了当推销员。推销工作极富挑战性，毫不夸张地说，当今世界上白手起家的杰出的工商企业家，十有八九从事过推销工作，而且绝大多数取得过骄人的成绩。不过，当年的李嘉诚未必知道这一点，他只是凭直觉加入推销员的行列，并成为个中高手，这也是他经商生涯中一次极有意义的经历。多年以后，李嘉诚感慨地说，他一生中最好的经商锻炼，就是做推销员。

1946年年初，李嘉诚正式加入五金厂担任推销员，开始了香港人称为"街仔"的推销生涯。行街推销与茶楼侍候客人、坐店销售钟表都不同，后者顾客已有购买的意向，而行街推销，最初只有销售方有意向。

对方有没有购买的意图？需不需要你的产品？如何寻找、联系客户？与客户初次会面该说什么话，穿什么衣服？客户没有合作意向时，如何激发其意向？建立了购销关系的客户，如何巩固这种关系？这些都是摆在推销员面前的现实问题。

推销既包含做生意的学问，又包含为人处世的道理。真正的推销艺术，是在任何书本上都找不到的。推销的艺术在于推销本身，只能在推销之中去把握和领悟。这对毫无推销经验的李嘉诚来说，又谈何容易！

但是，李嘉诚把推销员这个行当看作学习做生意的好机会，希望从中提高自己的经商能力。他常说："力争上游，虽然辛苦，但也充满机会。"

李嘉诚生性腼腆、内向而不喜主动交谈，但他腼腆的另一面也显示出一个可贵的优点，那就是诚实。诚实不仅写在他那张稚气未脱的脸上，更表现在他的行为之中。

当时五金厂的推销对象集中于卖日杂货的店铺，由于推销员众多，而店铺有限，竞争十分激烈。最初，李嘉诚去向杂货店推销铁桶，收效甚微。他觉得按这种老路子走，很难有突破，必须另寻他法。经过一番思考，他决定跳过中间商，采取直接向用户销售的方法进攻市场。

当时，推销员很少到酒楼、旅店直接推销，但直销方式有着不可比拟的优势：一来直销的价格是按出厂价，比客户到商场去买更便宜；二来送货上门，节省了客户的时间和精力。而且，酒楼、旅店是进购铁桶的大客户。李嘉诚开始集中精力向酒楼、旅店推销，他联系了一家旅店，一次就推销出100多只铁桶，这在当时是十分惊人的业绩。不过酒楼、旅店毕竟数量有限，铁桶又经久耐用，成交一次之后，要间隔很长时间才有再做第二笔生意的机会。

为了扩大业务，李嘉诚又对家庭散户进行了一番细致的调查研究，发现当时高级住宅区的住户大多使用铝桶，很少有人买铁桶。于是，他把目标瞄准中下层居民。但问题在于，家庭散户对铁桶的需求量太少，一户家庭通常只使用一两只铁桶，购买量远远比不上酒楼和旅店。

当然，家庭散户也有一个酒楼、旅店不具备的优势，那就是散户的总量庞大，关键看你用什么方法去积少成多。如何占领这一分散而又不可忽视的庞大市场呢？李嘉诚一时一筹莫展。

一天，李嘉诚又在居民区附近徘徊，考虑对策。他偶然看见几个老太太正围坐在居民区的庭院中择菜聊天，茅塞顿开，随即心生一计——专找老太太卖桶。

李嘉诚是这样想的：在老太太当中，只要卖出一只铁桶，就等于卖掉了一批。因为老太太们都不上班，闲居在家，喜欢串门唠叨一些小事，她们自然而然就成了他的义务推销员。李嘉诚这一招果然产生了奇效，其销售业绩突飞猛进。

在李嘉诚开辟酒楼、旅馆的直销渠道后，其他推销员也跟风而上，渐渐地，酒楼、旅店的推销业务又不好做了。尽管如此，李嘉诚的销售业绩仍远远超过同事们。有一件事足以显示他与众不同的商业素质。

当时有一家刚落成的旅馆正准备开张，推销员都能敏锐地察觉到这是推销铁桶的大好时机。李嘉诚的几个同事兴冲冲地去找旅馆老板洽谈，不料都碰了一鼻子灰，无功而返。原来，旅馆老板早已看好了另一家五金厂的铁桶。李嘉诚前去推销铁桶，也被老板毫不客气地拒绝了。但李嘉诚不是轻易认输的人，离开旅馆走了不远，他又转身回到旅馆。见到老板后，不等对方开口，他就抢先说道："我这一次不是来推销铁桶的，我只是想向您请教，在我进贵店推销时，我的动作、言辞、态度等行为有什么不妥当的地方，请您指点。我是个新手，又是晚辈，您比我有更丰富的经验，在商界您已经是成功人士了。我恳求您的指点，好让我改进。"

李嘉诚的虚心与坦诚令老板大为感动，他一改拒人千里的冷冰冰的态度，直截了当地向李嘉诚提出了一些批评建议，并当即决定购买李嘉诚的铁桶。

李嘉诚这一招可谓一箭双雕，既得到了成功人士的指点，又做成了生意。

渐渐地，李嘉诚在推销实践中总结出了许多有借鉴意义的经验：对于有可能争取的顾客，要坚持到底，不达目的誓不罢休；相反，对于那些根本没有可能做成生意的客户，则应当机立断，决不磨蹭。推销员要学会揣摩客户的态度，综合分析推销成功的概率有多大，如果毫无希望，最好立即告辞，"东方不亮西方亮"，在你无端耗掉的这段时间里，也许你在别处早就做成了另一桩生意，因为时间就是金钱！

随着时间的推移，李嘉诚对推销工作的认识更深刻了，凡事用心，凡事比别人多想一步，成了他的习惯。他认为，推销的实质是推销自我，只有将自己成功地推销给别人，别人才能由人及物，乐于购买你的产品。所以，一个优秀的推销员在推销产品时，首先要注意推销自己，能把自己推销给别人，推销就成功了一半。

基于此，李嘉诚十分注意自我包装。推销员的包装不仅包括衣着打扮，更重要的是在言谈举止中体现出的内在修养。他为自己定下的标准是要谦逊诚实，具有温文尔雅的绅士风度。因此，尽管他收入不高，家庭负担沉重，但他仍然十分注意自己的衣着。他的服装虽然不是什么名牌，但相当整洁。在推销过程中，他喜欢有意识地结交朋友，并且善于结交朋友。他在拜访客户时经常先不谈生意，而是建立友谊。只要友谊常在，生意自然不成问题。

有了朋友的帮助，李嘉诚更是如鱼得水。他曾说："人要去求生意，就比较难；让生意跑来找你，你就容易做。"如何让生意跑来找你呢？当然得靠朋友。如何交朋友呢？关键是要注重信誉，讲义气，处理好利益问题。

善待他人、利益均沾是生意场上交朋友的前提，诚实和信誉是交朋友的保证。后来李嘉诚在生意场上的朋友多如繁星，几乎每个与他有过一面之交的人，都会成为他的朋友。在激烈而残酷的竞争中，李嘉诚只有对手而没有敌人，不能不说是一个奇迹。

对待工作，李嘉诚总是最大限度地表现自己的诚意，给老板和同事留下了良好的印象。这也是他推销自己的一种方法。由于他推销业绩不凡,同事们无不对这位聪明、勤奋的少年刮目相看。有一次,其他同事向一位旅馆老板推销铁桶均未能成功,于是,知难而退的他们公推李嘉诚出马,去向这位很难商谈的旅馆老板推销。李嘉诚不愿放弃这一难得的挑战自我的机会,慨然应允。

他没有急着去见那位老板,而是找机会与旅馆的一个职员套近乎。没过多久,他就与那位职员拉上了关系,通过这位职员得知了一些旅馆老板的情况,其中有件事引起了他的特别注意。

原来,这位老板中年得子,待儿子像宝贝一样。现在旅馆开张在即,千头万绪,他儿子却整天缠着要去看赛马,而他根本抽不出时间来满足儿子这一愿望。

这位职员本是把这件事当作趣闻提起的。然而言者无意,听者有心,李嘉诚听到这件事,立马意识到已经找到了突破口。他请这个职员牵线,自掏腰包带旅馆老板的儿子去快活谷马场看赛马。在跑马场上,旅馆老板的儿子兴高采烈,回家后仍兴奋地向父母叽叽喳喳说个不停。

李嘉诚此举令旅馆老板十分感动,一时不知如何答谢才好。在李嘉诚的劝说下,他最终同意从李嘉诚手中购买 380 只铁桶。

这次推销行动,使李嘉诚一举成为五金厂的"英雄"。老板喜出望外,在员工面前连连称赞李嘉诚是第一功臣。

4. 投身塑胶行业

自从李嘉诚加盟五金厂以来,五金厂的业务蒸蒸日上,销售额稳步上升,显示出产销两旺的良好势头。这时,李嘉诚却萌生了去意。五金厂老板急欲挽留他,提出要给他晋级加薪,但李嘉诚主意已定,不愿回心转意。

李嘉诚这样做是有原因的:一是他在一次推销遭遇战中初尝败绩;二是受新兴产业的诱惑,使他更加体会到镀锌铁桶业面临着穷途末路及塑胶制品行业的蒸蒸日上。

刚开始推销五金制品时，李嘉诚就已感觉到了塑胶制品的巨大威胁。起初塑胶制品属于奢侈品，价格昂贵，消费者皆是富人。但塑胶制品的价格一直呈下降趋势，舶来品越来越多，尤其是港产塑胶产品的面市，更使塑胶产品的价格一路下滑，使普通消费者也有条件使用了。

而且塑胶制品易加工成型，外形光润，且重量轻、色彩丰富、美观适用，能够替代众多的木质和金属制品。尽管它有易老化、含毒性等缺点，但这些缺点极易被人们追赶时髦的风气所掩盖。

综合评估之下，李嘉诚清醒地意识到，用不了多久，塑胶制品将会成为廉价的大众消费品。

李嘉诚在推销遭遇战中碰到的那个塑胶公司老板，是个极富现代意识的经营者。他靠生产销售塑胶腰带起家，短短一年时间就开发出10多种产品。不过，由于香港的塑胶厂越来越多，竞争也越来越激烈，他只得四处招聘推销员，但真正能胜任者寥寥无几。

无奈之下，老板便常常亲自出马推销。有一次，他到酒店推销塑胶桶，与推销白铁桶的李嘉诚不期而遇。竞争的结果是，酒店最终选择了塑胶桶，废掉了购进白铁桶的口头协议。这次推销使李嘉诚第一次尝到了失败的滋味。尽管他不轻易言败，但这一次他感到了彻底的失败，而且败得毫无还手之力。新品替代旧品是产业发展的必然规律。

不打不相识，这位塑胶公司老板慧眼识英才，十分赏识这位17岁少年的推销才能。他真诚地对李嘉诚说："这确实是一场遭遇战，你是我平生遇到的最强硬的对手。虽然你最终输给了我，但这并不是你的推销技术火候欠佳，而是塑胶桶赢了白铁桶。"老板约他去喝晚茶，并竭力劝说他加盟自己的塑胶公司。

言谈中，李嘉诚也表现出对新行业的浓厚兴趣，但他不忍心弃五金厂老板而去，他说："老大（老板）还算蛮器重我，我在他的厂里做事没多久就走，恐怕不太好吧。""晚走不如早走，你总不想一辈子待在小小的五金厂吧？看这形势，五金业难有大前途。"塑胶厂老板快人快语，一语中的。

望着塑胶公司老板热忱而期盼的目光，李嘉诚最终决定加盟塑胶公司，进入充满勃勃生机的塑胶行业。

1947年，李嘉诚进入塑胶腰带制造公司继续从事推销工作。这是一间小小的山寨式工厂，位于偏离闹市区的西环坚尼地城爹士街，临靠香港外港海域。

公司里一共有7名推销员，李嘉诚年纪最小、资历最浅。其他几位都是经验丰富的推销老手，已有固定的客户。李嘉诚心高气傲，不想输给别人，上班之初，他就给自己定下目标：3个月内，干得和别的推销员一样出色；半年后，超过他们。李嘉诚自己给自己施加压力，有了压力，才会奋发拼搏。

坚尼地城在港岛的西北角，而客户多在港岛中区和隔海的九龙半岛。李嘉诚每天背着一个装有样品的大包出发，乘巴士或坐渡轮，然后马不停蹄地行街串巷。李嘉诚说："别人做8个小时，我就做16个小时，起初别无他法，只能以勤补拙。"

李嘉诚不是那种身强体壮的年轻人，体形更像一个文弱书生，背着大包四处奔波实在是有些辛苦。幸亏他做过一年茶楼跑堂，拎着大茶壶，一天10多个小时来回跑，练就了腿功和耐力。他在茶楼养成的习惯，现在也正好派上用场，在与客户接触时，他不忘察言观色，判断成交的可能性有多大，有没有必要坚持下去，若要说服客户还需要在哪些方面努力。

要做好推销工作，一要勤勉，二要动脑筋，李嘉诚对此有着深切的体会。

当时，李嘉诚主要负责推销新型产品——塑胶洒水器。他走访了几家客户，都无人问津。有一天，李嘉诚早早便来到一家批发行门口，等该行职员上班好联系洽谈业务。在等待的过程中，他看见清洁工在打扫卫生，灵机一动，自告奋勇地拿出洒水器帮清洁工洒水，希望遇到提前上班的职员，让他们亲眼看见洒水器的好处。正所谓眼见为实，有了实在的感性认识，洽谈起来才更有说服力。果然有职员提前来到，碰巧还是负责日用品器具的部门经理。结果，李嘉诚很顺利就达到了目的，该经理很爽快地答应经销这种塑胶洒水器。

李嘉诚谈生意时的机智灵活由此可见一斑，同时也透露出他的诚实。他让产品自己说话，比夸夸其谈地讲述产品的用途优点要可信得多。

此后，李嘉诚在推销方面越来越老练，他深谙一个推销员在推销产品之时也在推销自己的道理，因而时刻不忘在客户面前展示自己良好的形象。他并非健谈之人，说话也不够风趣幽默，但他总是推心置腹地与人谈自己的过去和现在，谈社会与人生。他待人诚恳，形成了一种独特的魅力，使人们乐意与他为友。

俗话说："人有人路，神有神道。"朋友多了，就不怕没生意做。今天成不了客户，或许将来会是客户。他自己做不了客户，也会引荐给其他的客户，即使促成不了生意，帮着出出点子，叙叙友情，也是一件好事。

李嘉诚把推销当事业对待，并不是仅仅为了钱。他十分关注塑胶制品的国际市场变化。他的信息来自报刊资料和四面八方的朋友，他建议老板该上什么产品，该压缩什么产品的生产。他把香港划分成许多区域，把每个区域的消费水平和市场行情都详细地记在本子上，知道哪种产品该到哪个区域销售，销量应该是多少。

加盟塑胶公司仅一年工夫，李嘉诚就实现了自己的预定目标，超越了另外6个推销员，让那些经验丰富的老手难以望其项背。老板拿出财务的统计结果，连李嘉诚自己都大吃一惊——他的销售额是第二名的7倍！

一时间，全公司的人都在谈论推销奇才李嘉诚，说他"后生可畏"。于是，18岁的李嘉诚被提拔为部门经理，统管产品销售。1948年，他又晋升为总经理，全面负责日常事务。

自古英雄出少年。李嘉诚经过几年的艰苦努力，总算取得了小小的成就，为他日后的发展奠定了一定的基础。对此，李嘉诚认为，任何事业都需要踏踏实实去做,他说:"在工作方面,勤奋是一个人成功的要素,所谓'一分耕耘,一分收获',一个人获得的报酬和成果,与他所付出的努力往往成正比关系。"

第三章 创业之路

李嘉诚放弃中级"打工仔"的优厚待遇,一出道就自己创业,起步艰难。他经营小厂,如同将颠簸于商海中的一叶小舟打造成一艘大船。为了给航船装备最先进的发动机,他不惜远赴欧洲钻研技术,终于在同行中脱颖而出。

1. 创办长江塑胶厂

李嘉诚在塑胶腰带制造公司经过几年的锻炼后,已熟稔推销工作,但他也深知生产和管理是自己的薄弱之处。因此,他虽身为总经理,仍把自己当小学生,总是蹲在工作现场,身着工装,同工人一道干,极少坐在总经理办公室。每道工序他都要亲自经手,因为感兴趣,所以干起活来一点也不觉得苦和累。

有一次,李嘉诚站在操作台上割塑胶腰带,不小心把手指割破了,鲜血直流,他没有吭声,迅速缠上胶布,又继续操作。事后伤口发炎,他才到诊所去看医生。

勤奋、聪颖的李嘉诚,很快掌握了生产的各个环节。塑胶厂生产势头良好,销售网络日臻完善,许多大额生意他都是通过电话完成,具体的事再由手下的推销员去跑腿。

作为塑胶公司的台柱子、高收入的打工仔,李嘉诚二十出头就爬到了打工族的最高位置,做出了令人羡慕的成绩。按理说,他应该心满意足。然而，他的人生字典中似乎从来没有"满足"二字。

香港是接受新事物最快的地方，虽然没有传统工业，但它与世界各地有着广泛的联系，能够迅速引进适宜在本地发展的产业。起初塑胶厂在香港屈指可数，但很快便如雨后春笋般发展起来。李嘉诚看到这个大好形势，渐渐萌生了独立创业的念头。于是，小有成就的他，决定重新投入社会，以自己的聪明才智开始新的人生搏击。

塑胶公司老板自然舍不得李嘉诚离去，再三挽留。曾经有个相士拉住李嘉诚看相，说他"天庭饱满，日后非贵即富，必会耀祖光宗，名震香江"。此事在公司传为佳话，老板不信相术，但笃信李嘉诚具备与众不同的良好素质，不论做什么事都会是最出色的。李嘉诚外表谦虚沉稳，实则蕴含着勃勃雄心，他未来的前程非相士可以预测，也非一般人所能猜及。这是老板与李嘉诚相处几年得出的判断。

老板挽留不住李嘉诚，并未指责李嘉诚"羽毛丰满，不记栽培器重之恩，弃他远走高飞"。他约李嘉诚到酒楼，设宴为其辞工饯行，令李嘉诚十分感动。

席间，李嘉诚说："我离开你的塑胶公司，是打算自己也办一间塑胶厂，难免会使用在你手下学到的技术，大概也会开发一些同样的产品。现在塑胶厂遍地开花，我不这样做，别人也会这样做。不过，我绝不会把客户带走，用你的销售网推销我的产品，我会另外开辟销售渠道。"他实话实说，以诚相待，让老板感慨不已。

李嘉诚怀着愧疚之情离开了塑胶腰带公司。这是他人生中的一次重大转折。从此，他结束了打工生涯，迈上了充满艰辛与希望的创业之路。

创业之初，他首先面临的就是资金问题。

李嘉诚打工不过几年，而且他打工的薪水，除了日常开销外，全部交给母亲，以维持全家人的生活，并没有多少积蓄。勤俭节约是李嘉诚从小养成的习惯，他从未奢侈过一回，外出从来都是吃大众餐，他的衣服也没有一件称得上是高档的。

经过一番努力，他总算凑到了 5 万港元创业资金，其中很大部分是他几年来推销产品的提成，还有一部分是向亲友借来的。无论是在工作还是日常交往中，李嘉诚都给别人留下了良好的印象，大家知道他为人诚实稳重，因而都乐意资助他创业。

李嘉诚雄心勃勃，对未来满怀美好的憧憬，因此很想给自己的塑胶厂起一个响亮的名字。他从辞工起就一直在思考厂名，先后取了几十个厂名，但都觉得不满意。有一天，他突然想到了中华民族的骄傲、中国第一大河流——长江，于是就把厂名定为"长江"。

他对这一名称的解释是这样的：长江不择细流，故能浩荡万里。长江之源头，仅涓涓细流，东流而去，容纳无数支流，汇成于汪洋之势。日后的长江塑胶厂，发展势头也会像长江一样，由小到大。长江是中华民族的骄傲，未来的长江塑胶厂也应该让中国人引以为豪，成为第一。长江浩荡万里，具有宽阔的胸怀，一个有志于实业的人，理当扬帆万里，破浪前进，去创建宏图伟业。荀子《劝学篇》说"不积小流，无以成江海"，这正是李嘉诚的经营理念。

当然，李嘉诚并不是空想主义者，而是个实干家，他要以行动来实现自己的宏大志愿。很长一段时间后，当别人问他"长江"的厂名之意时，他只是淡淡地说："'长江'的名头响亮，我便借了过来。"李嘉诚后来的辉煌成就，可以说是以高远的理想为基础的。

不过，创业之初他要解决的实际困难有很多。资金有了，厂名有了，厂房在哪里呢？这个问题必须首先解决。

李嘉诚从港岛到九龙，跑了一个多月，才在港岛东北角筲箕湾租借了一座破烂不堪的厂房。当时，数十万内地人涌到香港，使香港的房产一下子水涨船高，闹起了房荒，房租高得吓死人，工业用房房租自然更高。李嘉诚手头的资金实在太紧张了，只能找最廉价的厂房，先建起厂来再说。

筲箕湾山清水秀，自然景观优美无比，但地理位置比较偏僻，交通不便，实在不是开办工厂的好地方。李嘉诚当然也明白应该选择交通便利的地方，但谁让自己没有钱呢？正因为偏僻，所以租金较低，几经讨价还价，李嘉诚租下了这间厂房。

李嘉诚认为，创业之初到处都需要钱，就这么点钱应尽量投到生产中，等以后羽毛渐丰、收入有余时再迁到市区。他这一做法可谓量力而行，深得顺应自然之道。

不过，这间厂房实在是破旧不堪，窗户几乎没有一扇是完好的，不是玻璃破碎，就是风钩脱落，房顶到处都是"天窗"。香港春夏两季雨水特别多，雨水经常漏得到处都是。厂里的压塑机是从旧货市场买来的，是欧美淘汰的第一代塑胶设备，落后得不能再落后了。

正是在如此困难的条件下，李嘉诚开始了自己艰辛的创业历程。1950年夏天，李嘉诚的长江塑胶厂在筲箕湾正式成立。

长江塑胶厂创立后，李嘉诚最初的时间是这样安排的：由于交通不便，他每天清晨就外出推销或采购，等他赶到办事的地方，别人正好上班。他从不打的士，距离远就乘公共巴士，路途近就双脚步行。他个性温和沉稳、不急不躁，走起路来却脚下生风。因为时间太紧了，又要省坐计程车的钱，又要讲究效率，只好疾步如飞，这都是让生存环境给逼出来的。

中午时，李嘉诚急匆匆地赶回筲箕湾，先检查工人上午的工作，然后跟工人一起吃简单的工作餐。没有餐桌，大家都是蹲在地上。

忙完白天，到了万籁俱寂的晚上，李嘉诚仍有干不完的事情。他要算账，整理客户资料，规划产品市场区域，还要设计新产品的模型图，安排第二天的生产。他首先要考虑的问题，是如何充分挖掘资金、设备和人员的潜力，创造出更多更大的效益。

塑胶业的发展日新月异，新原料、新设备、新制品每天都在源源不断地涌现出来。塑胶厂要生存发展，就不能不求新求变。

一天，李嘉诚阅读一份外国塑胶杂志，敏锐地捕捉到一个商机。他发现这份杂志上登载的一部制造塑料瓶的机器，可以制造出质量优良又适合香港市场的产品。

他立即着手进行周密的市场调查，发现香港还没有这种机器。人无我有的意识立刻占据了他的头脑，他决定以最快的速度跟这个外国厂家联系购买。然而，这种机器需要预先订购，而向外国订购，不仅订货周期长，而且价钱十分昂贵。但这种机器的潜在效益实在令李嘉诚心动，因此，他果断决定自己动手研制这种机器。

经过一段时间的精心研究，反复试制，李嘉诚竟然真的造出了这种机器，投入使用后运行效果良好，很快便产出了新产品。这在常人看来简直是奇迹。其实，很多事情只要我们投入心力去尝试，也许会发现事情比自己想象的要简单得多。

李嘉诚采用自力更生的方法，自行研究、自行制造，不仅节省了资金，更重要的是赢得了时间，并取得了较好的效益，为刚刚创办的长江塑胶厂注入了活力。

当时，外国最新的塑胶杂志，香港看的人并不多。李嘉诚有较深厚的英语功底，他学、他看，并深深体会到一个人凭自己的经验得出结论当然很好，但这要浪费大量的时间，如果能够将理论知识与实际工作结合起来，那才是最好的。

李嘉诚做过塑胶腰带公司的总经理，但这与自己创业还是有很大的区别。他当总经理时，塑胶腰带公司的产销已步入正轨，而他现在是白手起家，完全从零开始，厂里的各种杂事千头万绪。李嘉诚身为老板，同时又是操作工、技师、设计师、推销员、采购员、会计师、出纳员。草创阶段，什么事都是他一手操持。

工作如此忙碌，李嘉诚依然不忘业余自学。为了节省时间，他吃在厂里，住在厂里，一个星期回家一次，看望母亲和弟弟妹妹们。待到厂子规模稍大一点之后，他在新蒲岗租了一幢破旧的小阁楼，作为长江塑胶厂的写字间和成品仓库，同时也是他的栖身之处。他心里装的全是厂子，早已把自己"埋进"了长江塑胶厂。

李嘉诚这样事必躬亲，不仅节省了许多不必要的开支，还使他对全厂各个环节的情况都了如指掌。此外，做老板的这般拼命，也给全厂员工起到了率先垂范的榜样作用。他凭什么能够在极端困难的条件下白手起家，创立一生事业的基础呢？

中国有句古话："勤能补拙。"李嘉诚凭的正是在长期逆境中激发和磨炼出来的勤奋吃苦精神和顽强意志。而在人的各种素质中，吃苦耐劳、艰苦奋斗是一个人的重要财富，也是安身立命的根本。

样品生产出来后，李嘉诚亲自出马推销，这对他来说是轻车熟路，效果也很明显。随着第一批产品顺利地销售出去，订单如雪片一般飞来。

生产规模日渐扩大后，李嘉诚实在忙不过来，于是招聘了会计、出纳、推销员、采购员、保管员，开始实行层级管理。同时又招聘了更多的生产工人。

这一时期，由于大批订单不断涌来，许多新招的工人只经过短暂培训就单独上岗，并实行三班倒工作制，开足马力生产，昼夜不停地出货。然而，表面的高歌猛进下其实暗藏着重重危机，令李嘉诚始料未及。

2. 质量危机的考验

李嘉诚创办长江塑胶厂时，正值朝鲜战争爆发，香港转口贸易地位一落千丈。于是，港府制定出新的产业政策，贸易（尤其是外贸）型企业减少，生产加工型企业增多，香港经济由转口贸易型转向加工贸易型。

由于香港市场有限，港内加工工业的显著特点是原料和市场在海外，利用本地劳力资源赚取附加值。香港的工业化以纺织成衣业为龙头，塑胶、玩具、日用五金等众多行业相继崛起。金融、地产、航运、交通等，皆向加工业倾斜，加工业逐渐成为香港新的经济支柱。

李嘉诚投身塑胶行业，正是顺应了香港经济的转轨大趋势。塑胶业在世界上也属新兴产业，发展前景广阔，塑胶制品加工投资少、见效快，原料从欧美日进口，市场迅速扩展到海外。

就在李嘉诚的事业春风得意之时，突然有一家客户指出他的塑胶制品质量粗劣，要求退货。李嘉诚不得不冷静下来，承认质量有问题。他知道自己太急躁了，在经营决策上一味贪大求多，追求数量，而忽视了产品的质量问题。

这时，李嘉诚手中仍攥着一大把订单，客户不断打电话来催货。他一时骑虎难下，若延误交货就要罚款，连老本都要赔进去。他亲自蹲在机器旁监督质量，然而，靠这些老掉牙的淘汰机器，要确保质量谈何容易？加上大部分工人只经过短暂培训就当熟练工使用，他们能够操作机器将制品成型，已是很不错了。

与此同时，推销员带回的客户反馈信息也令李嘉诚不寒而栗——有几家客户拒收产品，还要求长江塑胶厂赔偿损失。

身处危机之中的李嘉诚，真正体会到了做老板的难处。他在做塑胶腰带公司总经理时，全盘掌管日常事务，但重大决策仍是老板拍板。现在身为一厂之主，要承担一切风险和责任。"如履薄冰，小心翼翼"——许多生意景气的企业主，尽管资金雄厚、经验老到，仍是这种心态。李嘉诚年轻气盛，对困难设想得太少了。

企业的主人就像一船之长，决策就是航向，任何失误都可能把航船引向灭顶之灾。李嘉诚心中又一次浮现出船长的形象。船长的责任感使他陷入人生的又一次考验中。

很快，长江塑胶厂的仓库里堆满了因质量欠佳和延误交货退回的玩具成品，客户纷纷上门索赔，还有一些新客户上门考察生产规模和产品质量，见此情形扭头就走。李嘉诚为此急得如同热锅上的蚂蚁。业内人士常说："不怕没生意做，就怕做断生意。"长江塑胶厂显然正处于后一种情形中。

产品积压，没有进账，但原料商仍按合约上门催交原料货款。李嘉诚上哪去弄这笔钱？他被逼急了，就说："我实在拿不出钱，你们把我人带走吧。"

原料商笑道:"你想得美?我们要你干什么?我们要的是钱!"他们扬言要停止供应原料,并要到同业中张扬李嘉诚"赖货款的丑闻"。这又是一招可以置人于死地的撒手锏。

墙倒众人推。银行得知长江塑胶厂陷入危机,也派职员来催贷款。焦头烂额、痛苦不堪的李嘉诚不得不赔着笑脸,恳求银行放宽限期。银行掌握着企业的生杀大权,长江塑胶厂面临被清盘的危险。

此时长江塑胶厂只剩下半数产品尚未出现质量问题,开工不足,不得不裁减员工。部分被裁员工的家属上门哭闹,有的赖在办公室不走,车间和厂部没有片刻安宁。留下的员工人心惶惶,既为长江塑胶厂的前途,更为自己的生计忧心忡忡。那些日子,李嘉诚的脾气难免有些暴躁,动辄训斥手下员工。全厂士气低落,人心浮动。

有个客户曾把长江塑胶厂的次品批发给零售商,结果信誉受损,于是怒气冲冲来长江塑胶厂交涉,恶语咒骂李嘉诚。李嘉诚万般无奈,垂头丧气地回到家中,又担心母亲为自己忧虑,故而装着什么事也没发生一样。知儿莫如母,母亲早已从他的神色中猜出七八分。

这天,庄碧琴问李嘉诚:"你认识老家开元寺法号叫元寂的那个住持吗?"未等李嘉诚回答,她继续说道:"元寂年事已高,希望找个合适的接班人,候选人是他的两个徒弟,一个法号一寂,另一个法号二寂。元寂把这两个徒弟叫到跟前,说:'我现在给你俩每人一袋稻谷,明年秋天以谷物为答卷,谁收获的谷子多,谁就是我的接班人。'第二年秋天到了,一寂挑来满满的一担谷子,二寂则两手空空。出乎意料的是,元寂当众宣布二寂担当接班人。一寂听了不服气。元寂微微一笑,高声地对众人说,'我给一寂和二寂的谷子,都是用滚水煮熟的。显然,二寂是诚实的,理应由他来当住持。'于是,众人悦服。"

庄碧琴忽然话锋一转:"经商如同做人,诚信当头,则无危而不克。"李嘉诚听了母亲的话,深有感悟。

第二天,李嘉诚亲自上门向该客户道歉,客户也很不好意思地承认自己的行为过于莽撞,并表示李嘉诚是可交往的生意朋友,希望能继续合作。他还为长江塑胶厂摆脱困境出谋划策。

李嘉诚的"负荆"拜访达到了初步目的，但他仍不敢松一口气，银行、原料商和客户只给了他十分有限的回旋余地，事态仍很严峻。

在积压的产品中，一部分是质量不合格；另一部分是延误交货期的退货，产品质量并无问题。为此，李嘉诚抽调员工对积压产品进行了一次普查，将其归为两类：一类是有机会作为正品推销的；一类是款式过时或质量粗劣的。

之后，李嘉诚像当初做"行街仔"那样到市区推销，将积压产品以极低廉的价格卖给专营旧货次品的批发商，然后用收到的货款偿还了一部分债务。

接着，李嘉诚再次拜访银行、原料商和客户，寻求进一步谅解，商议共渡难关的对策。在他的努力下，长江塑胶厂终于出现转机，产销渐入佳境。

在长江塑胶厂刚刚摆脱危机时，一些竞争对手企图趁机搞垮长江塑胶厂。他们雇用一些人到长江塑胶厂拍照，企图用揭短的方式使长江塑胶厂信誉扫地。

果然，没过多久，他们拍摄到的照片就在报纸上刊登出来了，照片显示的是长江塑胶厂破旧不堪的厂房。他们的目的很明确，就是想以此打消人们对长江塑胶厂产品的信心。

刚刚经历了阵痛的李嘉诚，逐渐变得成熟稳重起来。他保持冷静，积极筹思对策，决定充分利用这种免费宣传反败为胜。他拿着这份报纸，背上自己的产品，走访了香港近百家代销商，坦率地对他们说："不错，我们尚在创业阶段，厂房比较破旧，但请看看我们的产品，我相信质量可以证明一切。我欢迎你们到我们厂实地考察，满意的话，再向我们订购。"

代销商们被李嘉诚诚恳的话语感动了，更被他优质的产品所吸引，他们很钦佩李嘉诚有如此敏锐的商业头脑，并且有如此魄力敢于将自己的弱点示人，于是纷纷到长江塑胶厂参观订货。结果，长江塑胶厂的生意反而空前红火,那些企图将长江塑胶厂搞垮的人的如意算盘落空了。

回首这段往事,李嘉诚深有感触地说:"虽历经坎坷,但从未彷徨。""资金,是企业的血液,是企业生命的源泉;信誉、诚实也是生命,有时比自己的生命还重要。"

3. 意大利偷师学艺

长江塑胶厂渡过了濒临倒闭的危机后,更加生机焕发。工厂通宵达旦地生产,营业额呈几何级数递增。李嘉诚始终牢记失败的教训,坚持质量第一、信誉至上的原则,逐渐使长江塑胶厂在业界有口皆碑,银行不断放宽对他的贷款限额;原料商许可他赊购原料;客户乐意接受他的产品,陆续派送大笔订单给他。

在一片大好形势下,李嘉诚的头脑仍异常冷静,他知道上一次的危机就是在得意忘形时发生的。他变得谨慎起来,把自己走过的每一步都想清楚,把将要走的每一步也要看清楚,开始认真审慎地思考长江塑胶厂的现状及未来。

20世纪50年代中期,香港工业化的趋势方兴未艾,其工业制品源源不断地打入国际市场,并在国际市场上产生了一定的影响。随着香港经济的日益繁荣,香港市区边沿及新界的新工业区,各种小工厂如雨后春笋般冒了出来,呈现一派繁华的景象。

香港的塑胶及玩具厂有300多家,长江塑胶厂出产的塑料玩具和其他厂家相比,无论是类型还是质量都大同小异,只是在款式上有细微的变化而已。

除了同业和客户之外,谁还会关注一个小小的长江塑胶厂的存在呢?李嘉诚感到忧虑不安。

不可否认,香港的塑胶制品在国际市场上卖得很"火",但仔细探究,不难发现香港产品的优势仅在于廉价,这实在是件可悲的事情。因为20世纪50年代,港英政府对来港务工经商人员一概接纳,将他们作为后备劳力资源进行储备。所以，香港劳动力充足、工资低廉，故而产品廉价。但产品的技术含量不高，附加值太低。

长江塑胶厂创办以来，主要生产塑胶玩具和日用品。这两大类产品并不是一成不变的，也先后变化了几十款，但大部分是根据代理经销商的订单要求设计改型的。

厂家为商家所左右，使厂家无法真正面对市场，难以把握市场风向。李嘉诚也想过站在消费者的立场，推出新产品左右商家，但他太忙了，风险又大，只得将这一构想暂且放在一边。

掐指算来，李嘉诚从事塑胶业已近7个年头，仍然是行业中的一个平庸之辈而已。他的天性从来就不甘于平庸，因此对现状越来越不满。他渴望有一天能有个突破，使长江塑胶厂从众多同行中脱颖而出，崭露头角。而要寻求突破，就要放眼全球，关注国际塑胶市场的新动向，把握新的发展趋势。在这方面，李嘉诚扎实的英语功底发挥了巨大的作用。

李嘉诚不像别的企业主那样，有一点小钱便声色犬马，沉迷于安逸的生活之中。他少年时所受的传统教育，使他行为严谨，时刻牢记自己的目标，不愿意对自己有丝毫放纵。无论工作多忙、身体多累，他都保持着强烈的求知欲，不忘关注市场形势的细微变化。

他每天都要工作10个小时，工作完毕后仍然坚持自修功课。临睡前，他靠在床头，一边舒展疲惫的身体，一边翻阅杂志。他购买和订阅了大量经济类杂志，并从中获取了许多有用的知识和信息。

一天深夜，李嘉诚翻阅英文版《塑胶》杂志，看到了一则消息：意大利一家公司已开发出利用塑胶原料制成的塑胶花，即将成批生产，推向欧美市场。

这条消息牢牢地牵住了李嘉诚的心。一直苦苦寻觅突破口的他，顿时有一种"山重水复疑无路，柳暗花明又一村"的豁然开朗之感，胸中一股希望之光油然而生。他再也睡不着了，兴奋地在房间里来回走动。

李嘉诚知道，欧美人生活节奏逐渐加快，许多家庭主妇正逐渐成为职业妇女，家务劳动社会化的呼声越来越高。他进一步推想，欧美的家庭都喜爱在室内、户外装饰各类花卉，以增添家庭情趣，但是，生活节奏的加快，使人们无暇种植各种娇贵而美丽的植物花。在一个"时间就是金钱"的时代，人们不愿意将宝贵的时间花在浇水、施肥、修剪、除草上，加之植物花卉花期有限，每季都要更换花卉品种，实在麻烦得很。如果用塑胶花代替植物花卉，既装饰了室内环境，又不需要花费时间去照管它们，岂不是一举两得！

塑胶花与植物花相比，除了可以节省养植时间，还可以从花形、花色上产生多种变化，正好迎合了现代人多姿多彩的生活需求。用塑胶花代替植物花，肯定大有前途。李嘉诚判断，塑胶花的面市，必定会引起塑胶市场的一场革命。

李嘉诚不但想到了机会，更想到了可能存在的挑战。他想，欧美人天性崇尚自然，塑胶花革命虽会兴起，但势必不会持久。因此，必须抢先占领塑胶花市场，否则就会丧失稍纵即逝的先机。

第二天一大早，李嘉诚跑遍港岛各地，仔细研究了一番香港市场，他注意到港九各大商店几乎都没有塑胶花，而随着生活水平的提高，港人越来越注重家庭环境的美化。这是一个潜在的大市场，"钱"途无量。

李嘉诚激动不已，他再也等不及了，决定马上采取行动。

1957年春天，李嘉诚怀着强烈的希冀和求知欲，登上飞往意大利的班机去考察。意大利美丽的风景已不能引发他游览的兴趣，他在一间小旅社安身后，就迫不及待地去寻访那家在世界上开风气之先的塑胶公司。经过两天的奔波，李嘉诚风尘仆仆来到该公司门口，但却戛然却步，他素知厂家对新产品技术的保守与戒备。

也许应该名正言顺地购买技术专利，但是，长江塑胶厂小本经营，哪里付得起昂贵的专利费；而且厂家绝不会轻易出卖专利，新技术是一个企业的生命力，它往往要在充分占领市场，赚得盆满钵满，准备淘汰这项技术时方肯出手。这样一来,长江塑胶厂只能跟在别人后面亦步亦趋,谈何突破?尽管聪明的香港人善于模仿,但对急于打冷门、填空白的李嘉诚来说,等塑胶花在香港大量面市后再模仿,不是他的行事风格。

李嘉诚心急如焚,自己放下厂里的事务远道而来,却不能达到目的。如果两手空空地回去,怎么向全厂职工交代?自己又怎能甘心?难道真的要拿着买回来的这些塑胶花样品回去当摆设吗?

世上无难事,只怕有心人。这天,李嘉诚正一筹莫展地在旅馆里翻着报纸,突然发现这家公司的下属工厂招聘工人的广告。他灵机一动,决定前去应聘。

事不宜迟,他按照报纸上的地址,马上去报了名,凭着他已有的技术,应聘普通工人自然不在话下。但他是外国人,只有旅游签证,按规定,持有旅游签证的人是不能够打工的。于是老板将他派往车间做打杂的工人。而且给他的工薪不及同类工人的一半,他知道这位"亚裔劳工"是非法打工,即使受到不公平对待,也绝不敢控告自己,算是自己白白捡了一个便宜。当时欧美发达国家的企业主,常常采用这种压低工薪的做法来盘剥其他国家的非法移民。

这位老板哪里知道,李嘉诚根本不计较工薪高低,能让他进厂就已经谢天谢地了。正是这位老板的贪心,使李嘉诚的"计谋"得以实施。

在异国工厂里,李嘉诚干的是最苦最累的活,负责清除废品废料。但这个工作对李嘉诚来说,实在是再好不过了,因为他能够整天推着小车在厂区的各个工段里走来走去,他双眼不停地四处搜寻,整个工厂的生产流程都逃不过他的法眼。

由于李嘉诚干活特别卖力,待人也很诚恳,工头常夸他是"好样的"。但工头怎么也没想到,眼前这个朴实肯干的"下等劳工"竟是一个"国际间谍",正在偷偷收集他所需要的技术情报呢。

每天一下班,李嘉诚就急忙赶回旅店,把这一天所观察到的一切,一字不落地记下来。没过几天,这些资料就积累了厚厚的一大本。生产流程熟悉了，但是，属于保密的技术环节仍一无所获。

李嘉诚又心生一计，假日里，他邀请数位新结识的朋友到城里的中国餐馆吃饭，这些朋友都是某一工序的技术工人。李嘉诚用英语向他们请教有关技术，佯称自己打算到其他工厂去应聘技术工人。

就这样，通过眼观耳听，李嘉诚大致悟出了塑胶花制作配色的技术要领，从意大利满载而归，准备将自己"学艺"得来的技术迅速运用到生产中去。

回到香港后，李嘉诚不动声色地把几个部门的负责人和技术骨干召集到办公室，把带回来的塑胶花样品一一展示给大家看，随后满怀信心地向大家宣布，长江塑胶厂今后将以塑胶花为主攻方向，一定要使其成为本厂的拳头产品，使长江塑胶厂更上一层楼。

众人看了这些千姿百态、鲜艳亮丽、形象逼真的塑胶花，无不拍案叫绝。但是，李嘉诚并没有因为塑胶花是一个新兴产品，并且被普遍看好而按原来的样子进行生产。因为那样做的话，产品还是没有自己的特色。

塑胶花说白了就是植物花的复制品，不同国家、不同地区，甚至每个家庭、每个人喜爱的花卉品种都不尽相同。李嘉诚发现自己带回来的样品，无论从品种还是花色来看，都太意大利化了，根本不符合香港人的喜好。

因此，李嘉诚要求设计者顺应香港和国际消费者的品位和喜好，设计出一套全新的款式来，不必拘泥于植物花卉的原有形状和样式。

设计师们经过精心研制，终于做出了不同颜色和款式的"蜡样"。李嘉诚看后觉得很满意，但他不确信是否符合香港大众的喜好，于是带着蜡花走访了不同消费层次的家庭，最后才决定以其中一批蜡样花作为主打产品。此时，技术人员经过反复试验，已把配方调色确定到最佳水准。经过连续一个多月的昼夜奋战，他们终于研制出了第一批样品。

新产品出来了，可以推向市场了。不过，如何确定价格呢？

李嘉诚洞察先机、快人一步研制出塑胶花，填补了香港市场的空白，按理说，物以稀为贵，卖高价应在情理之中。但李嘉诚并不这样认为。他想，价格高昂，必然少人问津，加上塑胶花工艺并不复杂，等到长江塑胶厂的塑胶花一推向市场，其他塑胶厂势必会在短时间内跟着模仿上市。

经过成本预算，李嘉诚认为，大批量生产的塑胶花成本并不高，只有把价格定在大众消费者可接受的水平上，才会迅速掀起消费热潮。卖得快，必产得多，以销促产比"居奇为贵"更符合商界的游戏规则，而且能尽快占领香港的塑胶花市场，一举确定长江塑胶厂的领先地位。这样一来，当跟风者蜂拥而上时，长江塑胶厂的塑胶花早已深入消费者心中，市场地位将难以动摇。

就在长江塑胶厂生产的塑胶花即将大规模上市的前两天，意大利塑胶花已进入香港市场，由连卡佛百货集团公司经销。连卡佛是老牌英资洋行，走的是高档路线。意产塑胶花价格不菲，只有少数洋人和华人富有家庭才买得起。李嘉诚深知，长江塑胶厂的塑胶花质量目前还无法与意产塑胶花相比，如果同走高档路线，自然不是意大利厂商的对手。因此，他更加坚定了自己的定价思路。

价格确定了，接着，李嘉诚携带自产的塑胶花样品，像最初做推销员那样，一一走访经销商。经销商们被眼前这些小巧玲珑、惟妙惟肖的塑胶花弄得目瞪口呆、眼花缭乱。有些经销商是长江塑胶厂的老客户，正因为太了解长江塑胶厂，才更加不敢相信自己的眼睛，就凭长江塑胶厂那破旧不堪的厂房、老掉牙的设备，能生产出这么美丽的塑胶花？简直令人难以置信。

"这是你们生产出来的吗？"一位客户狐疑地问道，"论质量，可以说与意大利产的不分上下。""你们大概怀疑是我从意大利弄来的吧？"李嘉诚早已看出了客户的狐疑，心平气和地笑道，"你们可以将两者比较一下，看看是港产的，还是意产的。"

大家围着塑胶花仔细察看，这才发现李嘉诚带来的塑胶花，的确与印象中的意大利产品有所不同。在样品中，有不少是中国人喜爱的特色花卉品种。

李嘉诚说："欢迎各位去长江塑胶厂看看，长江塑胶厂虽然还是老厂房，但生产塑胶花的设备却是新的，研制塑胶花的都是新人。当然，现在的事业更是新的。"

眼看报价时机已经成熟，李嘉诚报出了塑料花的价格，又一次使这些客户吃了一惊。他们没想到，这么好的东西竟然这么便宜，确实太意外了。

物美价廉，自然不愁不畅销。大部分经销商非常爽快地按李嘉诚的报价签订了供销合约，有的经销商为了买断权益，甚至主动提出预付50%的订金。

铺货时，由于每家经销商的销售网络都不尽相同，李嘉诚尽可能避免重叠。他根据消费者层次和区域的不同，分别提供不同的花色品种，以保证市场销售的均衡。这样，短短数周，香港大街小巷的花卉店都摆满了长江塑胶厂出品的塑胶花。寻常百姓家、大小公司的写字楼，甚至汽车驾驶室，都能看到塑胶花的倩影。

李嘉诚以新技术、新产品率先推出的塑胶花，掀起了香港装饰品消费的新潮流，也使长江塑胶厂由一间默默无闻的小厂渐渐蜚声香港塑胶业界。

4. 抢占欧洲市场

追风跟潮，可以说是香港加工产业界的看家本领。就在长江塑胶厂的塑胶花风靡全港之际，很快，香港便接连冒出了数家专业塑胶花厂。

这时的李嘉诚既没有被胜利冲昏头脑，满足于现有的成就，也没有对后起之秀产生恐惧和不安。他知道，长江塑胶厂只是先行一步，等待他的将是同业公平而无情的竞争。

大家都在抢占市场，而长江塑胶厂的现有规模无法保证在同业中的龙头地位。

1957年岁尾，李嘉诚将长江塑胶厂改名为"长江工业有限公司"（简称"长江公司"）。公司总部由新莆岗搬到北角，李嘉诚任董事长兼总经理。厂房分为两处，一处仍生产塑胶玩具，另一处生产塑胶花。其中以塑胶花作为重点产品。

事业又上了一个台阶，但李嘉诚仍不满足。"稳健中寻求发展，发展中不忘稳健"，他将这话铭记于心，开始考虑如何打开海外销路，以此带动生产，进一步扩大规模。

当时香港的对外贸易基本上为洋行垄断，而华人商行的优势，是在中国内地与东南亚的华人社会。20世纪50年代，西方国家对华实行禁运，香港华人商行的出口途径基本限于东南亚。而世界最大的消费市场在欧美，欧洲、北美占世界消费量的一半以上。李嘉诚无时无刻不渴望将产品打入欧美市场，他通过《塑胶》杂志得知香港塑胶花正风靡欧美市场，更加坐立不安，急不可待。

要进入欧美市场，只有通过香港的洋行，他们在欧美设有分支机构，拥有稳固的客户群体。香港的塑胶花正是这样进入欧美市场的。李嘉诚也接到过不少本地洋行的订单，但他不大满意这种交易方式，因为一切都缺乏透明度——塑胶花具体销往何国何地？代理商是谁？到岸价、批发价、零售价是多少？销路如何？消费者有何反馈？所有这些都不清楚。

有家洋行提出包销长江塑胶的塑胶花，若是其他厂家，或许会认为这是福音，从此产品不愁销路。但李嘉诚却谢绝了对方的"好意"，他清楚地意识到，如果接受了对方的包销条件，将被对方牵着鼻子走，价格、产量都由对方说了算。他决心甩掉中间环节，改变销售途径，直接向境外批发商销售塑胶花。

实际上，境外的批发商也希望绕过香港洋行这个中间环节，直接与香港的厂家做生意，这对双方都大有好处。正当李嘉诚为开拓海外市场而伤透脑筋之时，他得到了一个与欧洲批发商见面的机会。

李嘉诚把这位批发商带到北角的长江塑胶厂，看过样品后，批发商对塑胶花赞不绝口："比意大利产的还好。我在香港跑了几家，就数你们的款式齐全、质优美观！"

在参观长江塑胶厂的工厂后，批发商对能在这样简陋的工厂里生产出这么漂亮的塑胶花甚感惊奇。他快人快语地说："我们早就看好香港的塑胶花，品质品种处于世界先进水平，而价格不到欧洲产品的一半。我是打定主意订购香港的塑胶花，并且要大量订购。你们现在的规模，满足不了我的销量。李先生，我知道你的资金有问题，我们可以先做生意，但条件是你必须有实力雄厚的公司或个人担保。"

但找谁来担保呢？担保人不必借钱给被担保人，但必须承担一切风险。被担保人一旦无法履行合同，或者丧失偿还债务的能力，风险就落到了担保人头上。不过，根据塑胶花的市场前景，以及李嘉诚的信用和能力，风险应该是微乎其微。

翌日，李嘉诚前往批发商下榻的酒店。双方坐在酒店的咖啡室，李嘉诚拿出9款样品，默默地放在批发商面前，认真观察对方的表情。

李嘉诚太想做成这笔交易了，但他依然不动声色。这个批发商的销售网遍及西欧、北欧，那是欧洲最主要的市场。李嘉诚无法找到担保人，怎么解释都没有意义，只有行动更具说服力。他和设计师连夜赶出9款样品，期望能以样品打动批发商。若他产生浓厚的兴趣，看看能否宽容一点，双方寻找变通方法；若不成，就送给他作为纪念，争取下一次合作。机遇既然出现，他是无论如何不会轻易放弃的。

9款样品，每3款一组：一组花朵，一组水果，一组草木。批发商全神贯注地看了10多分钟，对那串紫红色的葡萄爱不释手。李嘉诚绷紧的神经稍稍放松了些，这证明商家对样品颇为看好。

紧接着，批发商的目光落在李嘉诚熬得通红的双眼上，猜想这个年轻人大概通宵未眠。他太满意这些样品了，同时更欣赏这位年轻人的做事风格及效率，不到一天时间就拿出9款别具一格的极佳样品。他记得上次谈话时自己只表露出想订购3种产品的意向，结果，李嘉诚每一种产品都设计了3款样品。

"李先生，这9款样品是我所见到的最好的一组，我简直挑不出任何毛病。李先生，我们可以谈生意了。"

谈生意，就必须拿出担保人亲笔签名的信誉担保书。李嘉诚坦率地说："承蒙您对本公司样品的厚爱，我和我的设计师花费的精力和时间总算没有白费。我想您一定知道我内心的想法，我是非常非常希望能与先生做生意。可我又不得不坦诚地告诉您，我实在找不到殷实的厂商为我担保，十分抱歉。"

批发商目光炯炯地看着李嘉诚，并未表示出吃惊和失望。李嘉诚见状，用自信而执着的口气继续说道："请相信我的信誉和能力，我是一个白手起家的小业主，在同行和关系企业中有着较好的信誉，我靠自己的拼搏精神和同仁朋友的帮助，才发展到现在这种规模。先生您已考察过我的公司和工厂，大概不会怀疑本公司的生产管理和产品质量。因此，我真诚地希望我们能够建立合作关系，并且是长期合作。尽管目前本公司的生产规模还满足不了您的要求，但我会尽最大的努力扩大生产规模。至于价格，我保证会是香港最优惠的，我的原则是做长期生意，做大生意，薄利多销，互利互惠。"

李嘉诚的诚恳执着，深深打动了这位批发商，他说："李先生，你奉行的原则，也是我奉行的原则。我这次来香港，就是要寻找诚实可靠的长期合作伙伴，互利互惠。只要生意做成，我绝不会利己损人，否则就是一锤子买卖。李先生，我知道你最担心的是担保人。我坦诚地告诉你，你不必为此事担心，我已经为你找好了一个担保人。"

李嘉诚愣住了，哪里有由对方找担保人的道理呢？批发商微笑道："这个担保人就是你自己。你的真诚和信用，就是最好的担保人。"

双方都为这种幽默感笑出声来。谈判在轻松的气氛中进行下去，很快便签下了第一单购销合同。

按协议，批发商提前交付货款，基本解决了李嘉诚扩大再生产的资金问题。而且，这位批发商主动提出一次性付清，可见他对李嘉诚的信誉及产品质量的充分信任。批发商叫侍者拿来两杯香槟酒，举杯说道：

"我们的合作，一定会很愉快！"

从此，李嘉诚甩开中间商，产品直销欧洲市场。

信誉是无法用金钱估量的，是企业生存和发展的法宝。经过这次本无希望但最终如愿以偿的合作，李嘉诚对此笃信不移。

长江塑胶厂的塑胶花牢牢占领欧洲市场后，营业额及利润成倍增长。1958年，长江塑胶厂的营业额达1000多万港元，纯利100多万港元。塑胶花使李嘉诚获利不菲，也为他赢得了"塑胶花大王"的称号。

第四章　花开两枝

　　李嘉诚做事真可谓"诸葛一生唯谨慎，吕端大事不糊涂"，在面临重大商机的时候，他敢于押上本钱全力一搏；在面临行业危机、遭受投机盘剥的时候，他顾全大局，当仁不让地率领同行共渡难关。而在地产业落脚，更是他事业上的一次重大转折。

1. 放手一搏，进军北美

　　1958年，是李嘉诚大获丰收的一年，也是李嘉诚花开两枝、再展宏图的一年。这一年还是李嘉诚人生进入最重要的新阶段——三十而立之年。

　　李嘉诚一只手握住美丽的塑胶花，另一只手则伸向房地产。他的长江公司下设两个部门——地产部和塑胶部。

　　塑胶花的下一个目标，是进军北美洲。

　　美国和加拿大都是发达的资本主义国家，尤其是美国，人口众多，幅员辽阔，消费水平极高，约占世界消费总额的1/4。李嘉诚陆续承接过许多本港洋行销往北美的塑胶花订单，但这些仍属小打小闹，远远达不到他的预期。

　　"守株待兔"，是纯粹的机会主义者；"酒香不怕巷子深"，是陈旧过时的经营理念。李嘉诚以求稳为先，但从不放弃有可能突破的机会。

他决定主动出击，设计印制精美的产品广告画册，通过香港政府有关机构和民间商会获得北美洲各贸易公司的地址，然后分别寄出去。

北美洲一家大贸易商S公司收到李嘉诚寄去的画册后，对长江公司的塑胶花彩照样品及报价颇为满意，决定派购货部经理前往香港现场考察，以便"选择样品，了解工厂，洽谈入货"。

李嘉诚收到来函后，立即通过人工转接的越洋电话，与美方取得联系，表示"欢迎贵公司派员来港"。交谈中，对方简单询问了香港塑胶业的大厂家，提出：若有时间，希望李先生陪同他们的商务代表走访其他厂家。

S公司是北美洲最大的生活用品贸易公司之一，销售网遍布美国、加拿大。能否抓住这个千载难逢的机会，对于实力没有绝对优势的长江公司来说，还是一个很大的未知数。对方的意思也很明确，他们将会考察香港整个塑胶行业，或从中选择一家作为合作伙伴，或同时与几家合作。

这将是一次同行业的大竞争，比信誉、比质量、比规模，斗智斗力，方能确定鹿死谁手。李嘉诚的目标是使长江公司成为S公司在港的独家供应商。他自信长江公司的产品质量是全港一流的，但论资金实力、生产规模，却不敢在本港同业称老大。

当时香港有数家实力雄厚的大型塑胶公司，单看工厂的规模就令人肃然起敬。而长江公司的工厂格局还未摆脱山寨式的窠臼，更别提生产规模、生产设备等一眼可以看到的东西，给来自先进工业国家的外商的第一印象肯定不会很好。

此前与欧洲批发商的成功交易，既是李嘉诚的胜利，也是他的教训，有限的生产规模险些使他希望落空。

接待外商参观考察的准备时间只有短暂的一周，李嘉诚随即召开公司高层会议，宣布了一个令人惊愕又振奋的计划：必须在一周之内，将塑胶花生产规模扩大到令外商满意的程度。

这一年，李嘉诚已动工在北角筹建一座工业大厦，但工程尚未完工。为了抢时间，他委托房产经纪商代租厂房，几经周折，最终选定了位于北角最繁华的工业区大厦。李嘉诚看过现场后，当即拍板租下了一套标准厂房，占地约 1 万平方英尺①。

但是，搬迁厂房需要一笔巨额资金。李嘉诚一边尽全力自筹部分资金，一边设法争取银行贷款——以北角正在筹建中的工业大厦地产作为抵押。

这是李嘉诚一生中第一次投入自己的全部身家，几乎是拿多年用心血和汗水经营的全部事业来赌博。他一生作风稳健，但现在除了冒险，别无选择，要么彻底放弃，要么全力一搏。

短短一周时间，人们无法想象要让一个破旧小厂形成新规模的难度有多大。旧厂房的退租、可用设备的搬迁、购置新设备、新厂房的承租改建、设备安装调试、新聘工人的培训及上岗、工厂进入正常运行……这一切都得在一周内完成，无论哪一个环节出问题，都有可能使整个计划前功尽弃。

李嘉诚和全体员工一起奋战了 7 个昼夜，每天只有三四个小时的睡眠时间。他紧张而不慌乱，再次表现出船长的风范。哪组人该干什么，哪些工作由安装公司做，以及每一天的工作进度，全在日程安排表中标得清清楚楚，一切都按计划有条不紊地执行。

S 公司购货部经理到达当天，设备刚刚调试完毕，李嘉诚把全员上岗生产的事交给副手安排，亲自驾车到启德机场迎接客户。

港岛到九龙，隔着一道称为维多利亚港的海峡。那时还没有海底隧道，港岛到九龙的汽车一般不通。为表示诚意，李嘉诚驱车乘汽车轮渡过海去启德机场。

之前，李嘉诚已为外商在港岛希尔顿酒店预订了房间。在回来的路上，李嘉诚问外商："是先去酒店休息，还是先去参观工厂？"外商不假思索地答道："当然是先参观工厂。"

李嘉诚听了，调转车头朝北角方向驶去。他心中忐忑不安，全员上岗生产，会不会出问题？汽车驶近工业大厦，李嘉诚停下车为外商开

---

① 1 平方英尺 ≈ 0.0929 平方米

门，听到熟悉的机器声响以及塑胶气味，他一直悬着的心才踏实下来。

在李嘉诚的带领下，外商参观了全部生产过程和样品陈列室，由衷地称赞道："李先生，我在动身前认真看了你的宣传画册，知道你有不小的厂房和较先进的设备，没想到规模这么大，这么现代化，生产管理是这么井井有条。我并不想恭维你，但你的厂完全可以与欧美的同类厂相媲美！"

李嘉诚说："感谢你对本工厂的赞誉。我可以向你保证我们的产品质量和交货期限。你已经看过我们的报价单，如购货批量大，价格还可以更低廉。总之，信誉问题请你们绝对放心。"

"好，我们现在就可以签合同。"美国人性急而爽快。

签完合同，李嘉诚驾车送外商去希尔顿酒店。告辞时，李嘉诚说："明天我来接你，去参观另几家塑胶公司。"

外商说："不必了，我倒想请你做我的向导，去参观中国寺庙。我知道你内心其实不希望我参观其他厂，这样你好做我们的独家供应商。"

"是的，"李嘉诚说，"我有这个自信。"

就这样，S公司成了长江公司的最大客户，每年的订单以数百万美元计。通过这家公司，李嘉诚还取得了加拿大帝国商业银行的信任，双方在日后发展为合作伙伴关系，为李嘉诚进军海外架起了一道桥梁。

其后的七八年间，长江公司的塑胶产品继续保持着产销两旺的良好势头。当时全港的塑胶业亦一派兴旺。

由于李嘉诚在塑胶行业的实力及声誉越来越强盛，不久他被推选为香港潮联塑胶制造业商会主席。

2. 救业与产业过渡

20世纪60年代，香港塑胶热潮到来，从事塑胶业的潮商越来越多。至1969年，全港塑胶制品出口额高达14.4257亿港元，比1959年的1.6214亿港元翻了近10倍；在这个出口额中，潮商约占55%。

在潮商的塑胶热中,李嘉诚起了很好的榜样作用,激励并带动了一批潮商加入这一行业。在担任潮联塑胶制造业商会主席期间,李嘉诚不负众望,做了一件功德无量的好事。

1973年,因中东战争引发的石油危机席卷全球,全球经济都受到不同程度的影响,香港塑胶业因价格暴涨,导致塑胶原料储备不足,被迫停产。

本港的塑胶原料全部为进口商垄断。其实,价格暴涨的根本原因,主要是本港的进口商利用业界因石油危机产生的恐慌心理,垄断价格,一致提价,又由于炒家的介入,把价格炒到厂家难以接受的高位所致。

在这场关系到香港塑胶业生死存亡的危机中,身为潮联塑胶制造业商会主席的李嘉诚挺身而出,挂帅救业。在他的倡导和牵头下,数百家塑胶厂家入股组建了联合塑胶原料公司。以前,单个塑胶厂家由于购货量小,无法直接由国外进口塑胶原料,供应商根本不予理睬。现在由联合塑胶原料公司出面,很快就能达成交易,购进的原料按实价分配给各股东厂家。在这种形势下,其他原料进口商只得降价。全港塑胶业持续两年之久的原料危机,终于得到了解决。

在这次救业大行动中,李嘉诚还有令人叹服的惊人之举。他从长江公司的库存原料中,匀出12.43万磅①,以低于市价一半的价格救援停工待料的会员厂家。直接购入国外出口商的原料后,他又把长江公司的配额——20万磅硬胶原胶,原价转让给需求量巨大的厂家。此次受李嘉诚帮助的企业达几百家之多。

"盛极必衰,月盈必亏",这是李嘉诚常常谈论的道家的朴素辩证法。通过这次危机,他预感到塑胶花即将走向衰退。他常会思考这样的问题:塑胶花的大好年景还能持续多久?眼下尽管渡过了一时的危机,但行业的前景不能不重新分析,早谋出路。

在香港塑胶花专业厂和兼营塑胶花的生产厂中,长江公司拥有稳固

---

① 1磅=453.592克

的大客户，销路不成问题。但有不少塑胶花厂家销路不畅，竞争日益残酷，终将对长江公司产生不利影响。

塑胶花业的兴旺，除了它自身的优点外，迎合了人们赶时髦的心理也是一个关键因素。曾几何时，富人穷人皆以系塑胶腰带为荣，后来却渐渐鲜有人问津，人们觉得还是真皮腰带更好。

塑胶花何尝不是如此，塑胶花毕竟是塑胶花，不可能完全替代有生命的、有香味的植物花。李嘉诚通过海外杂志了解到，随着人们生活水平的不断提高及空闲时间的增多，有的家庭已把塑胶花扫地出门，种植真花了。国际塑胶花市场渐渐向南美洲等中等发达国家转移，而这些国家也在利用当地的廉价劳力生产塑胶花。香港的劳务工资逐年递增，发展劳务密集型产业终非长远之计。而且，香港已出现过几次塑胶花积压，原因一是生产过滥，二是欧美市场萎缩，虽未造成大灾难，更未直接影响长江公司，却引起了李嘉诚的高度重视。

李嘉诚决定让塑胶业顺其自然，任其自兴自衰，通过一个"软着陆"的方式完成产业过渡，把重心悄然向房地产行业转移。毕竟这是为他带来第一桶金的老本行，无论从情感还是生意角度考虑，他都不想就此放手。在此后十余年间，长江公司在塑胶领域继续处于龙头地位，为他开创新事业积累了数千万港元的资本。

所谓"识时务者为俊杰"，李嘉诚正是这样一位商界俊杰。

塑胶业是李嘉诚所从事的一个具有永久纪念意义的产业。无论他的事业发展得多么庞大，获得的声誉有多少，他永远不会忘记从事塑胶花生产的岁月，是塑胶花把他引入辉煌事业的大门，坚定他实现远大抱负的信心，使他获得磨炼和积累了经验。

到20世纪70年代，李嘉诚已经在地产与股市做得顺风顺水，人们都以为他早就放弃了塑胶业。有一次，香江才女林燕妮准备开办广告公司，四处寻找办公地点，跑到长江大厦看楼，发现李嘉诚竟然还在生产塑胶花，不禁暗暗惊讶，且大感不解。

这时的塑胶花早已过了黄金时代，根本无钱可赚，而且长江实业的赢利已十分可观，就算塑胶花有微薄小利，对长江实业来说也是增之不见多，减之不见少，影响微乎其微。

林燕妮思之再三，终于明白了李嘉诚的用心，"不外是顾念着老员工，给他们一点生计"。

林燕妮的看法很有道理，李嘉诚确实很念旧，对那些帮他打过天下的老员工们感激不尽。一次，有人问李嘉诚为什么还背着老员工这个包袱，李嘉诚说："一家企业就像一个家庭，他们是企业的功臣，理应得到这样的待遇。现在他们老了，作为晚辈，我们就该负起照顾他们的义务。"

那人赞叹道："李先生的精神确实难能可贵，在当今香港，不少老板待员工老了便一脚踢开，你却不同。这批员工过去靠你的厂生活，现在厂没有了，你仍把他们包下来。"

李嘉诚急忙解释道："千万不能这么说，老板养活员工，是旧式老板的观点。现代企业的观念应该是员工养活老板、养活公司。"

商人皆为利来，最终目的都是赚钱。商人不是慈善家，如果工厂没有效益，关闭是必然的。而李嘉诚却能化无情为有情，围绕着塑胶厂上演了一幕幕动人的感情剧。

3. 兴建收租物业

塑胶花终归要落幕了，而李嘉诚花开两枝的另一枝——地产业，却开出了绚丽的花朵。

1958 年初春的一个晚上，刚办成一桩生意的李嘉诚怀着难得的好心情，独自驱车前往郊外。这几天，为了寻求新的发展机会，进军新的行业，他心里颇不平静。他不是好高骛远之人，而是脚踏实地，朝既定的目标迈进；他亦不会鲁莽行事，每一个重大举措都要经过长时间的深思熟虑，周密调查，除非机不待人的非常时期。

但是，跨入新行业该从何处着手呢？李嘉诚苦苦思索着，他想起连日来工厂的业主只肯签短期租约，每次续约又得大幅加租的情形。如果自己兴建一座大厦，不仅可以解决工厂自身的问题，而且可以做业主，将大厦空余的厂房租出。对，就用土地"赚钱"！直到今天，李嘉诚仍保留着这种习惯，一有灵感就牢牢抓住，决不让它成为遗憾。

涉足地产，从灵感闪现到付诸实施，在李嘉诚心中孕育了数月之久。如今香港百亿身家的超级巨富，有90%是地产商或兼营地产的商人。不过当时并非如此，大富翁分散在金融、航运、地产、贸易、能源、工业等诸多行业，地产商在富豪家庭中并不突出，这也意味着，地产并非人人看好的行业。

李嘉诚以独到的慧眼，洞察到地产的巨大潜力和广阔前景。最明显的现象是人口的递增和经济的高速发展。1951年，香港人口不过200万，到20世纪50年代末已逼近300万。人口增多，不仅使住宅需求量增多，而且本埠经济的持续发展急需大量的办公写字楼、商业铺位、工业厂房。香港长期闹房荒，房屋的增加量总是跟不上需求量。

就土地而言，香港是弹丸之地，不仅狭小，而且多山。有限的土地，无限的需求，加之香港政府采取高地价政策，寸土寸金，房贵楼昂。

身为"长江"号的船长，李嘉诚多次为厂房伤透脑筋。他知道寻找交通便利、租金适宜的厂房有多难。长江公司数次扩大生产规模，都是将现有的厂房重新布局。设备、人员、制品在车间里挤得水泄不通。李嘉诚曾多次构想：要是有自己的厂房该多好，就用不着受物业商的摆布了。很快，他便把这一构思付诸实施。

1958年，李嘉诚在繁盛的工业区——北角购地兴建一座12层的工业大厦；1960年，他又在新兴工业区——港岛东北角的柴湾兴建工业大厦，两座大厦的面积共计12万平方英尺。

由此可见，许多现实和成就都是由梦想开始，经过努力而达成的。梦想是基础，也是动力，引导我们走向成功。李嘉诚进军地产业的壮举就是源自一个"异想天开"的心愿，由这个心愿所触动，进行踏踏实实的可行性研究，认准地产的广阔前景，毅然挺进。

李嘉诚虽然吃准了房地产的乐观前景，但仍采取谨慎入市、稳健发展的方针，没有走捷径预售楼花，而是将这两幢房屋作为出租物业。他最欣赏香港最大的地产商——英资置地公司的保守做法，重点放在收租物业。置地是香港最早的地产公司之一，经过半个多世纪的发展，一直雄踞香港中区"地王"宝座，拥有大量物业。只要物业在，就是永久受益的聚宝盆。

即使资金再少，李嘉诚也宁可少建或不建，而不卖楼花加速建房进度；他尽量不向银行抵押贷款，或者会同银行向用户提供按揭。

兴建收租物业，资金回笼缓慢，但他看好地价、楼价及租金飙升的总趋势。收租物业不像建楼卖楼那样能够牟取暴利，却有稳定的租金收入，物业的增值随着时间越往后移，越能显现出来。

事实证明，李嘉诚对物业前景的判断是正确的。据港府公布的统计数据，1959年港府拍卖市区土地平均价：工业用地每平方米104.85港元；商厦、写字楼、娱乐场等非工业用地1668.44港元；住宅用地164.75港元。

地升楼贵，李嘉诚"坐享其利"，随后又兴建了一批物业，储备了大量地盘，逐渐成为香港最大的"地主"之一。

第五章 伉俪情深

李嘉诚在爱情方面十分专一，对待婚姻极其严肃，一直到自己真正算得上事业有成时，他才组建家庭，与相爱多年的表妹结为伴侣。亲上加亲的妻子具有很高的学识，成了他发展事业的贤内助。他们牵手一生，直到老伴先他而去。

1. 有情人终成眷属

都说成家立业，李嘉诚则是先立业再成家。1963 年，35 岁的李嘉诚与年近 31 岁的表妹庄月明这对青梅竹马的有情人终成眷属。虽然结婚对他们来说期盼得太久了，但美满的婚姻如陈酿的美酒，历久弥香。

庄月明是李嘉诚的舅父庄静庵的女儿，比李嘉诚小 4 岁，聪明伶俐，被父母视为掌上明珠。这门亲事并非庄静庵与他的胞姐庄碧琴的主张，传闻庄静庵曾极力反对女儿下嫁李嘉诚。那么，李嘉诚是如何获得表妹芳心的呢？庄月明出身名门名校，两人门不当户不对，地位很不般配，对此，世人众说纷纭，人言人殊⋯⋯

香港《明报周刊》刊登过一篇《李嘉诚与庄月明爱情故事》的文章，开篇道："在香港的潮州人圈子里，流传着这样一段佳话：系出名门的表妹，不顾父亲的极力反对，与穷表哥恋爱、结婚。在表妹的鼎力支持（精神上和实际上）与鼓励下，表哥奋发图强，终于出人头地。之后，他的事业更加辉煌。"

而面对媒体，李嘉诚素来不提私事，尤其对有关自己恋爱婚姻的私事，一直持缄默态度。因此，他的恋爱婚姻史就有些似真似幻，扑朔迷离了。通过对各种旁证文字和材料进行归纳，大致可以勾画出他们爱情旅途的轨迹。

1940年，李嘉诚第一次见到庄月明，当时庄月明还是个7岁的小女孩，李嘉诚则是11岁的大男孩。庄月明在教会办的英文书院念书。她一点也不嫌弃这个穷表哥，反而十分同情他。

李嘉诚初入庄家，见到这个聪明活泼的表妹，也是打心眼里喜欢她。他将小孩爱听的故事讲给庄月明听。庄月明特别喜欢听他讲故事，总觉得表哥知道的故事太多了，有学问，是个学问家。

庄月明听李嘉诚讲完故事后，常常提出一些可笑的问题："诚哥哥，大禹治水，三过家门而不入，是你看见的吗？"

李嘉诚笑着说："明妹妹，大禹治水，三过家门而不入，当然是真的。那时候，长江不像长江，黄河不像黄河，天上一下大雨，洪水这头猛兽闯到哪里，就将哪里的人吃光。"

庄月明惊得张大眼睛问："洪水猛兽吃小孩吗？"

李嘉诚说："洪水残暴无情，那些可怜的小孩统统被它吃掉了，大禹要救小孩，他将北方的洪水赶到黄河里去，流进大海。他将南方的洪水赶到长江里去，也流进大海。你在香港看到了大海，大海大得很，它把我们中国的洪水都装进肚子里，洪水这头猛兽倒被大海吃掉了。"

庄月明拍着小手，叫道："洪水猛兽要吃掉小孩，大海便要吃掉洪水猛兽，大海好，大海好。"

当李嘉诚讲花木兰代父从军的故事时，庄月明除了问他："花木兰女扮男装了，你是怎样知道她是女的？"还问他："你见过花木兰吗？我要见花木兰。"

李嘉诚说："我哪里见过花木兰呢，花木兰是古人，我和你都是今人，今人见不到古人了。花木兰女扮男装，我知道她是女扮男装的，所以我就知道她是女人。明妹妹，你听我教你读《木兰辞》，不要光提问题了！"

李嘉诚教庄月明读《木兰辞》，庄月明读起来像唱歌一般动听。

李嘉诚在父亲的教导下，要学做香港人，第一步就是要过语言关，改掉潮汕口音，学好广州话。于是，庄月明就成了李嘉诚的广州话老师。一个用心教，一个认真学，很快，李嘉诚便能用广州话与香港人交流了，庄月明十分高兴。与此同时，李嘉诚也发挥自己的长处，教庄月明学习中国古典诗词。那段日子，这对"金童玉女"两小无猜、互相学习的情景，是当时庄家最为动人的风景，也是李嘉诚动荡而艰辛的少年生活中最温馨的回忆。

1943年，李嘉诚的父亲去世了，从此，他和庄月明走上了两条截然不同的人生之路：一个在茶楼做学徒工，一个继续在学校读书。两人在月夜，在梦里，各自回忆着过去的甜蜜。

每逢节假日在庄府相聚，庄月明还是要李嘉诚讲故事给她听，李嘉诚便试讲《红楼梦》给她听。两人相恋期间，他们一定想过林黛玉是贾宝玉的表妹，表哥表妹相知相爱，终因婚姻不能自主，葬送了这对有情人。现在，香港是婚姻自由的社会，这对表兄妹开始萌生了恋情。

其实，李嘉诚早就爱上这位才貌双全的表妹了，随着年龄的增长，他开始用深情的目光注视着表妹。他一心想要证明自己配得上如花似玉、聪明绝顶、才学过人的表妹。而在庄月明的内心深处，对于奋力拼搏、立志创业的表哥，也是敬羡非常。尽管李嘉诚与人交流相当含蓄，感情从不外露，但庄月明知道李嘉诚是在向自己显示能力，在向自己显示顽强奋斗的精神，而这正是庄月明爱上李嘉诚的原因。从此，庄月明默默地将自己的情感和李嘉诚的事业联系在了一起。

庄静庵是个具有新思想的商人，十分重视子女教育。加上庄月明聪明好学，以优异的成绩毕业于英华女校，随即考入香港大学，获得学士学位，之后，庄静庵支持她北渡东瀛，留学于日本明治大学。

青少年时期的庄月明，人生之路一帆风顺，开满鲜花，阳光明媚。而李嘉诚的人生之路却是坎坷不断，充满磨难。他做过钟表公司的学徒，做过走街串巷的行街仔，直到1950年才独立创业。但白手起家、无人资助的他，很长一段时间还是个位卑财薄的小业主。

不少人认为，李嘉诚与庄静庵的关系比较疏淡。倘若是事实，是什么原因造成的呢？人们有过许多猜测。有人认为，当年李嘉诚毅然脱离中南钟表公司，忤逆了庄静庵的一番好意。因此，李嘉诚后来艰苦创业，庄静庵未鼎力相助。李嘉诚外销塑胶花，欧洲批发商要李嘉诚找人担保，或许李嘉诚在庄静庵那里碰了壁，或许他根本没去求庄静庵。这不外乎有两个原因：要么李嘉诚不愿给庄静庵添麻烦，要么他估计到庄静庵不会伸出援手。更多的人分析李嘉诚与庄静庵"不咬弦"的主要原因是李嘉诚与庄月明互相爱慕，想要结为秦晋之好，而这正是庄静庵所反对的。种种推测总是似是而非，令人怀疑。

据说香港珠宝大王郑裕彤也有过一段有趣的爱情故事。他少年时在周大福珠宝行做学徒，深得老板赏识，老板把自己的女儿许配他为妻。世人称郑裕彤为乘龙快婿，由于这门亲事和他的聪明才智，郑裕彤后来成为周大福珠宝行的掌门人，奠定了他成为香港超级富豪的基础。但从没有人称李嘉诚为庄家的乘龙快婿，因为有一点是十分肯定的，即李嘉诚自始至终在事业和钱财上未沾岳丈的"光"。

暂且不论庄静庵的态度，按照世俗的眼光来看，出身贫寒，只有初中学历的小业主李嘉诚，是不可高攀出身名门名校、才貌双全的大家闺秀庄月明的。因而人们自然会探究，人生道路截然不同的他们是如何走到一起的？

毋庸置疑，他们是由亲情、友情发展为爱情的。境况优越的表妹，无时不在关注表哥的命运和事业，在精神上给予表哥莫大的慰藉和支持。表哥在内心深处领受表妹的爱，亦深深爱着表妹。他明智地估量自己的地位，深知唯有干出同辈人中出类拔萃的业绩，才能配上名门才女。无形中，这成为李嘉诚卧薪尝胆、奋发进取的动力之一。正是爱情的力量，把李嘉诚锻造成一个不屈不挠的男子汉，促使庄月明不顾外界的压力和世俗的眼光，执着追求属于自己的爱。没有花前月下，只有心心相印。

这段时间，庄静庵没少为女儿的婚事操心，曾多次介绍女儿去相亲。相亲的人中，有含着金钥匙出生的世家子弟，更有留学欧美的博学才子，但都遭到庄月明的拒绝。不过，各种媒体谈论起李庄的婚姻，丝毫没有责备庄静庵之意。这是香港社会的普遍现象，也是人之常情。世上哪有不疼爱子女的父母？庄静庵极力反对女儿的婚姻，也是因为担忧她嫁给李嘉诚会吃太多的苦。

1958年，李嘉诚涉足地产业，在港岛北角建起了第一幢工业大厦；1960年，他又在柴湾兴建了第二幢工业大厦，迎来了事业上的第一次辉煌。

他们对爱情的执着和真诚终于感动了庄静庵夫妇和庄碧琴，同时，李嘉诚在商业上创造的奇迹也越来越让庄静庵感到惊奇，不能不对他刮目相看，终于同意让这对饱尝相恋之苦的恋人结婚。于是，在一片祝福声中，李嘉诚牵着庄月明的手，幸福地踏上了红地毯。

2. 低调的贤内助

李嘉诚是个非常注重实际的人，结婚后，为了让爱妻住得舒适一些，他斥资63万港元买了一幢花园洋房，这就是李嘉诚现在仍在居住的深水湾道79号3层住宅。当时他并不算大富豪，要一下子拿出63万港元很不容易，所以有人说，这是他送给妻子的最贵重的礼物。

1995年第10期的《资本》杂志这样介绍这幢宅邸：

"李宅外墙只漆上白油，外形既不起眼，亦并无海景，但胜在交通方便，两三分钟车程便可达高尔夫球场。李家大宅不算很大，约1.1万平方英尺，市值约1亿元。"

《资本》杂志是以香港首富的标准来评价这幢大宅的。当时拥有独立花园洋房的华人富翁寥寥无几。李嘉诚跻身豪宅阶层，实在令人刮目相看。

其实，就李嘉诚自身的生活需求而言，他并不想"未富先闻"——居住这般豪华奢侈的洋房。尽管他的事业蒸蒸日上，却算不上富豪，也正因为他是一位地产商，所以把购置新婚住所当作物业投资。

婚后，庄月明立即参与到李嘉诚创办的长江公司中，她流利的英语和日语、谦和勤勉的作风，深得同事的赞赏和尊敬。夫妇两人共同推动公司业务进一步向前发展。

1964年8月、1966年11月，李嘉诚的长子李泽钜和次子李泽楷相继出生，庄月明一边相夫教子、孝敬婆婆，一边倾力辅佐丈夫的事业。

1972年11月，"长江实业集团"上市，这是李嘉诚事业上的一个重大转折。身为长江实业集团执行董事的庄月明，在工作上勤勤恳恳，十分默契地配合李嘉诚，是长江实业集团决策层的核心人物之一。李嘉诚不少石破天惊的大事，都蕴含了庄月明的智慧和心血。

比如，对于丈夫独资创办汕头大学一事，她就非常赞成。1980年的一天，李嘉诚对她说："今天我要和庄世平老先生谈创建汕头大学的事情。创建一所大学可不容易，要用很多很多的钱，你的意见怎么样？"

庄月明回答说："你去谈就是了，你是教育世家出身，我支持你独资创建汕头大学。"她望着丈夫，笑了一会儿，继续说，"如果不是日本人侵略，将你父子赶到了香港，恐怕你现在就是一个从事教育的教师哩！不是吗？"

李嘉诚连连肯定地说："是的，是的，我现在一定是在当教师，说不定我在当一个小学或中学的校长哩！好，你支持我独资创建汕头大学，我独资就是了。"

在公众面前，庄月明始终保持低调，很少在公众场合露面，也不接受记者采访。

一位熟悉李家的人士说："人们总是说地产巨头李嘉诚如何以超人之术创立宏基伟业，而鲜有人言及他的贤内助及事业的鼎助人庄月明女士。我们很难想象，李嘉诚这一生若没遇到庄月明，他的事业将会是怎样的情景？"

进入 20 世纪 80 年代，李嘉诚的事业如日中天。庄月明别无所求，丈夫事业成功就是她最大的心愿，她一如既往地在长江实业集团辛苦工作。

潮汕地区的男人特别有拼搏的精神和强烈的家庭责任感，在今天这种大变革、大动荡的年代里，这种男人被女人视为精品。在潮汕，男人尊崇的是自己，女人尊崇的是男人，男人的忠诚对稳固家庭起了很大的作用。潮汕地区的女性自古以来就有着追求稳固家庭的理想，她们从传统的路程走过来，有着超乎寻常的承受力，感情专一，大多数人愿意在婚姻中从一而终。

1989 年 12 月 31 日晚上，李嘉诚携庄月明出席在君悦酒店举行的迎新年宴会，夫妇俩容光焕发，是宴会上最"抢镜头"的一对伴侣。不料，翌日下午便传来惊人的消息，庄月明突发心脏病，在医院不治身亡，年仅 58 岁。面对妻子的突然离世，身经商场百战的李嘉诚悲痛欲绝，难以自已。

为了表示对妻子的哀悼和怀念，李嘉诚采用了特殊的方式。因庄月明曾毕业于香港大学，并取得港大文学学士学位，李嘉诚特向港大捐资 3500 万港币，并且成立了专项教育基金。香港大学以此为据，在学校扩建过程中兴建教学楼，并以李嘉诚妻子的名字命名——庄月明楼。

在以后的日子里，李嘉诚始终没有忘记庄月明，庄月明对他刻骨铭心的爱总让他回味无穷。与友人交谈时，一提起妻子，李嘉诚便不无感慨："月明受过良好的教育，婚后在事业上多次为我出谋划策，给予了我莫大的帮助。不仅如此，她总是把家里的事情处理得妥妥当当，我根本不用为家里的事情操心，这使我有更多的精力去应付工作上的各种问题。"

庄月明去世时，李嘉诚才六十出头，身体硬朗，精神奕奕，又是富豪，因此不乏主动示爱的美女。香港不少富商都以绯闻为荣，但李嘉诚始终如一块白璧，十几年洁身自爱，不愿提及续弦之事。

每年元旦，李嘉诚总是风雨无阻地带着两个儿子，到柴湾佛教坟场拜祭妻子。同时，他也没有因为妻子离世而疏远岳父一家。1995年10月，庄静庵因为肠癌去世，享年87岁。李嘉诚亲自为岳父操办丧礼，打点一切。2002年4月14日，庄月明的母亲在医院病逝，享年93岁。她在养和医院昏迷期间，李嘉诚常常带着儿子守护在她身边。可以说，李嘉诚以身作则，教会了儿子们人生中最重要的一课——做人要重情义。

第六章 时势造英雄

　　风险与机遇并存，地产与股市总是吸引人们投机炒作。在多数人头脑发热时，李嘉诚能够冷静地预见危机；而在人们普遍悲观失望时，他又能满怀信心地看准走势，或逆市吸纳或顺势融资，每次都表现出过人的胆识。

1. 香港地产危机中的豪赌

　　历史的演进，企业的兴衰，以及人际关系的变化，皆与潮流和时势格局有关。李嘉诚的精明之处在于他能够洞察时局，顺应潮流而为。他由塑胶花大王转做"地产大王"，正是时势与危机所造就。

　　1961年6月，潮籍银行家廖宝珊的廖创兴银行发生了挤提风潮。廖宝珊是"西环地产之王"，他在西环大量购买地盘兴建楼宇，并在中环德辅道西兴建廖创兴银行大厦。他发展地产的资金几乎全部是存户存款，将其掏空殆尽，从而引发存户挤提。这次挤提风潮，令廖宝珊因脑溢血猝亡。

　　在香港这样一个容易一夜暴富或破产的资本经济环境中，"廖创兴银行挤提事件"并未引起地产和银行界人士的足够重视。廖氏是潮商中的成功人士，李嘉诚一直对他敬佩有加。从廖宝珊身上，李嘉诚进一步意识到地产与银行业的风险，并把这件事作为分析经济形势的重要参考。

1962年，香港政府修改建筑条例并公布于1966年开始实施。地皮拥有者为避免新条例实施后吃亏，都赶在1966年之前建房。这股建房热潮是在银行的积极资助下掀起的，银行不仅提供按揭，自己也直接投资房地产。

炒风空前炽热，职业炒家应运而生。只要有利可图，人人都想放手一搏，根本看不清楼价日涨夜升其实是畸形旺市。许多人企图以小博大，只要能付得起首期地价楼价，就大炒特炒，想趁高脱手。大客炒地，小客炒楼（花）。大客大都是地产商，甚至还有银行家；小客多是炒金炒股的黄牛党。

在这股空前的炒风中，一向稳重的李嘉诚比一般人的头脑要清醒一些。买空卖空是做生意的大忌，投机地产如同投机股市，"一夜暴富"的神话背后往往就是"倾家荡产"。

李嘉诚以长期投资者的面目出现在地产界，同时他又是长期投资者中的保守派。他一如既往地在港岛新界的新老工业区寻购地皮，营建厂房，并尽可能少地依赖银行贷款，有的工业大厦完全是靠自筹自有资金建造。长江实业集团下属的塑胶部经营状况良好，盈利可观。因此，他负债很少。而地产部也由最初的纯投资转为投资效益期，随着几座新厂房的不断竣工出租，租金源源不断，呈几何级数涌来。

这时，李嘉诚继续冷静地关注香港地产业界的形势变化。

1965年1月，香港小银行——明德银号发生挤提，宣告破产。究其原因，是"参与房地产投机，使其没有流动资金，丧失偿债能力"。明德银号的破产，成了一次重大危机的导火索，挤提风潮由此爆发，迅速蔓延到一系列银行，广东信托商业银行轰然倒闭，连实力雄厚的恒生银行也陷入危机之中，不得不出卖股权给汇丰银行而免遭破产。

随后，港府采取了一系列紧急措施，终于遏制住挤提浪潮，但银行危机却持续了一年余，不少银行虽未倒闭，却只能"苟延残喘"。在银行危机的剧烈振荡下,房地产业一落千丈,出现了强烈地震。地价楼价暴跌,脱身迟缓的炒家全部断臂折翼,血本无归。靠银行输血支撑的地产商、建筑商也纷纷宣告破产。

在这次危机中,李嘉诚的损失与同行相比微乎其微,仅部分厂房因租期已到,续租时降低租金,并未动摇其整个根基。对于上述发生的一切,李嘉诚丝毫不感到惊讶,这是他预料之中的事情。

1966年年底,低迷的香港房地产开始出现一线曙光,地价楼价开始回升。银行经过一年多的"休养生息",渐渐恢复了元气,有能力重新资助地产业了。地产商们跃跃欲试,准备大干一场。

就在这时,内地的"文化大革命"开始波及香港。"中共即将武力收复香港"的谣言四起,香港人心惶惶,掀起了"二战"后的第一次大移民潮。移民以有钱人居多,他们纷纷低价抛售物业,香港较好地段如司徒拔道的一幢独立花园洋房仅售60万港元。新落成的楼宇无人问津,整个房地产市场卖多买少,有价无市。地产、建筑商们焦头烂额,一筹莫展。

拥有数个地盘、物业的李嘉诚也忧心忡忡,每天听广播、看报纸,密切关注事态发展。作为资产持有者,最关注的莫过于"中共会不会以武力收复香港"。李嘉诚反复在想:"中共若想以武力收复香港,早在1949年就可趁解放广州之机一举收复,何必等到现在?香港是内地对外贸易的重要通道,保持香港现状,实际上对中共大有好处。中共并不希望香港局势动乱。"

经过一番深思熟虑,李嘉诚以自己独到的政治眼光,毅然采取了商战策略中的惊人之举:人弃我取,趁低吸纳。他购入地皮、旧房,积蓄力量,等待发展时机。从1968年到20世纪70年代初,李嘉诚先后在33个地盘上大兴土木,建造厂房和商业住宅,建筑总面积达35万平方英尺,这几年的租金收入平均为390万港元。李嘉诚的取舍是有技巧性的,什么时间进,什么时间出,都必须把握市场脉搏,同时又与政治时局相结合。

这次战后最大的香港地产危机，直到1969年才宣告结束。事实又一次证明了李嘉诚判断正确。他逆势而行，坚信乱极则治、否极泰来。当时，不少朋友都为李嘉诚的"冒险行动"捏一把汗，有些地产商也等着看他的笑话。然而，正是这样特殊的形势和环境，练就了李嘉诚超人的胆识和本领。

到1970年，香港百业复兴，地产市道转旺，有人还在说李嘉诚是赌场豪客孤注一掷，侥幸取胜。其实，这些人只看到他"赌博"的一面，而没有深入认识他智慧的一面。

2. 让长江实业"骑牛"上市

从20世纪70年代起，香港经济由工业化阶段转入多元化经济阶段，地产行业再次成为投资热点，李嘉诚也看好房地产市场的发展前景。1971年6月，他成立了长江地产有限公司，开始大兴土木，发展房地产。这一年，香港不仅楼市大复苏，股市也一派兴旺。很多人劝他先不要大规模兴建楼宇，步子可以小一点，这样即使市场发生什么变化，也不会造成太大的损失。但李嘉诚认为，一个行业刚刚兴起的时候就是最赚钱的时候，不能错过这个机会。事实证明，他的判断是正确的。他建造的楼宇还没完工，就有租户要求签订租房合同，并自愿先付定金。拿到定金后，李嘉诚又把钱投到兴建楼宇上。在这样的良性循环下，他的资产有了很大增长。

对于企业来说，要想发展得更快一些，就需要更多的资金。为了筹集发展资金，李嘉诚拜访了许多亲朋好友，但筹到的钱仍然是杯水车薪。实际上，募集资金最快捷、最有效的方法就是让公司上市，通过股市筹集社会上的大量闲散资金。

1972年7月31日，李嘉诚抓住时机，将"长江地产有限公司"改为"长江实业（集团）有限公司"（以下简称"长实"），积极筹备"骑牛"上市。

已进入"不惑之年"的李嘉诚，手头已经积累了相当的资金。20多年的经营奋斗，使他对"资金是企业的血液，任何企业的生存发展要过的第一关便是资金"的道理，有着切肤之痛的深刻认识。评价一个企业家的能力，不仅要看他拥有多少财富，还要看他能调动多少财富作为资本。而公司上市无疑是迅速扩充资本的最有效途径。

香港股市对众多欲上市的华资企业可望而不可即，基本上由香港会长期垄断证券交易，该会对上市公司的上市条件之苛刻，使不少条件具备的华资大企业长期被拒之门外。

1969年12月17日，以李福兆为首的华人财经人士组成的远东交易所（远东会）开始营业，打破了香港会的垄断地位。远东会放宽了公司的上市条件，交易允许使用广东话，开辟了香港证券业的新纪元。亟待筹资的企业纷纷触发上市的需求。

1970年，远东会的成交额高达29亿港元，占当时香港股市总成交额的49%。

其后，金钱证券交易所（金银会）、九龙证券交易所（九龙会）相继成立，加上原有的香港会、远东会，形成了香港股市"四会"并存的格局。

如此一来，公司上市变得容易多了，为上市公司集资提供了更多的机会，大大刺激了投资者对股票的兴趣。股市成交活跃，恒生指数攀升到1971年年底收市的341点。低迷多年的香港股市大牛出世，一派兴旺。

李嘉诚正是在这个大背景下筹划让长实上市。他委托财务顾问拟定上市申请书，准备公司章程、招股章程、公司实绩、各项账目等附件。

1972年10月，长实向香港会、远东会、金银会申请股票上市。11月1日获准挂牌，法定股本为2亿港元，实收资本为8400万港元，分为4200万股，面额每股2元，升水1元，以每股3元的价格公开发售。由宝源财务公司和获多利财务公司分别在香港、远东、金银等3家交易所，以包销的方式向公众发售。

认购者十分踊跃，长实上市后不到24小时，股票就升值一倍多。由于"僧多粥少"，认购额竟超过发行额的65.4倍，包销商不得不采取抽签的办法来解决认购问题，这在香港股市上极为罕见。

股票升值一倍多，意味着公司市值增幅一倍多。消息传来，长实员工欣喜若狂，买来香槟大大庆贺了一番。这个时候，身为长实董事局主席的李嘉诚，仍保持着一个"船长"的冷静，并未显露出特别的欣喜。

李嘉诚意识到，股票升水如此神速，缩水也会是瞬间之事。证券市场变幻莫测，风险远远大于其他市场。股票升值并不表明投资者独钟长实，而是牛市所致，其他上市股票均有升值，有的比长实股升值得更惊人。若要让投资者真正信任并宠爱长实股，最终得看长实的未来业绩以及股东所得实惠。

因此，李嘉诚从成立长实起，就下决心要攀登"香港地王"的高峰，并把香港老牌英资、素有地王之称的"置地"公司作为竞争的强大对手和想要超越的目标。李嘉诚深信，一个人追求的目标越高，他的才力就发展得越快，对社会就越有益。

当年香港有句俗谚说："撼山易，撼置地难！"但李嘉诚有自己锐意进取的原则和方针："从稳定中求发展，在发展中求稳健。"他决不靠投机取巧，也决不靠巧取豪夺，他靠的是诚实、真材实料和信誉，还要靠信息、靠机遇，更主要的是靠意志、信心和毅力。

李嘉诚是一个不达目的决不罢休的人，既然树立了赶超置地的目标，以其作为竞争对手，就必须要有相应的措施。置地是一家上市公司，长实也非得跻身股市不可。除此之外，长实要想拓展别无他法。

不仅如此，李嘉诚还积极争取海外的第二上市地位。

当时香港最著名的证券公司，是冯景禧创办的新鸿基证券投资公司

（以下简称"新鸿基"）。1973年年初，由新鸿基牵线搭桥，以英国证券公司为财务顾问和包销商，长实在伦敦股市挂牌上市。

当时香港在英国殖民统治下，香港注册的公司在伦敦上市并不稀奇。令人瞩目的是，长实首开香港股票在加拿大挂牌买卖之先河。1974年5月，李嘉诚与加拿大帝国商业银行合作，成立怡东财务公司，自任董事兼总经理付现金2500万港元，占50%的股权。1974年6月，在加拿大帝国商业银行的促成下，加拿大政府批准了长江实业集团的上市申请，长实股票在温哥华证券交易所发售。

长实能如此顺利地与加拿大银行界建立伙伴关系，得益于李嘉诚从事塑胶花产销时与北美贸易公司建立的信誉和友情。加拿大帝国商业银行正是这家公司的往来银行。

李嘉诚全方位地在本港和海外股市集资，为长实的业务拓展提供了雄厚的资金基础。此后，他稳扎稳打，步步为营，一步步地实现其地产板块的宏伟蓝图。

3. 股市地产双丰收

从长实上市那天起，股市便成了李嘉诚重要的活动领域，他日后的许多震惊香港的大事都是借助股市进行的。

长实上市时，拥有收租物业约35万平方英尺，年租纯利平均为390万港元；发展物业7项正兴建或拟建，其中独资拥有的地盘3个，合资共有的地盘4个。上市时将25%的股份公开发售，集得资金3150万港元。与其他地产商合资发展的楼宇，均做出售；独资兴建的楼宇，则做收租物业。

1973年，长实发行新股110万股，筹得1590万港元，同时收购了泰伟有限公司，该公司的主要资产是位于官塘的商业大厦——中汇大厦，每年为长实赢得120万~130万港元的租金收入（地产复苏后，年租金迅速递增到 500 万港元以上）。

上市之时，李嘉诚预计第一个财政年度盈利 1250 万港元。结果，长实的年纯利为 4370 万港元，是预计盈利额的 3 倍多。

1973 年 3 月，长实宣布首期中期派息，为每股 1 角 6 分，每 5 股送红股 1 股。公司与股东皆大欢喜，为长实股票带来了超强人气。

长实上市后的表现强势，使其成为"地产界升起的一颗光芒四射的新星"！传媒及业界把 1972 年上市的几家华资地产公司称为"华资地产五虎将"，李嘉诚的长实就是其中一虎，另外四虎是：郭得胜主舵的新鸿基地产、胡忠与胡应湘爵士共同创办的合和实业、陈曾熙于 1960 年成立的恒隆地产、郑裕彤主掌的新世界发展有限公司（简称"新世界"）。长实作为一颗"新星"，综合实力在五虎将中还不够突出。

若论入行资历，长实不如新世界和恒隆，新世界的郑裕彤、恒隆的陈曾熙都是早期涉足地产的。

论专业资格，李嘉诚比不上恒隆的陈曾熙及合和实业的胡应湘，他们一个留学日本，一个留学美国，学的都是土木工程，独立创业前都曾担任建筑工程师多年。

论经济实力，长实也比不上另外四虎。新鸿基地产为"地产三剑客"郭得胜、冯景禧、李兆基所创，上市时注册资本为 3 亿港元，超出长实 1 亿多港元；上市时预定集资 1 亿港元，实集 10 亿港元，长实的集资额不能望其项背。新世界的郑裕彤是香港赫赫有名的珠宝钻石大王，财大气粗，1970 年成立新世界，4 年后拥有地盘 38 个，上市时集资 1.6 亿港元，也远胜于长实的集资额。陈曾熙的恒隆上市时，股票面额 2 港元，升水 6.5 港元，幅度是长实 1 港元的 6.5 倍；集资 2 亿港元，也远非长实所能比拟。合和实业的胡应湘毕业于名校普林斯顿，合和实业上市前仅创立 3 年，上市预定集资 1.25 亿港元，实收股本增至 2 亿港元。《不图安逸创大业——胡应湘》一文称："合和是五虎将中最早成为上市公司（1972 年 8 月 21 日上市）的股票，在 1972 年秋至

1973年春时，合和股价（每股30港元）更凌驾其他四虎将成员之上，俨然成为老大哥。"

长实作为五虎将中的"小弟"，从20世纪70年代后期起，迅速从五虎将成员中脱颖而出，到80年代中期，摇身一变成为五虎将中的虎帅。有港人评论说："幸运之神经常眷顾着李嘉诚！"此话不无道理，在股市上，李嘉诚的确是上帝的幸运儿，最典型的例证就是巧妙地躲过了股灾。大致情形是这样的：

20世纪70年代初，股市对投资者和上市公司都是个全新的课题，人们普遍表现出盲目幼稚。由于股市一派利好之势，香港各界掀起了一股"宁要股票，不要钞票"的投资狂潮。1973年3月，恒生指数飙升至1774.96点的历史新高，一年之间升幅达到5.3倍，这使许多股民乐得眉开眼笑、得意忘形。

众人皆醉我独醒，此时的李嘉诚显出高人一筹的眼光和心理素质。他一边统率长实分期分批、有计划地发行股票，一边利用股票筹集到的资金大量收购人们低价卖出的物业，同时继续抓好塑胶花的生产。

1973年中期，全球石油危机爆发，香港经济受到巨大冲击，出口市场严重萎缩，反应最敏感的股市首当其冲，经济泡沫破灭后的股市出现大恐慌，人们纷纷减持或清仓抛售，股市一泻千里，恒生指数暴跌至816.39点的水平。

这次大股灾一直延续到1974年年底，其后股市虽有所回升，但仍持续低迷一年多。由于全球性的经济衰退，香港投资者在股灾中严重受损，尤其是地产商，股、地两失，一时难以恢复元气，造成了地产低潮。人们对股市投入，无论是资金还是热情都明显不够。

"股拉地扯"，成为20世纪70年代后香港经济的独特现象。

李嘉诚却成了这次大股灾中的"幸运儿"。长实的损失，仅仅是股票市值随大市暴跌，而实际资产丝毫未损。相反，李嘉诚利用股市取得了比预期更好的实绩，实现了股、地双赢。

这主要是因为李嘉诚对香港的经济兴衰规律已有较深的认识，经济总是呈波浪式发展，若干年为一周期。股市地产低潮，正是拓展的有利时机，地盘价格偏低，物业市值亦偏低。低潮过后，必是新一轮的高潮。

1974年年底，长实发行1700万股新股票，用以购买"都市地产投资有限公司"50%的股权。实际上是以1700万股长实新股，换取其励精大厦和环球大厦，这两座商业大厦的租金收入每年达800万～900万港元。若不是地产低潮，都市地产公司发生财务危机，李嘉诚绝不可能这么轻易得手。

1974—1975年间，李嘉诚两次发行新股集资约1.8亿港元。他还从个人持有的长实股份中，取出2000万股售给获多利公司，套取现金6800万港元。经过多个渠道的筹资，李嘉诚手头拥有了较充裕的现金，趁股市低潮时地价偏低，大量购入地盘。为加速资金回笼，他一反过去只租不卖的做法，重点发展商住物业。这一时期，长实的主要地产业务有：

一是斥资8500万港元，从太古地产手中购入北角半山赛西湖地盘，这个地盘处于著名风景区，面积约86.4万平方英尺。李嘉诚划出5.3万平方英尺的地皮，兴建高级住宅楼宇10幢，每幢24层，楼宇总面积达130万平方英尺，计划2年内竣工。用户购楼，每个单位可配车位一个。楼宇发展中后期，正值地产复苏，成交转旺，李嘉诚建造的楼宇销售一空，获利6000万港元。对于地盘剩余的94%空地，李嘉诚修建了一个集娱乐、运动、休闲于一体的大型活动场所，与风景优美的赛西湖风景区连成一片。

二是与南丰集团的陈廷骅联手，购入太古山谷第一号地盘，几个月后出售，获利1450万港元，超过1974年上半年的租金收入。

三是与新鸿基、恒隆、周大福等公司合作，集资购入湾仔海滨高士大道英美烟草公司原址地盘，建成伊丽莎白大厦和洛克大厦。楼宇以平均每平方英尺400港元的价格出售,共盈利1亿港元。长实占35%权益,获利3500万港元。

1976年,香港地产市道转旺,股市也再次牛起。李嘉诚召开股东特别大会,通过了大规模集资的决议。

这一年,长实发行新股5500万股,集资约1.1亿港元。同时,李嘉诚积极开拓新的资金渠道,与世界著名的大通银行达成协议,当长实需要资金时,可向该行随时获得一笔约2亿港元的4年长期贷款。仅此两项,李嘉诚可调动的资金达3.1亿港元,加上公司盈利,长实实力大增,开始大规模地购地建楼。

1976年财政年度,长实年纯利5997万港元,另有非经常性收入653万港元。这一年,仅租金收入一项就达2192万港元,是上市前年租金收入的54倍左右。

香港传媒当时赞誉说:"中小地产公司的长江实业初试啼声,已是不凡。"

下面是长实上市以来的表现:

1972年,长实上市时,拥有物业面积为35万平方英尺。

1975年,面积增至510万平方英尺。

1976年,面积为635万平方英尺。

1977年,面积跃至1020万平方英尺。

1979年,面积为1450万平方英尺。

而当时的香港英资"地产大王"置地公司,只拥有物业和地盘面积1300万平方英尺。上市短短5年多时间,长实在地盘、物业面积上直逼置地。

每当回首人生、回忆往事时,李嘉诚总是深有感触地说:"我在30岁之前,运道对于我来说,最多只有5%,95%都是靠自己的努力拼搏;30岁之后,运道的成分占多些,大概是10%。直到近几年,幸运之神才顾及我多一点。"在长期的社会实践和复杂多变的环境中,李嘉诚能挥洒自如地运用"等待时机""看好天气""绕过暗礁""审时度势""随机应变""未雨绸缪""人弃我取""化腐朽为神奇"等战略战术，使自己处于主动位置，抓住了一次又一次的机遇。所以说，上帝的"幸运儿"也是靠他自己争取来的。

我们可以这样来看，李嘉诚不断推出长实股票，从香港市场走向国际股市，并稳健地取得盈利，给股东和股民带来利益，进而赢得信赖和信誉，是促使长实迅速成为一个庞大的股份制集团公司的关键步骤，同时在资金上也开辟了一条"为有源头活水来"的畅通渠道。古人云，一个成功的人物，应重视"固其根本，浚其源泉，积其德义"，此乃真谛。

第七章 问鼎中区

自从涉足香港地产，李嘉诚一直在偏僻的市区和荒凉的乡村山地买地盖房，经过长期发展，他渐渐有了实力，敢不敢问鼎繁华的中区，在英资地产的势力范围内占领一块阵地？李嘉诚认真研究分析之后，没有放过最佳机会。

1. 分析对手，制定"克敌"方法

20世纪70年代中期，港府计划筹建地铁工程，并出台了公开招标案，这是当时香港开埠以来最大的公益工程。整个工程计划用8年完成，预算耗资约205亿港元。首期工程由九龙观塘穿过海底隧道，到达港岛中环，全长15.6公里，共15个站，耗资约56.5亿港元。

地铁工程中的中环站和金钟站，是最重要、客流量最大的车站。中环站是地铁首段的终点，位于全港最繁华的银行区；金钟站是穿过海底隧道的首站，又是港岛东支线的中转站，附近有香港政府合署、最高法院、海军总部、警察总部、红十字总会、文物馆等著名建筑，与中环银行区近在咫尺。

早在1976年下半年，新闻界使得香港地铁公司将招标车站上盖发展商的消息，炒得沸沸扬扬。1977年年初，消息进一步明朗，地铁公司将于1月14日开始招标，地段是邮政总局原址。原址拆迁后，兴建车站上盖物业。媒体和业界都认为，这次地铁工程投标招商必将有一场恶战。

作为地产一"虎"的李嘉诚又何尝不心动,尤其是中环、金钟两站,肯定不乏实力雄厚的大地产商、建筑商竞标,面临的将是一番你死我活的较量。商家们认为,中环、金钟两站,就像鸡的两条大腿,其上盖将可建成地铁全线盈利最丰厚的物业。

"必争之地必有必争之利",但李嘉诚看重的不只是利,更想要的是抓住可形成企业发展突破口的机会。因为在人们眼里,长实只是一家在偏僻的市区和荒凉的乡村山地买地盖房的地产公司,在寸土寸金、摩天大厦林立的中区,长实无立锥之地。

涉足地产近20个春秋,盖了不少建筑,积累了不少经验,李嘉诚觉得到了彻底改变长实形象的时候了。地铁招标无疑是一个难得的机遇,这是进军中区的桥梁。当然,要在强手如林的竞标中获胜,不能不大动一番脑筋。

夜深人静,寒意袭人,李嘉诚独自在深水湾住宅的花园里散步。他无心观赏月下的花木,陷入沉思之中。地铁车站上盖投标之事,令他连日来寝食难安,心烦意乱。他需要好好分析一下形势,理清思路。

按照多年来的工作习惯,李嘉诚极少把工作带回家,他总是在办公室处理工作,哪怕弄到很晚。他在家除了学英语,翻翻报纸杂志,就是陪太太和儿子,尽可能放松自己,保证睡眠,以便第二天有充沛的精力去应付工作。如果他把文件资料带回家,一定是遇到了非干不可的大事。如今的地铁车站上盖投标,正是他认定的非干不可的大事。

长实竞投的把握有多大?若渺茫无望,不如不投。李嘉诚从不打无把握之战,每一次冒险都是在充分调查分析的基础上进行的。过去香港政府多次拍卖中区官地,他都没有参与,这正是因为他对长实有一个客观、正确的分析和评估。中区地价高,日涨夜升,每平方英尺已突破1万港元,是世界上地价最贵的地方之一。一块地动辄要数亿甚至10多亿,非长实的财力所敢参与拍卖竞价。

不敢参与,并非没有企图,李嘉诚做梦都想进军中区。

"不必再有丝毫犹豫,竞争既是搏命,更是斗智斗勇。倘若连这点勇气都没有,如何在商场立足,超越置地?!"李嘉诚下定了参与竞标的决心。他大步回到书房,翻阅有关地铁的各种材料。知己知彼,方能百战百胜。

进军中区的竞争对手除了数十家实力强大的华资地产商外,还有众多外资对手,其中呼声最高的是置地公司。中区是置地的"老巢",地产之王的卧榻旁岂容他人酣睡?置地对这次投标是志在必得。

李嘉诚估计,参加竞投的除了置地外,还会有太古、金门等英资大地产商、建筑商。华资地产建筑公司实力稍逊。长实要想竞投获胜,就无可回避地要把置地作为首要的竞争对手,与这个庞然大物对抗。

当年置地创始人保罗·遮打参与中区填海,获得港府成片优惠地皮,目前在中区拥有10多座摩天大厦。置地广场和康乐广场(又名怡和大厦)位于未来的中环地铁车站两翼,中环车站又恰好落在遮打道上,遮打道的南侧则是遮打花园广场。仅凭这些物业和街道的名称及主人,就可以看出置地在中区的重要地位。难怪当时的公众和传媒都把中环站称为遮打站。

金钟站离遮打花园广场仅100多米,几乎就在置地的眼皮子底下。攫取中环、金钟车站的兴建权,等于打入中区的心脏,等于到置地这只坐山虎的食槽里夺食。

李嘉诚想,"志在必得"的置地,会不会"大意失荆州"呢?

置地属怡和系,怡和大班[①]又兼置地大班,现任大班是纽璧坚,他20岁起就在怡和洋行工作,一步步爬上董事局主席的高位。纽璧坚没有任何背景,靠的是自己的勤勉努力。

置地的另一个创始人,是凯瑟克家族的杰姆·凯瑟克。凯瑟克家族是怡和的第一大股东。因此,纽璧坚虽身为两局大班,但还得受股东老

[①] 大班:粤语中的日常口语词,最初用于描述19世纪到20世纪初在中国内地或香港的外国商人,一度泛指"富豪""商贾""买办"等有一定社会地位的人群,进而演化为人们口中所称的"老板"。

板的制约。凯瑟克家族力主把发展重点放到海外,这样做势必分散纽璧坚的精力。这正是一般人不易洞察的置地的薄弱之处,人们往往会被置地的"貌似强大"蒙住双眼。抓住置地这一软肋,就有可能制服它。而且,置地一贯坐大,也习惯于坐大,未必能冷静地研究合作方的意愿,并"屈尊"去迎合合作方。

李嘉诚决定以此为突破口,发动与置地的第一次正面交锋。

那么,又该怎样理解地铁公司招标的真正意愿呢?

香港地铁公司是一家直属港府的公办公司。香港的公办公司不像过去内地的国有企业,一切由政府包揽包办。地铁公司除了少许政府特许的专利和优惠外,其资金筹集、设计施工、营运经营都得按商场的通常法则进行。

李嘉诚通过各种渠道获悉,港府工务局对中区邮政总局原址地皮估价约2.443亿港元,原址用做中环、金钟两地铁车站上盖。另加上九龙湾车厂地皮估价,两者合计约6亿港元。港府将以估价的原价批给地铁公司,由地铁公司发展地产,弥补地铁兴建经费的不足。

地铁公司为购得中区邮政总局原址地皮,曾与港府多次商谈。地铁公司希望用部分现金、部分地铁股票支付购地款,港府则坚持全部用现金支付。

由此可见,竞投车站上盖发展权,必须以现金支付为先决条件。李嘉诚首先明确了这一点,并估算了自己的资金实力。1976年冬,长实通过发行新股集资1.1亿港元,同时得到大通银行应允,长实可随时取得2亿港元的贷款,再加上年盈利储备资金,李嘉诚可以调动的现金约为4亿港元。

地铁公司与港府在购地支付问题上产生分歧,说明地铁公司现金严重不足。地铁公司以高息贷款支付地皮,现在急需现金回流以偿还贷款,并且指望获得更大的盈利。

因此,李嘉诚在投标书中提出将两个地盘设计成一流商业综合大厦的发展计划,但这仍不足以挫败其他竞投对手。任何竞投者都会想到并有能力兴建高级商厦物业，李嘉诚必须拿出与众不同的招数，他的"克敌"之法是：第一，满足地铁公司急需现金的需求，由长实一方提供现金作为建筑费用；第二，商业大厦建成后全部出售，利益由地铁公司与长实分享，并打破对半开的惯例，地铁公司占51%，长实占49%。

对长实来说，这是一笔沉重的现金负担。但李嘉诚决定破釜沉舟，在准备充分的前提下做一次新的冒险。

2. 以智取胜，花落长实

1977年1月14日，香港地铁公司正式宣布，公开接受邮政总局原址发展权招标竞投。

各竞投公司频频与地铁公司接触，刺探地铁公司的意图，准备投标书及附件，在限期内呈交上去。

公开招标为各公司提供了一个平等的机会，投标书的内容则属机密。投标的中标法则，若过多考虑自己一方的利益，中标希望必然很小；若条件过于优惠对方，自己又毫无利益可图。各家都对投标内容秘而不宣，任凭媒体记者发挥想象进行种种揣测。

参加竞投的财团、公司共30余家，超过以往九龙段招标竞投的一倍多。据媒体披露，它们是置地公司、长江实业、太古地产、金门建筑、日澳财团、辉百美公司、嘉年集团、霍英东集团、恒隆地产等。舆论界根据以往的经验，一致看好置地。

英文版《南华早报》的澳籍记者采访置地大班纽璧坚，纽璧坚拒绝透露投标内容，亦不对"名花谁主"作评价，但他用自信的口气说："投标结果就是最好的答案。"

那么，投标结果是什么呢？

在这次竞标地铁站上盖开发权中，李嘉诚以宏大的气魄一路追高，最终击败强大到不可一世的对手，被业内和舆论界称为"擎天一指""三级超升"。

对于此次地铁工程招标，香港传媒界还流传着这样一个故事：

当年，有个新入行的记者问旁边的人："那个额头高高，头发微秃，频频举手应价的中年人是谁？举一次手加个几百万，好像很平常？"

旁边的老记者说："他叫李嘉诚，长江实业公司的老板，当年靠做塑胶花发迹，还被捧为'塑胶花大王'。近些年投资地产，拥有多幢工业大厦，还在赛西湖发展高级住宅楼宇，在地产界已小有名气。看他在拍卖场的气度，实力不可小觑。"

这位老记者解释后，新记者才稍了解李嘉诚其人。如今，李嘉诚之名如雷贯耳，家喻户晓，若有哪位记者认不出他，肯定是天大的笑话。

1977年4月4日，地铁公司董事局主席唐信与李嘉诚首先签订了中环站上盖发展物业协议，金钟站上盖将在日后商议签订。

舆论界称长实中标，是"长江实业发展史上的里程碑"。

据地铁公司透露，长实中标的主要原因是其所提交的建议书内列举的条件异常优厚，所以能脱颖而出，独得与地铁公司经营该地的发展权。

据媒体报道："地下铁路公司董事局昨日已经批准协议条款，规限长江实业公司在地铁未来中环站上盖，占地2270平方英尺，建造37层高的商厦与办公室混合的单塔形建筑物一座。"

"长江实业有限公司已同意，在签订协议时，付给地铁公司一笔现金，并继续交付现金若干次，保证地铁公司无论如何都可以获利。"

至1978年5月，中环车站上盖建筑——环球大厦已开盘分层发售，时值地产高潮，用户购楼踊跃，广告见报后8小时内全部售完，交易总额达5.92亿港元，创下香港楼价最高纪录。

同年8月，金钟车站上盖建筑——海富中心开盘，物业总值9.8亿港元，首日成交额就超过九成，创开盘售楼一天成交额之最。

地铁首期工程于1979年9月底竣工，中环、金钟两站上盖物业发展利润，大大缓解了地铁公司的财政困难。地铁公司主席唐信对于这次与李嘉诚的合作非常满意，他说："中环、金钟地铁车站上盖地产发展，为本公司二期、三期工程的车站上盖合作,树立了样板。"

环球大厦、海富中心两座发展物业为长实获得 7 亿多毛利,纯利近 0.7 亿港元。尽管低于地产高潮时地产业的平均利润,但李嘉诚获得了无法以金钱估量的无形利益——信誉。这也是他参与竞投的主要目的。长实不再是一家只能在偏僻地方盖房的地产公司。长实中标为他取得银行的信任,继续在中区拓展创造了有利条件。可以说,这吹响长实进军中区的号角。

1977 年,是李嘉诚事业上不寻常的一年。在地铁招标中获胜的同时,他还投资 2.3 亿港元,收购了由美国财团控制的香港永高公司,成为全资拥有。永高公司拥有香港心脏地带的中环银行区的部分物业,还拥有在港的希尔顿大酒店和在印度尼西亚巴厘岛的凯悦大酒店。这一收购开创了香港华人企业一举吞并外资企业的先例。这两家酒店,每年为长江实业带来经常性收入 2500 万港元(以当年物价计)。此外,李嘉诚还收购了铜锣湾的虎豹别墅等大型物业。

3. 攀上汇丰银行

作为一个具有现代经营理念的人,李嘉诚雄心很大,能力很强,常常想别人不敢想、做别人不敢做之事。为了获得更多的资金,除招股集资之外,他还努力争取银行的支持。他的格言是:"尽量用别人的钱赚钱。"为此,他想方设法与汇丰银行建立友好关系。

说起汇丰,香港无人不晓,港币几乎全是汇丰银行发行的。香港经济界人士常说:"谁攀上了汇丰银行,谁就攀上了财神爷;谁攀上了汇丰大班,谁就攀上了汇丰银行。"

汇丰银行的中文全称是"香港上海汇丰银行",创设于 1864 年,由英、美、德、丹麦和犹太人的洋行出资组成,次年正式开业,后因各股东意见不合,相继退出,汇丰成为一家独立英资银行。一个多世纪后,汇丰银行成为一家公众持股的在港注册的上市公司,1988 年股东为 19

万人，约占香港人口的3%，是香港所有权最分散的上市公司。汇丰银行一直奉行所有权与管理权分离，管理权一直操控在英籍董事长手中。

当时汇丰集团董事局常务副主席为沈弼，李嘉诚寻求与汇丰银行合作发展华人行大厦，正是与沈弼接洽的，两人还由此建立了深厚的友谊。

旧华人行的拆卸工作始于1976年2月10日，当时，有能力的地产商都想与业主汇丰银行合作兴建新华人行。

相传华人行的来由有这么一则掌故。20世纪初，港岛中环是洋行的天下，华商想跻身中环却无立锥之地。当时有一位地产商在皇后大道中兴建了一座商业办公综合楼，楼建成后，华人竞相入伙承租。洋人一贯自以为高人一等，不屑与华人同楼栖身，于是，已付订金的洋人纷纷退租，大楼便成为华人的"独立王国"，改叫"华人行"。不少华人从华人行发迹。最具影响的事件之一是有"香港股坛教父"之称的李福兆，于1963年与友人在此密谋成立与香港会抗衡的证券交易所，秘密安装150条电话线至华人行，并于1969年年底宣告远东交易所开业。

汇丰银行于1974年购得华人行产权。因年代久远，建筑已十分陈旧；更因为华人行位于高楼林立的中环银行区，原来的华人行大楼已日益成为"小矮人"，因而汇丰银行决定清出地盘，用于发展新的出租物业。

在地产鼎盛时期，位于黄金地段的物业可谓寸土寸金。加之华人行在华人中的巨大声誉，华资地产商都想参与合作，分一杯羹。

李嘉诚与汇丰银行合作发展旧华人行地盘的消息传出后，业界都叹服李嘉诚"高超的外交手腕"。其实，熟悉李嘉诚的人都知道，言行较为拘谨的李嘉诚，不是谈锋犀利、能言善道的外交家，也不是巧舌如簧、精明善变的商场老手，而更像是一位从书斋里走出来的中年学者，满身儒雅之风。

李嘉诚靠的是一贯奉行的"诚实"，以及多年建立的"信誉"，特别是长实中标获得中区地铁车站上盖发展权，使得"高高在上"的沈弼对李嘉诚刮目相看。他仔细研究了李嘉诚本人及其合作意向书，最终拍板确定长实为合作伙伴——此时离李嘉诚中标地铁上盖还不到一个月。

随后，长实与汇丰合组华豪有限公司，以最快的速度重建华人行综合商业大厦，大厦面积24万平方英尺，楼高22层。外墙用不锈钢和随天气变换深浅颜色的玻璃构成。室内气温、湿度、灯光、防火设施等，全部由电脑控制。内部装修豪华典雅，集民族风格与现代气息于一体。整个工程耗资2.5亿港元，写字楼与商业铺位全部租出去。

1978年4月25日，华豪有限公司举行了隆重的华人行正式启用典礼，沈弼出席典礼，剪彩并发表讲话，其中有这样一段评论：

"旧华人行拆卸后仅两年多一点时间便兴建新的华人行大厦，这样的建筑速度及效率不仅在香港，甚至在世界上也堪称典范。

"本人参与汇丰银行正好30年，深感本港居民以从事工商业而著称于世，不管与海外公司还是本港公司，均以快捷的工作效率、诚实的商业信用而受人称赞。我可以这样说：新华人行大厦不愧为代表本港水平的出色典范！"

在华人行正式启用前的3月23日，长实总部也迁入了新华人行大厦。这标志着长实正式立足于大银行、大公司林立的中环，地位更上一层楼。新华人行也被人们视为长实的招牌大厦。

李嘉诚与汇丰合作的良好开端发展为未来的"蜜月"——汇丰力助长实收购英资洋行，并于1985年邀请李嘉诚担任汇丰的非执行董事。

曾有记者询问李嘉诚与地铁公司、汇丰银行合作成功的奥秘，他侃侃而谈：

"奥秘实在谈不上，我想重要的是首先得顾及对方的利益，不可为自己斤斤计较。对方无利，自己也就无利。要舍得让利使对方得利，这样，最终会为自己带来较大的利益。我母亲从小就教育我不要占小便宜，否则就没有朋友。我想经商的道理也该是这样。"

第八章　吞并英资

在此消彼长的博弈中,有时候,同处于发展壮大势头中的两家华资企业,会瞄准同一个英资目标。遇到这种情况,李嘉诚善于见好就收,得利益、避损失、送人情、交朋友。养精蓄锐之后,看准新目标一口鲸吞,再耐心消化。

1. 九龙仓角逐大战

进军中区并获得了巨大利益后,李嘉诚又开始向新的目标进军了。经过周密的调查分析,他将目标锁定为怡和旗下的另一家大公司——九龙仓。

九龙仓始创于1886年,起初为英国人保罗·遮打牵头在九龙设立的码头仓库,后发展成为九龙货仓有限公司,其产业包括九龙尖沙咀、新界及港岛上的大部分码头、仓库,以及酒店、大厦、有轨电车和天星小轮。它历史悠久,资产雄厚,可以说,谁拥有九龙仓,谁就掌握了香港大部分的货物装卸、储运及过海轮渡。

同时,九龙仓也是香港四大洋行之首的怡和系控股的上市公司,与置地并称为英资怡和系的"两翼"。过去,李嘉诚一直以置地为对手,并没有注意到九龙仓这个拥有众多产业、历史悠久的英资怡和的另一翼。

与港岛中区隔海相望的尖沙咀,日益成为香港的旅游商业区。香港火车总站东迁后,九龙仓把货运业务迁到了葵涌和半岛西,将腾出来的地皮用于发展商业大厦,先后建有海港城、海洋中心大厦等著名建筑,但在经营管理上却过于保守，他们固守用自有资产兴建楼宇，只租不售的经营模式，造成资金回流滞缓，使集团陷入财政危机。为解除危机，只得大量出售债券套取现金，不料又使公司债台高筑，信誉下降，股票贬值。

李嘉诚赞叹九龙仓的创始人以极低廉的价格获得这块风水宝地，现在水涨船高，身价百倍。如今九龙仓的股票被低估，若能合理开发，前景辉煌。他曾多次设想，若由他来主持九龙仓旧址的地产开发，绝不至于陷入如此困境。自从长实上市，李嘉诚在兴建楼宇"售"与"租"的问题上，奉行谨慎而灵活的原则。若手头资金较宽裕，或楼市不景气，楼价偏低，最好留做出租物业；若急需资金回流，加快建房速度，楼市景气楼价炒高，则以售楼为宜。

于是，李嘉诚不动声色地吃进九龙仓股票2000万股，买入价为13.5港元。他买股票不是采用大户的方式一笔购进，而是采用悄悄从散户持有的股票中暗购的方式。结果，九龙仓的股票越炒越香，其他财团也加入了抢购行列。九龙仓的股票一时水涨船高，一路涨到了46港元。

李嘉诚通过智囊团了解到，置地与九龙仓在组织结构上是连环套的关系：怡和控制置地，置地控制九龙仓，置地拥有九龙仓不到20%的股份。不久，李嘉诚暗中吸纳的总股数已经占20%，这意味着九龙仓的最大股东不是怡和了，而是李嘉诚。

这一战充分显示出了李嘉诚的智慧，首先是他灵敏的商业嗅觉和准确的市场判断。通过九龙仓的迁址，他看到了收购九龙仓的机遇并分析出了九龙仓的价值。其次是他知己知彼、暗度陈仓的战术。他知道双方实力相差悬殊，不便大张旗鼓地公开收购，因而悄悄低位吸纳，避免与实力雄厚的怡和正面交锋，否则不仅会使九龙仓的股票暴涨，而且凭借怡和的实力，若其采取反收购行动，李嘉诚必定会前功尽弃。

九龙仓发现自己的股票被人暗中收购后，顿时慌乱起来，连忙采取应对措施。但是，为时已晚，幕后收购的公司已经明朗化，九龙仓只好请沈弼出面，劝说李嘉诚放弃收购九龙仓。经过慎重考虑，李嘉诚答应放弃收购行动。

这时，另一个财团还在继续吸纳九龙仓的股票，这个财团由香港"船王"包玉刚领导。

1978年8月底的一天下午，两位华商俊杰在中环文华酒店一间幽静的雅阁会面。其中一位是颇有学者风范的李嘉诚，另一位则是洋溢着海派作风的"船王"包玉刚。

李嘉诚秘密约见包玉刚，包玉刚猜想必有重要事情——他们当时的私交并不密切。包玉刚之所以收购九龙仓，是他欲减船登陆，苦无门路，于是想借助九龙仓这块跳板。当他将目标瞄准九龙仓时，发现李嘉诚已捷足先登。相较而言，九龙仓对包氏更为重要。它的码头货仓有利于船王发展海上航运；它的地盘物业则可供他今后登陆作战，拓展新产业。

包玉刚听说李嘉诚停止收购的消息后，早就想约请李嘉诚见面。现在李嘉诚主动相邀，他怎能不喜出望外？在怡和旗下的饭店里，他们进行了一场决定九龙仓命运的谈判。最后，李嘉诚决定退出收购九龙仓。这一决定可以说起到了一箭三雕的作用，既给了关系密切的沈弼面子，又使包玉刚领导的华资财团有望顺利取得九龙仓的控制权，他自己也可以从中套现得利。

随后，在李嘉诚的帮助下，包玉刚顺利地买入了两成九龙仓的股份。李嘉诚把手头的2000万股九龙仓股票以30多港元出手，这些股票他从10多港元到30多港元不等购进，一进一出，净赚5900多万港元。包玉刚因购入九龙仓达到控股数额的股票而顺利实现了减船登陆的梦想，从而避免了日后遭遇到的"船灾"。从这一点来看，李嘉诚此举也给包氏家族帮了大忙。

1978年9月5日，包玉刚正式宣布他本人及家族已购入20%左右的九龙仓股票。怡和与九龙仓现任大班纽璧坚，不得不接受包玉刚及其女婿吴光正加入九龙仓董事局（按照公司法，持股16%的股东即可成为当然董事）。此后，李嘉诚继续将手头剩余的九龙仓股票转让给包氏，包玉刚也不断到市面或通过幕后吸纳九龙仓股，使自己控有的股权增至30%，大大超过了九龙仓的控股公司置地。身兼三家公司主席的纽璧坚大为惊慌：包玉刚吞并九龙仓之意"昭然若揭"。

1980 年 6 月中旬，纽璧坚趁包玉刚赴欧参加会议之机，突发袭击，正式挑起九龙仓大战。置地采取换股之法，欲将其持股权增至 49%，具体做法是将价值 100 港元的置地股，换取市价 77 港元的九龙仓股。

交换条件十分诱人，股民眉开眼笑。如果置地公司掌握 49% 的股权，包氏将无论如何也购不足 51% 的绝对股权——置地只需再踏出半步，即可击碎包氏的"吞并美梦"。

包玉刚闻讯，急忙乘机返回香港实施反击。他首先获得了汇丰银行 22 亿港元的贷款保证，紧接着召开紧急会议，决定以 105 港元的现金吸收市面九龙仓股，目标也是 49%。

就在包玉刚做出抢购决定的下一个星期一，开市不到 2 个小时，包玉刚以 21 亿港元现金购足 2000 万九龙仓股，控股权达到 49%，取得了这场战役的决胜权。纽璧坚见大势已去，只好将置地控有的九龙仓股 1000 多万股转让给包玉刚，套现获纯利 7 亿多港元。这样一来，包氏在九龙仓的控股量超越了绝对多数。

不过，包玉刚为夺得九龙仓也付出了沉重的代价，故有人称"船王负创取胜，置地含笑断腕"。决战双方，皆有胜有负。

1985 年，包玉刚又收购了另一家英资洋行——马登家族的会德丰，再一次轰动全港。

李嘉诚在九龙仓角逐中巧知进退，不仅得到了金钱上的实惠，还结交了朋友，真可谓名利双收。

2. 以小博大，入主和黄

退出九龙仓的角逐大战后，李嘉诚并没有放弃收购外资公司的计划，又将目标对准了另一家英资洋行——和记黄埔。

和记黄埔是香港第二大英资洋行，资产价值 60 多亿港元，是香港十大财阀所控的最大上市公司之一。和黄集团由两大支柱企业组成，一是和记洋行，二是黄埔船坞（简称和黄）。

和记洋行成立于1860年，创办之初主要从事印度棉花、英产棉毛织品、中国茶叶等进出口贸易和香港零售业。初时规模名气不大，无法与怡和、置地、邓普、太古等洋行相比。到第二次世界大战前夕，和记洋行下属公司达20家，初具规模。

黄埔船坞有限公司的历史可以追溯到1843年，初为林蒙船长在铜锣湾怡和码头造木船坞。船坞几经迁址，不断充资合并易手，成为一家公众公司。到20世纪初，黄埔船坞与太古船坞、海军船坞并称为香港三大船坞，具有维修、建造万吨级轮船的能力。除此之外，黄埔船坞还经营码头仓储业。

第二次世界大战之后，几经改组的和记洋行落入祈德尊家族之手。该家族与怡和凯瑟克家族、太古施怀雅家族、会德丰马登家族，并列为香港英资四大家族。20世纪60年代后期，祈德尊雄心勃发，一心想成为怡和第二。他趁1969—1973年股市大牛冲天，展开了一连串令人眼花缭乱的收购，把黄埔船坞、均益仓、屈臣氏等大公司及许多未上市小公司纳入旗下。

祈德尊看准香港人多地少、地产必旺的产业大趋势，关闭了九龙半岛东侧的码头船坞，将修船业务与太古船坞合并，迁往青衣岛，并将其他仓场码头全部转移到葵涌去发展。腾出的地皮用来发展黄埔新村、大同新村、均益大厦等。

1972年，和记洋行与香港大昌行合作，高价买入中环和记大厦的地皮，一举击败置地公司独家称雄的美梦，声名显赫。

然而，由于发展扩张过快，在1973年的股灾及石油危机中，和记在印度尼西亚的一项重大投资中出现失误，陷入财政困难，走上了下坡路。作为和记洋行重要财神爷的香港汇丰银行见此情景，马上收紧银根，收缩信贷，这一举动对和记洋行可谓雪上加霜，资金严重周转不灵。

迫于无奈，和黄与汇丰银行达成协议，由汇丰银行出资1.5亿港元，获得和记洋行33.65%的股权，成为它的大股东。汇丰银行此举是希望通过买下一定的股权，促使和记洋行反省并进行自我整顿，以便尽快恢复元气。

但是，香港的银行法规定，银行不得经营与银行业务无关的业务。汇丰银行作为和记洋行的股东，此举只是一时的权宜之计，意在帮助和记摆脱一时的困境。因此，汇丰银行需要寻找一家有实力的公司来接收这些股票，成为和黄的大股东。于是，汇丰银行通过各种渠道公开表示，只要和黄的业务有起色，他们就会将和黄出售。

当时汇丰物色了有着"公司医生"名号的韦理来治理和黄。不过，韦理向来只做智囊团的高参，从未担任过大型公司的主政者。他上任后，1977年9月，和记再次与黄埔合并，改组为和记黄埔（集团）有限公司。之后，集团又四处收购，实力大大增强。但是因为公司以往的亏空太大，加之韦理一个人无回天之力，和黄的业务还是没有太大的起色。

这时，李嘉诚敏锐地觉察到自己的机会来临了。因为和黄不仅是一家待售的公司，更因为它的名下有着大量可供兴建大型住宅的商用土地。当初放弃九龙仓的收购，是他对汇丰董事长的承诺，同时也给船王包玉刚一个机会。

商业上讲究互惠互利。李嘉诚的成全，使包玉刚由船业将要落入低潮的生意中成功转行到陆地，他对李嘉诚万分感激。执掌九龙仓后，他与长实合作，兴建了一座50多万平方公尺的商业大厦。长实只负责建筑，不需要付出发展成本，但是利润双方平分。

此时的包玉刚不仅是赫赫有名的船王，也是汇丰银行的董事，与汇丰两任董事长都有着深厚的交情。

知恩图报，当李嘉诚找到包玉刚说出自己的愿望——请包玉刚帮助将汇丰手中的9000万股和黄股票转到他名下时，包玉刚痛快地答应下来。

随后，李嘉诚与汇丰董事长沈弼频繁接触，很快弄清了汇丰的意

图：不是要从中获利，而是希望新东家到任后让和黄的经营状况有所好转。沈弼对李嘉诚的精明强干和诚实经商的作风也有所了解，认定李嘉诚能够重振和黄，于是便以优惠的条件将这一重任交付给了李嘉诚。

1979年9月25日夜，李嘉诚举行了长实成立以来最振奋人心的记者招待会，宣布"在不影响长江实业原有业务的基础上，公司以7.1港元每股的价格购买汇丰银行手中占22.4%的9000万普通股的和黄股权"。

记者招待会后，和黄的股票成了热门，小市带动大市，当天恒生指数飙升25.69点，成交4亿多港元。由此可见李嘉诚在股民中的号召力。与此同时，李嘉诚陆续在市场上分批吸纳，一年后，长实及李嘉诚个人拥有的和黄股股已达39.69%，而公司也未遇到反收购。

新闻界震惊了。一家报纸报道此事时用的标题是："李嘉诚以小博大，收购术堪称一绝。"

为什么说李嘉诚是以小博大，以弱胜强呢？当时长实的资产仅为6.93亿港元，却成功控股了市值达62亿港元的巨型集团和黄。难怪韦理会以一种无可奈何又颇不服气的语气对记者说："李嘉诚此举等于用美金2400万做订金，而购得价值10多亿美元的资产。"

同时，这也是李嘉诚做人的成功。他"以和为贵、互惠互利、以退为进、以让为盈"的经商策略，让他在赢得长实有史以来最大一桶金的同时，还为长实争取到了强大的人脉。

这次收购行动后，李嘉诚得到了"超人"的称号。这正是：以小博大，超人横空出世；以弱胜强，和黄再易新主。

对于是谁先叫出"超人"这一称号，有着种种不同的说法。有人说是长实的人先叫起来的，他们对老板最熟悉，也最敬佩。长实的人却说"是看到报章这样称呼，大家都这么叫，我们也跟着叫。李先生知道后还批评过手下的人，他并不希望别人这样称呼他，不过报章都这样称他，他也就默认了"。

据说，某先生看了报上刊载的李嘉诚收购和黄的文章，不禁拍案叫绝，还写了一副赞誉李嘉诚的对联："高人高手高招，超人超智超福。"

此后，"超人"的叫法在民间不胫而走，各种报刊竞相采用，"超人"之名誉满香江。

3. 重振和黄创佳绩

1981年1月1日，李嘉诚被选为和黄埔董事局主席，成为香港第一位入主英资洋行的华人大班（包玉刚入主的怡和系九龙仓不属独立洋行），和黄集团也正式成为长实集团旗下的子公司。

舆论皆说，和黄一役，足见李嘉诚是有远见卓识、聪明绝顶之人。

对于李嘉诚入主英资大企业，英国《泰晤士报》分析道：

"近一年来，以航运巨子包玉刚和地产巨子李嘉诚为代表的华人财团，在香港商界重大兼并改组中，连连得分，使得香港的英资公司感到紧张。

"众所周知，占香港人口绝大多数的仍是华人，掌握香港政权和经济命脉的英国人是少数民族。第二次世界大战以来，尤其是六七十年代，华人的经济势力增长很快。

"有强大的中国内地做靠山，这些华商新贵如虎添翼，公然在商场与英商较量，以获取原属英商的更大的经济利益，这使得香港的英商分外不安。连世界闻名的怡和财团的大班大股东，都有一种踏进雷区的感觉。英商莫不感叹世道的变化，同时也不能不承认包玉刚、李嘉诚等华商，能与英国商界的优秀分子相提并论。"

这篇文章试图以时代背景探讨华商得势的原因，虽用词偏颇，但总的来说还是较全面、较客观地对李氏和包氏作了一个简要的评价。

经过这场兼并战之后，李嘉诚和包玉刚继续收购了一些英资大型企业，彻底扭转了英资在香港占绝对优势的局面，盛誉铺天盖地而来。但在一片喝彩声中，李嘉诚并未陶醉其中，沾沾自喜，他亟待做的是如何重振和黄。

世人言"创业容易守业难","前车之鉴,后人之师"。最典型的教训莫过于和黄的前大班祈德尊。祈德尊是个收购企业的高手猛将,却不是管理庞大企业的行家里手。他发展过快,吞并太多,以致消化不良,终于把集团拖垮,痛失江山。

李嘉诚进入和黄出任执行董事,在与董事局主席韦理及众董事的交谈中,他们的话中分明含有这层意思:"我们不行,你就行吗?"

李嘉诚是个喜欢听反话的人,他特别关注喝彩声中的"嘘声",挑战反而让他充满激昂的斗志。香港的英商和华商中,不少人持这种观点:"李嘉诚是靠汇丰的宠爱,才轻而易举购得和黄,他未必就有本事能管理好如此庞大的老牌洋行。"

英文《南华早报》和《虎报》的外籍记者曾问沈弼:"为什么要选择李嘉诚接管和黄?"沈弼答道:"长江实业近年来成绩良佳,声誉又好,而和黄的业务脱离1975年的困境踏上轨道后,现在已有一定的成就。汇丰在此时出售和黄股份是顺理成章的。"他又说:"汇丰银行出售其在和黄的股份,将有利于和黄股东的长远利益。我坚信长江实业将为和黄未来发展做出极其宝贵的贡献。"

李嘉诚深感肩上担子之沉重。"新官上任三把火",粗略看来,李嘉诚似乎一把火也没烧起来,甚至没有说过一句让和黄振兴的豪言壮语。他是个毫无表现欲的人,总是用实绩来证实自己。

据说李嘉诚成功收购和黄后,市场上传出了"和记黄埔的股东要集体反对新主席李嘉诚"的小道消息。长实员工为此感到十分气愤,认为和黄的股东们这样做是无理取闹。李嘉诚见员工为自己打抱不平,心里很感动,同时安慰员工说:"公司被收购确实是很正常的事情,和它一样正常的自然还有被收购公司的股东们的负面情绪,我们当初既然决定这样做,就应该想到会有这样的结果,没有必要生气。再说,和黄是老牌英资洋行,香港在英国统治下,这些因素都让英国人觉得自己比华人高一等,一直以人上人自居,他们自然无法接受和黄这样老牌的英资洋行，被我们一个华资企业收购的事实。这么想想就可以理解他们了。而且，我也没有非要当和黄董事局主席和总经理的想法。韦理被称为'公司医生'，近两年和黄在他的管理下，经营状况确实也有提升，他做得很好，我没有必要横插一脚，所以应该不会出现群起而攻之的情况。"

李嘉诚心知，做事不能急于求成，在他没有为和黄做出实质贡献之前，股东们不会服他。所以，他决心保持低调，以德服人，同时稳步有序地继续在市场上收购和黄股份，到1980年11月，他和长实拥有的和黄股权已经达到39.6%，远远超过了和黄其他股东的控股权。尽管如此，他仍然拒绝担任和黄总经理，只是出任执行董事而已。

按常规，大股东完全可以凌驾于支薪性质的董事局主席之上，但李嘉诚从未在韦理面前流露出"实质性老板"的意思。他的谦逊使众董事与管理层对他更加尊重。后来他出任董事局主席，也是在股东大会上由众股东推选产生的。

"退一步海阔天空"，这是李嘉诚的退让术，与中国古代道家的"无为而治""无为而无不为"有着异曲同工之妙。

董事局为他开出优厚的董事袍金①，李嘉诚却没有接受。而且，他为和黄公差考察、待客应酬，都是自掏腰包，从不在和黄报账。

故有人称：李嘉诚的精明到了炉火纯青的地步。他小利全让，大利不放。大利是指他持有的股份，只要公司盈利状况好，他的红利自然就很可观。李嘉诚不放大利，还表现在他不断增购和黄股份。令人叹绝的是，他"鲸吞"和黄的"企图"，竟未遇到"老和黄洋行"一丝半毫的抵抗。

毋庸置疑，李嘉诚很快获得了众董事和管理层的好感及信任。在决策会议上，他总是以商议建议的口气发言，但实际上，他的建议就是决

---

① 袍金：即董事为公司工作的报酬，包括薪金、佣金、花红、车马费等，类似于一般员工的报酬。董事会成员等高层管理人员有袍金制度（相当于辛苦钱），为董事常规化的收入，额度是企业纯利润的2%左右。

策——众人都会自然而然地信服他、倾向他。韦理大权旁落,李嘉诚未任主席兼总经理,但实际上已开始主政。所谓一山不容二虎,韦理渐渐也感到难以施展自身的才干,产生了离开和黄的想法。

1981年1月1日,李嘉诚凭借名下41.7%的和黄股份,被选为和黄董事局主席。这时,韦理仍然留在和黄,与李嘉诚一起管理经营公司。两人都是商界的精英,尽管有过一些矛盾,但也相互钦佩对方的才干和谋略。

1982年,韦理终于向和黄董事会递交了辞呈,他认为,即使自己离开了和黄,和黄也可以很好地发展下去。李嘉诚则以和黄董事局主席的身份诚恳地挽留韦理,希望他继续为和黄服务,但韦理心意已决,他同时也向李嘉诚提出了建议和期待,嘱咐李嘉诚要经营好和黄。当然,韦理这样做并非不相信李嘉诚的实力,只是因为他对和黄有着很深的感情,希望和黄的未来会更好。李嘉诚自然也明白韦理的心思,他当场保证一定会尽己所能,全力发展公司业务,绝不让韦理失望。

李嘉诚入主和黄实绩如何?数据最能说明问题。

他入主前的1978财年,和黄集团年综合纯利为2.31亿港元;入主后的1979年升为3.32亿港元;4年后的1983年,纯利润达11.67亿港元,是入主时的5倍多;1989年,和黄经营性盈利为30.3亿港元,非经营性盈利则达30.5亿港元,光纯利就是10年前的10多倍。盈利丰厚,股东与员工皆大欢喜。

一篇综述和黄业绩的文章,用这样一个满含赞誉的标题:"沈大班慧眼识珠,李超人深孚众望。"

4. 打造零售帝国——屈臣氏

众所周知,屈臣氏是一家百年老字号,知名度和美誉度都非常了得。

屈臣氏创立于1828年,是一个名叫A. S. Watson的英国人在广州开的西药房，初名广东大药房。这个英国人十分关心民间疾苦，经常为普通百姓赠医施药。1830年，广东大药房开始兼营汽水生意，成为中国第一个汽水制造商。1841年，广东大药房搬迁到香港地区。1871年，它在香港地区重新注册，改名为Watson & Co. A. S，按照广东方言译为"屈臣氏大药房"。

屈臣氏大药房审时度势，迅速走上了多元化发展的道路，不仅生产汽水和药品，同时大力拓展零售业务。不过，无论怎样发展，这个以药店经营起家的公司仍然保留着零售药品这一鲜明特色。

1883年，屈臣氏公司在菲律宾的马尼拉建立了药房及汽水工厂。1886年，不断扩大的屈臣氏公司进行改革，重组为公众性股份有限公司。第二年，屈臣氏公司在上海设立分公司，此后又相继在汉口、天津、福州、厦门等地设立分公司或者代理处。屈臣氏开设的大药店，除了经营西药外，还经营中成药及中西医结合的药品。

屈臣氏还很关注教育及公益事业，曾经设立教育奖学金，孙中山先生在1887年便以优异成绩获得此笔奖学金。

至20世纪之初，屈臣氏公司下属的大药店已经发展为远东最大的药房，其中以上海分公司的销售额最高。除了销售药品外，屈臣氏公司还经销和代理欧美的化学品，又设置了照相部，专门经销各种照相器材及洗相药水、用具。

19世纪末期，来自西方的"荷兰水"进入上海市场，受到人们的喜爱和追捧。不久，屈臣氏公司在上海开办了屈臣氏汽水厂，自产自销汽水等饮料，深受上海民众的欢迎。也正是从那时起，上海人逐渐将"荷兰水"改称为"汽水"。1903年，屈臣氏开始生产蒸馏水，并将其打造成著名品牌，到现在已经有100多年生产优质蒸馏水的经验。屈臣氏还曾代理各种进口酒类及饮料，其中包括大名鼎鼎的可口可乐。

新中国成立之后，屈臣氏公司退出内地，驻守香港地区，发展步伐也较之前缓慢下来。20世纪70年代，李嘉诚旗下的和黄与屈臣氏公司业务往来密切。李嘉诚十分看重屈臣氏的百年老字号对自己企业形象的提升和潜在价值，萌生了收购屈臣氏的想法。

一边是香港大名鼎鼎的地产大亨、无人不晓的商业奇才，一边是历经风雨的老店铺，屈臣氏公司也很乐意借助李嘉诚的智慧和能力重振屈臣氏这一传统品牌，于是，双方愉快地达成了收购协议。

1981年，李嘉诚通过旗下的和黄集团全面收购了屈臣氏公司，屈臣氏公司正式成为李嘉诚名下的全资附属公司。

李嘉诚在零售业还是个新手，但他接手屈臣氏后，凭着耐心和钻研精神，很快就为屈臣氏找到了一条高度发展的道路。他决心在品牌、市场定位上力争第一。

当时屈臣氏以销售药妆、美容等产品为主，为避免与其他零售商及厂家竞争，李嘉诚决定在细分市场上用力，开辟一个全新的市场。于是，一个以"个人护理专家"为宗旨的全新的屈臣氏应运而生，以此迅速崛起并逐步占领全球尤其是亚洲和欧洲市场。

内地实行改革开放后，基于内地市场的巨大潜力，1989年，李嘉诚在北京开了第一家屈臣氏。但他没有急于扩张，而是强调店铺流程管理的系统导入，注重稳步发展。1992年，屈臣氏上海分店开业。1994年，屈臣氏成功进驻广州。之后几年，李嘉诚仍然坚守稳健发展的策略，到2004年仅在内地开了50多家店铺。

2004年以后，屈臣氏在内地进入快速扩张时期。2004年年底，中国对外资企业放宽了分销或零售的渠道，特别是一些高端电子产品、奢侈品和工业产品制造商；还允许外资零售商进口自营商品，并在国内采购商品出口。

2005年1月，屈臣氏中国第100家分店在广州正佳广场开业。李嘉诚首次提出了千店目标——计划在内地的分店于2005年达到200家、2010年达到1000家。这以后，屈臣氏以平均每年开设100家店铺的速度，实现了跨越式的发展。2009年11月，第500家屈臣氏门店在上海开业。内地成了屈臣氏在亚太区发展最快、规模最大的市场。到2011年，屈臣氏终于圆了李嘉诚的"千店大梦"。11月前后，屈臣氏遍布内地150多个城市。内地北部和东部的网点都超过300家，南部超过250家，西部则超过100家。2011年12月16日，屈臣氏正式入驻淘宝商城，这是屈臣氏在内地的第1001家店，也意味着屈臣氏正式步入线上和线下渠道的融合时代。

到2013年年底，屈臣氏已经在内地200多个城市开设了1700家个人护理店，成为内地规模最大的保健及美容产品零售连锁店。

屈臣氏快速扩张的深层原因，显然是日益激烈的市场竞争，如万宁、丝芙兰的加入，让李嘉诚感到危机重重，因此想要快速抢占市场，使屈臣氏这个品牌深入人心。

而李嘉诚也确实让屈臣氏重新焕发了青春活力，不仅使屈臣氏快速成长为拥有屈臣氏个人护理店铺、百佳超级市场、丰泽电器、TASTE新一代美食广场，GOURMET时尚美食购物广场、GREAT美食购物广场，以及生产蒸馏水、饮料等的大型集团，甚至还涉足制造业、卫星资讯服务等新兴行业。

在屈臣氏集团的业务范围中，最受李嘉诚重视并大力发展的要属屈臣氏的老本行——零售及制造。李嘉诚解释说："和黄是一家综合性企业，1989年确定地产、港口、电讯、零售、能源为五大主营业务后，其投资分布介于传统与高科技之间。零售及制造业刚好是传统业务的一项，投资风险较低，有助于平衡投资高科技业务的风险。"

事实证明，李嘉诚这一决策是正确的，屈臣氏不仅增加了和黄的收入，而且还曾经挽救了和黄的命运。

2009年，和黄的3G业务发展很不顺利，亏损高达90亿港元。本以为2010年会有很大转机，结果仍然亏损了约12亿港元。当时和黄的利润主要来自传统行业，包括港口、基建、地产，以及连续几年增长迅速的赫斯基能源。而3G业务因为经济危机的影响，连收支平衡都无法做到，在短期内不可能发展起来。到2010年年初，和黄的股价下跌了10%，交易价格更是令人沮丧。人们普遍认为和黄已经跌入谷底，不可能再升值了。

这个时候，屈臣氏一举扭转了和黄的颓势。2010年的屈臣氏已经进入快速发展阶段，美容保健类产品没有受到全球金融危机的影响，其年利润稳步上升，占和黄营业收入的40%，极大地弥补了和黄因金融危机拖累而产生的现金流缺口。投资者一面对和黄的逆势回转感到奇怪，一面重金买下和黄的股票。

经过这次金融危机以后，人们渐渐意识到了屈臣氏的威力，正如和黄的一位高层说："屈臣氏是和记黄埔内部现金流最重要的支撑力量。"

作为和黄的一个分支，屈臣氏深刻贯彻了李嘉诚的经营理念，把品质放在第一位，致力于为顾客提供优质的产品和服务，并不断自主开发新品种，增加产品种类，满足顾客随着时代发展而不断增长的需求。

20世纪80年代，屈臣氏集团重新回到上海发展，并与当地联合成立了一家食品公司。1993年，和黄在北京投资兴建北京屈臣氏蒸馏水有限公司，从事饮用水生产、销售及代理国际品牌包装饮料销售。1996年，屈臣氏集团与广州经济技术开发区商业总公司共同投资创办了广州屈臣氏食品饮料有限公司，采用国外先进的管理经验、先进的设备，开发设计了一系列自有品牌产品，如屈臣氏、新奇士、果汁先生、碧泉等，受到消费者的青睐。

到2013年，屈臣氏的自有品牌超过了2000种，自有品牌既增加了屈臣氏的商品数量，也完善了屈臣氏的商品结构，使商品交易机会、销售总额及顾客消费金额等都有了一定提升。

2013年10月，有传言说和黄要分拆屈臣氏上市，集资或高达780亿港元。但到2014年，李嘉诚却选择了暂缓上市，以440亿港元的价格，将屈臣氏控股24.95%的间接股本权益卖给了新加坡淡马锡公司。

和黄与屈臣氏这两个本来不相关的企业，在李嘉诚的精心策划下，交相辉映，均获得提升。

如今，屈臣氏已经成为全球最大的保健及美容产品零售商、全球最大的化妆品零售商，拥有20多个零售品牌，在全球30多个国家、2000多个城市拥有超过10 000家零售店。然而，随着互联网的发展，实体零售业受到了电商的巨大冲击,屈臣氏的业绩有所下滑。同时,屈臣氏奇葩的导购方式、缺少国际主流品牌、品牌老化、产品更新较慢等都遭到了消费者的质疑。尽管如此,瘦死的骆驼比马大,屈臣氏在2017年的年销售额依然高达195.17亿美元。当然,随着市场的快速变化,屈臣氏要想做到长盛不衰,只有不断创新,紧随时代的步伐。

第九章　美丽华之争

　　自创立长江塑胶厂以来，李嘉诚的商业版图越来越大，他几乎是攻无不克、战无不胜。但他并非没有败绩，比如轰动香港的美丽华争夺战，便是他人生中栽过的最大的跟头，而对手则是与他亦敌亦友的超级富豪、地产大亨李兆基。

1. 低价竞购美丽华酒店

　　20世纪50年代，为了给从内地迁来的教堂神职人员提供一个落脚的地方，一个西班牙籍的神父在九龙尖沙咀开了一家教会小旅馆。1957年，广东中山籍商人、景福金店主杨志云买下了这家教会旅馆，经过他的精心经营，这家小小的旅馆发展成了拥有千余间客房的五星级酒店，也就是今天的美丽华酒店。

　　这以后，美丽酒店保持着良好的发展势头。1983年，美丽华与新世界集团共同开发了位于九龙公园的地段。美丽华还与银行合作经营蛇口南海酒店，占25%的权益。随后又与深海湾游艇俱乐部合作，经营清苑海鲜酒家。

　　20世纪80年代，置地和佳宁集团合作，企图以28亿港元从杨志云手中夺得美丽华酒店的经营权。但不久佳宁破产了，置地则欠了太多的外债，于是，收购被迫终止。1985年杨志云去世后，他的儿子们接手美丽华酒店。

1989年，香港的旅游业一片萧条，美丽华酒店的生意也一落千丈。董事会怨声连连，股东要求更换经营者，由集团元老何添接手经营美丽华酒店。

1992年，邓小平视察武昌、深圳、珠海、上海等地，发表了著名的南方谈话。受此影响，香港的旅游业开始回温，到1993年，香港各大酒店的生意再次兴旺起来，美丽华酒店也不例外。但是，美丽华酒店各大股东之间依然矛盾重重，而且杨氏兄弟之间也在经营上产生了很大的分歧。哥哥杨秉正想要继续经营酒店，守住父亲留下的产业；但弟弟杨秉梁则想变卖股权，到海外发展。

美丽华酒店的内部纷争，让李嘉诚看到了可乘之机，他找到中信泰富的荣智健商量此事，两人已有过多次合作，被业内人士称为"黄金搭档"。正所谓英雄所见略同，他们都认为现在就是收购的最佳时机。很快，他们共同成立了富巢公司，打算以每股出价15.5港元，认股价每股为8.4港元，动用87.88亿港元，收购美丽华的巨大产业。以他们的实力来说，收购应该不成问题。李嘉诚计划在收购之后，将两块黄金地皮拆掉重组。此举是效仿包玉刚收购九龙仓，然后把码头拆掉建成海港城。

6月9日，美丽华申请停牌，停牌前市价为14.5港元，与李嘉诚的收购价只差了1港元，溢价连10%都不到。

6月14日，杨秉正发表了一封公开信，信上说：

"我杨秉正在此声明，美丽华全体董事均未与长江实业及中信泰富达成共识。美丽华是家父一生的心血，不到万不得已，杨氏必定不会出售公司股权。而且，美丽华的物业发展潜质极佳，自1992年邓小平南方讲话之后，香港经济回温，美丽华酒店每日的入住率直线上升，始终保持在同行中的领先位置。经专家预算，酒店如今资产净值每股20元。

"我于6月8日晚上，收到李嘉诚和荣智健先生财务顾问的电话，才知道二位有收购美丽华的意向。谁知第二天早上，二位就已经将收购建议书送到了美丽华董事局，对于李嘉诚先生和荣智健先生的做法，我表示很不理解。美丽华是杨氏家族的祖业,我从未想过要出售它……"

从杨秉承的信,可以看出他对长江实业和中信泰富的不满,也可以看出他不是胆小怕事之人,即使面对强大的对手也毫不妥协。

2. 收购与反收购

李嘉诚和荣智健开出如此低的收购价,或许是因为太相信自己的实力。与此同时,杨氏兄弟在危机面前也暂时放下分歧,同心对外。杨秉梁决定先放弃海外发展的计划,打好这场美丽华保卫战。对于弟弟的妥协,杨秉正内心多少感到欣慰,但他也明白,要想保住美丽华,靠他们兄弟之力显然是不够的,而需要寻找外援。他考虑再三,决定向父亲生前的好友李兆基求助。

杨志云与李兆基是多年的好朋友,李兆基刚到香港不久,在于文成东街的金店银铺做买卖,杨志云当时也是香港金融业内活跃分子。两人就在这个时候结下了友谊。后来,李兆基成立恒基兆业,杨志云也是董事局的成员之一。杨志云去世当年,李兆基的另一个好友冯景禧也突然去世。冯景禧是与李兆基一起打江山的伙伴,他们两人与郭得胜一起创办了新鸿基,后来各自发展,冯景禧创办新鸿基证券,成为香港的金融大王。没想到正处于事业巅峰时期的冯景禧,在旅行途中突发脑溢血去世。冯景禧与杨志云相继离世,对李兆基的打击很大,每次提起来,他仍然颇为伤感。

但对于杨秉正的求助,李兆基显得有些为难,这主要是因为他和李嘉诚最近才合作推出了西半山豪宅嘉兆台,两人每个星期都会在球场上相见。李兆基做人一向很讲义气,现在李嘉诚想要收购美丽华,如果他横刀夺爱,很难跟李嘉诚交代。不过,面对美丽华这样一块肥肉,他也有些心动。

当时,美丽华集团名下的物业,一是弥敦道的美丽华大酒店,占地36 550平方英尺;二是金巴利道的美丽华大厦,占地85 950平方英尺,两者加起来楼面约 160 万平方英尺。此外，美丽华集团在蛇口有南海酒店的合营业权和管理权，在广州有广发花园的发展地盘，在上海虹桥有美丽华花园，在香港有诺士佛台、翠亨屯酒楼。

1993 年地产市场火热时，美丽华酒店与美丽华大厦所在的地段，1 平方英尺售价超过万元。这样算来，美丽华集团名下的地产价值 150 亿元。当时美丽华集团的股数为 5 亿股，按每股 17 港元计算，一共 90 多亿港元，股价仅占资产的六成左右，可以说十分便宜了。

不过，李兆基并没有马上做出决定。杨秉正见状，又向李兆基转达了一个重要的口讯，那就是杨志云的夫人很希望李兆基能够收购美丽华，并且希望李兆基同意在收购成功后，仍由她的儿子杨秉正负责经营，千万不要把美丽华解散重组。

年轻的一代有自己的理想是很正常的事情，如果为了保住家族的产业而牺牲他们的自由发展，未必是件好事。当然，对于上一代人来说，历尽艰难创下的家业面临解体，自然也会有种种不舍和无奈。杨志云的夫人盼望丈夫生前好友能成全杨家两代人的意愿，有个圆满的解决方案，也是可以理解的。事已至此，李兆基终于下定决心收购美丽华，并爽快地同意了杨志云夫人的请求。

6 月 17 日下午 6 点，恒基兆业与美丽华就达成协议，准备签订协议。杨志云夫人对代表李兆基的签约的林高演说："杨氏家族要出售的股份应该是价高者得。但是我们的情况比较特殊，因四哥和先夫是好朋友，杨志云在世之时一直是恒基兆业的董事，有了这层渊源，就算是收购价一样，我也会毫无考虑地卖给四哥。"

协议签订后，为了达到出其不意的效果，并且让李兆基有足够的时间准备资金，杨秉正决定亲自出面向李嘉诚和荣智健道歉，以免他们在这段时间发起强行收购。他知道，只要自己先低头，一向以和为贵的李嘉诚肯定不会穷追猛打。

6 月 22 日，杨秉正通过媒体刊登了一则启事，说自己之前的公开信可能有不恰当的地方，导致公众对李嘉诚和荣智健两位先生产生误解，深感抱歉。他希望通过这次机会，郑重地向他们表示歉意。

一石激起千层浪，大家纷纷猜测杨秉正此举的用意。有人认为是李嘉诚看了杨秉正的第一则启事后，主动致电杨秉正进行解释，让杨秉正十分感动。还有人说，杨秉正担心态度过于强硬惹急了这两位商界大亨，所以才放低姿态，希望以此换取对手的同情，提高股价。也有人说，杨秉正这么做是因为找到了外援，但收购美丽华需要雄厚的资金，无论这个外援多么神通广大，都需要时间筹钱，所以他要稳住李嘉诚和荣智健，以争取时间。不过，人们仍然认为，像美丽华这样庞大的资产，也只有李嘉诚和荣智健这样实力强大的老板才拿得下。

就在人们议论纷纷之际，杨秉正很快又通过媒体发布了一条消息，表示杨氏家族已经将美丽华34.78%的股份，以每股17港元的价钱，卖给了地产大亨李兆基。李兆基也发表声明回应了这次收购计划，并表示不管拥有多少股份，他只做股东，不当老板，美丽华集团的管理权仍归杨家所有。

李嘉诚和荣智健被打了个措手不及，在与新财团的股东们详细讨论后，他们在第二天发布消息称仍然会继续收购美丽华酒店，并将收购价提高到每股17元。但杨秉正已将名下所持部分股份卖给了李兆基，李嘉诚和荣智健很明显已经无法扭转乾坤了，人们有些不明白，在大势已去的情况下，向来见好就收的李嘉诚这次是怎么了？难道还有什么高招？

7月12日，以杨秉正为首的8名董事，拒绝了富巢公司的收购建议。当时他们手里有美丽华集团7.61%的股份，而以何添为首的5名董事仅持有美丽华集团5.37%的股份，所以，即使有何添等人的支持，到7月16日收购截止时，李嘉诚和荣智健也只购得美丽华股权的13.7%和9.2%的认股权证，没有达到50%以上，收购失败。而李兆基通过市场吸纳，将自己名下的股权增加到了34.8%，还差0.2%才能达到全面收购的触发点35%，所以也没有发起全面收购。尽管如此，李兆基也可以稳坐美丽华第一大股东的位置了。

即使身为"超人",也不可能永远获胜。这时,李嘉诚的"保守"作风再次拯救了他,他承认自己失败了,并果断退出了收购战,以免遭受更大的损失。而且对他来说,商场上没有永远的朋友,也没有永远的敌人。美丽华收购战结束后不久,他和李兆基还相邀一起打高尔夫球,其间两人相谈甚欢,似乎那场轰动香港的美丽华争夺战从来没有发生过一样。由此,人们不得不佩服李嘉诚为人处世的智慧。另一方面,尽管收购美丽华失败,但李嘉诚力挺中资,与荣智健合作,成功获得了中信泰富背后的政府的支持,为日后事业的发展打下了良好的基础。所以说,在美丽华收购战中,他是输了面子,却赢了里子。

第十章 广纳人才

人才是企业发展之本,而凝聚人心又是收拢人才之道。李嘉诚既有西方现代企业经营的理念,又有源于东方文化的长者之风。他既始终关怀当年与自己共同奋斗的老员工,又不拘一格起用新秀,洋为中用,结交智囊。

1. 厚待元老重臣

一个家族企业要长久地发展下去,很重要的一点是在用人问题上必须采取开放政策,不同时期、不同行业使用不同的人才。

"造物之前先造人才",这是许多企业家的共识。李嘉诚深谙此理,始终以广纳人才作为自己的经商方略,任人唯贤、不拘一格,确保其团队的强大整合力和协同作战能力。

他所取得的巨大成功,除了人们津津乐道的"超人之术"外,还得助于他的"用人之道"。

长江塑胶厂初创时,发展格外艰难,李嘉诚和员工们遇到了各种各样的困难。然而,李嘉诚的创业信念是坚定的,任何困难都无法阻止他。他身体力行,和员工一起干脏活累活,毫无老板架子。厂里忙的时候,他亲自安装机器、设计图纸、生产制品;需要跑业务的时候,他便走街串巷,亲自出去采购原料或推销厂里的产品。此时,他需要的正是像他那样能够脚踏实地、埋头苦干的人才。

上海人盛颂声、潮州人周千和正是李嘉诚所需要的人才，他们二人对长江塑胶厂忠心耿耿，兢兢业业地为之付出。20世纪50年代初，盛颂声、周千和就开始追随李嘉诚左右。盛颂声思维活跃、聪明灵活，主抓生产；周千和性格沉稳、严谨认真，负责打理财务。李嘉诚事业的发展壮大和他们二人的贡献密不可分，可以说，没有他们，便没有发展如此迅速的长实集团。

盛、周二人多年来和李嘉诚患难与共，彼此间建立起了非常深厚的感情。无论是在人品还是能力方面，李嘉诚对他们都是十二分的信任。1980年，盛颂声担任长实的董事、副总经理；1985年，周千和在李嘉诚的提拔下，成为长实的董事、副总经理。有人认为，李嘉诚这样做是为了给两位老臣一些精神安慰。其实，身居要职的盛颂声、周千和二人身上的担子并不轻，长实的地产业务由盛颂声负责，股票买卖由周千和负责。这两项业务可以说是长实集团的命脉，如果他们没有什么能力，李嘉诚绝对不会将他们放在如此重要的位置上。他们二人是长实集团劳苦功高的无勋功臣。

李嘉诚是一个重感情的商人，这对一个白手起家的创业者来说是至关重要的。因为创业是艰难的，如果没有荣辱与共、风雨同舟的共识，一般人很容易见异思迁。如何让员工与自己达成这种共识呢？毫无疑问，只有对员工投以感情。

李嘉诚一向宁亏自己，也不亏员工。长实的发展有起有落，却鲜有跳槽者，这不能不说是李嘉诚用人的成功。以身作则是李嘉诚在员工面前树立的最好形象，也正因为他的以身作则，使得员工愿意跟着他创业。

周千和回忆当初的创业经历时说："那时候，大家的薪酬都不高，才百来港纸（港元），条件之艰苦，不是现在的年轻人所能想象的。李先生跟我们一样埋头搏命做，大家都没什么话说。有人会讲，李先生是老板，他是为自己苦做——抵（值得），打工的就不抵。话不可这么讲，李先生宁可自己少得利，也要照顾大家的利益，他把我们当自家人。"

盛颂声在 1980 年谈到长实成功的原因时说:"这主要是靠李嘉诚先生的决策和长江实业同仁上下齐心的苦干。李先生每天总是 8 点多钟到办公室,过了下班时间仍在做事,公司同人也都如此,这就使长江实业成为一家最有冲劲的公司。事业有成之后,李先生又尽量宽厚待人,使和他合作过的个人或集团,全都赚得盆满钵满。这便奠定了长江实业今后做更大发展的基础。"

兢兢业业工作是一家公司兴旺的基础,而与合作者利益共享,更是李嘉诚一贯的准则。李嘉诚很念旧情,对曾有功于长实者都以恩相报。他留人先留心,因此才有了后来人才济济、高人满堂的大好局面。

李嘉诚曾说:"只有博大的胸襟,自己才不会那么骄傲,不会认为自己样样出众。承认其他人的长处,得到其他人的帮助,这便是古人所说的'有容乃大'的道理。"

1985 年,盛颂声因移民加拿大,脱离了长实。李嘉诚举行了盛大的宴会,亲自为他饯行,盛氏十分感动。周千和则始终如一地为长实服务,后来他的儿子也加入长实,成为长实的骨干。

李嘉诚说过:"假如今日没有那么多的人替我办事,就算我有三头六臂,也没有办法应付那么多的事情。所以,成就事业最关键的是要有人能够帮衬你,乐意跟着你工作,这就是我的处世哲学。"李嘉诚说得很实在,事实也是如此。

2. 大胆起用青年才俊

"长实在 20 世纪 80 年代得以急速扩展及壮大,股价由 1984 年的 6 港元升到 90 港元,与李嘉诚不断提拔年轻得力的左右手实在大有关系。"有人这样看待李嘉诚的成功,认为李嘉诚成功的关键在于他周围聚集了一大批志同道合、才华横溢的商界英才。

确实,李嘉诚不仅看重元老重臣,而且善用年轻有为的新人。当公司发展到一定规模后，他便开始广泛招募人才。很快，一个现代化的"内阁"便出现在庞大的李氏王国中。这个"内阁"组织严密，拥有一流的专业水准，并且具有很强的超前意识。在李嘉诚的企业里，东方家族式的管理企业的传统格局不复存在。一家杂志这样评论："李嘉诚这个内阁，既结合了老、中、青的优点，又兼备中西方色彩，是一个成效极佳的合作模式。"

在长实管理层的后起之秀中，最引人注目的要数霍建宁。

霍建宁毕业于香港大学，随后赴美深造，1979年学成回港，被李嘉诚招至麾下，出任长实会计主任。他业余进修，考取了澳大利亚的特许会计师资格（凭此证可去任何英联邦国家与地区做专业会计师）。李嘉诚很赏识他的才学，于1985年委任他为长实董事，两年后又提拔他为董事副经理。这时，霍建宁才35岁，如此年轻就任本港最大集团的要职，在香港实为罕见。

霍建宁还是长实系四家公司的董事，以及与长实有密切关系的公司如熊谷组（长实地产的重要建筑承包商）、广生行（李嘉诚亲自扶植的商行）、爱美高（长实持有其股权）的董事。

传媒称他是一个"浑身充满赚钱细胞的人"。长实的重大投资安排、股票发行、银行贷款、债券兑换等，都是由他策划或参与决策。这些项目动辄涉及数十亿资金，亏与盈都在于最终决策。李嘉诚如此器重他，可见结果肯定是盈大亏少。

霍建宁的年薪和董事袍金，以及非经常性收入如优惠股票等，年收入在1000万港元以上。人们说霍氏的点子"物有所值"，他是香港食脑族（靠智慧吃饭）中的大富翁。

除了担任长实的智囊，霍建宁还为李嘉诚充当"太傅"的角色，负责培育李氏次子李泽楷。

与霍建宁任同等高职的少壮派中，还有一位叫周年茂的青年才俊。周年茂的父亲是长实的元勋周千和。周年茂还是学生时，李嘉诚就把他当作长实未来的专业人士培养，与其父一道送他赴英专修法律。

周年茂回港后即加入长实，李嘉诚指定他为公司发言人。两年后即1983年，周年茂被选为长实董事，1985年后与其父周千和一道被任命为董事副总经理。周年茂任此要职的年龄比霍建宁还小，才三十出头。

有人说周年茂一帆风顺，飞黄腾达，是得其父的荫庇——李嘉诚是个很念旧的主人，为感谢老臣子的犬马之劳，故而"爱屋及乌"。此话不无道理，不过，周年茂的高升还要归功于他的个人实力。

据长实的职员说："讲那样话的人，实在不了解我们老细（老板），对于碌碌无为之人，管他三亲六戚，老细一个都不要。年茂年纪虽轻，可是个叻仔（有本事的青年）呀。"

周年茂任副总经理，是顶替移居加拿大的盛颂声——负责长实系的地产发展。茶果岭丽港城、蓝田汇景花园、鸭月利洲海怡半岛、天水围的嘉湖花园等大型住宅屋村发展，都是由他具体策划落实的。他肩负的责任比盛颂声还大，由于业绩显著，得到了公司上下"雏凤清于老凤声"的好评。

长实参与政府官地的拍卖，原本由李嘉诚一手包揽。而现在同行和记者常能见着的长实代表，通常是周年茂，只有金额特别巨大时李嘉诚才亲自出马。周年茂外表像书生，却有大将风范，临阵不乱，该竞该弃，都能较好地把握分寸，令李嘉诚感到放心。

长实的地产发展有周年茂，财务筹划有霍建宁，楼宇销售则有一个全能女将——洪小莲。洪小莲年龄也不算大，她全面负责楼宇销售时还不到40岁。

洪小莲在20世纪60年代末期，长实未上市时就跟随李嘉诚，担任秘书，后来又任长实董事。据说洪小莲是长实出名的美女，不仅人长得漂亮，风度好，而且待人热情，能言善道。在地产界，在中环各公司，提起洪小莲，无人不知，无人不晓。

长实总部虽不到200人，却是个超级商业帝国。每年为长实系工作与服务的人数以万计，资产市值高峰期达2000多亿港元，业务往来跨越大半个地球。大小事务，千头万绪，往往都要到洪小莲这里汇总。洪小莲是个彻底的务实派,面试一个信差、会议所需的饮料、境外客户下榻的酒店房间,她都会一一过问,跟踪到底。与洪小莲交往过的记者这样评论她:"洪姑娘是个'叻女',是个完全'话得事'的人。"

霍建宁、周年茂、洪小莲,被称为"长实系新型三驾马车"。

商场上有句话说得很精辟:"指挥千人不如指挥百人,指挥百人不如指挥十人,指挥十人不如指挥一人。"指挥一人,就是抓某一部门的主要责任人。当然,对于集团的重大决策与事务,李嘉诚仍须亲力亲为。

"指挥一人"需要高超的领导艺术。首先,必须有充足的人才供你选用;其次,要对手下有充分了解,如品格、知识、能力、经验等;最后,自己要对企业的整个管理环节了如指掌,以便及时进行宏观调控。若没有长时间的学习和实践,根本不可能将这种用人方法运用得游刃有余。

李嘉诚做到了,他任用俊才,将公司的各项事务交给他们处理,自己则将主要精力放在决策上。

20世纪80年代中期,长实管理层基本实现了新老交替,各部门的负责人大都是30~40岁的少壮派。周年茂说:"长实内部新一代与上一代管理人的目标无矛盾,而且上一代的一套并无不妥,有辉煌的战绩可凭。"正因为如此,长实管理层才形成了一个高效、富有战斗力的超强团队。

3. 聘用洋人干将

李嘉诚麾下的高级管理人员还有一个显著的特色,那就是聘用了不少"洋大人"。

20世纪80年代以前,由于华商经济实力有限,以及数百年来洋人歧视华人的惯性,那时候,若能雇用心高气傲的洋人做下属,是一件颇为荣耀的事情。

到20世纪90年代，香港华人见了洋人（特指有欧罗巴血统的白种人），不再有见"洋大人"的感觉了。港人自信香港是东方明珠，是全球经济最发达的地区，港人的收入和生活水平一点也不比西方人差，完全不必抱有低人一等的自卑感。华人公司雇用外国职员，实属平常。

当然，李嘉诚雇用外国人做下属，并非出于炫耀心理，而与他大力拓展海外业务是分不开的。李嘉诚在一次回答记者提问时说："我只是想，集团的利益和工作确确实实需要他们。"

20世纪70年代初，长江工业公司的塑胶工厂分布在北角、柴湾、元朗等处，员工达2000余人，管理人员约200名。为了从塑胶业彻底脱身投入地产业，李嘉诚聘请美国人 Erwin Leissner 任总经理，全权管理塑胶厂事务，他自己只参加重大事务的决策。随后，李嘉诚又聘请美国人 Panl Lyons 为副总经理。这两位美国人是掌握现代化塑胶生产的专家，李嘉诚付给他们的薪金远高于他们的华人前任，并赋予他们实权。

到20世纪80年代中期，李嘉诚已控有几家老牌英资企业，这些企业中有不少外籍员工。李嘉诚并非没有能力直接领导他们，主要是长江工业公司升级为长实集团后，集团超常规拓展，他需要为旗舰领航。而能让他腾出精力的最有效办法，就是用洋人管洋人，这样更有利于其相互间的沟通。除此之外，这些老牌英资企业与欧美澳有着广泛联系，长实日后要走跨国化道路，起用洋人做"大班"，有利于开拓国际市场与进行海外投资。他们具有血统、语言、文化等方面的天然优势。

长实董事局副主席麦理思（George Magnus）是英国人，毕业于著名的剑桥大学经济系。麦理思曾任新加坡虎豹公司总裁，因业务关系与李嘉诚认识。1979年，麦理思正式加盟长实，此后，与香港洋行及境外财团打交道，多由麦理思出面。李嘉诚器重他，不仅是因为他的英国血统、名校文凭，更看中他是个优秀的经济管理专家。

李嘉诚入主和黄，和黄前任大班韦理卸职后，李嘉诚提升李察信（John Richardson）为行政总裁，自己任董事局主席。到1983年，李察信与李嘉诚在投资方向上意见不一致，李察信离职，李嘉诚又任用了另一位英国人——起初名不见经传，后来声名显赫的马世民。

马世民原名西蒙·默里（Simon Murray），1940年生于英国雷斯特。马世民未读大学，他说他的大学就是人生。他有着不凡的经历，19岁跑去参加法国雇佣兵团，被派到驻阿尔及利亚作战。后来他把自己的经历写成一部名为 *Legionaire* 的小说，成为轰动一时的畅销书。

1966年，马世民来到香港，进入最负盛名的怡和洋行工作。他形容自己就像个推销员，墙纸、果仁、钢材、机器、电器等，什么都卖过。其中的3年，他被派驻怡和在泰国的分支机构，负责怡和地产的建筑合约。他借用一种华人特别喜爱的药品"万金油"来形容自己。

正因为他在多个领域经受过锻炼，李嘉诚在物色综合性集团——和黄的行政总裁时，把马世民列为首选。

马世民在怡和服务了14年，深受怡和重视，是多家公司的执行董事，如怡和工程、金门建筑等。20世纪70年代后期，他还被派往伦敦大学和美国斯坦福大学，专修经济管理专业课程。

20世纪70年代末的一天，马世民代表怡和贸易来长实推销冷气机，希望长实在未来的大厦建筑中采用怡和经销的冷气系统。他千方百计要见李嘉诚，李嘉诚本来不过问这类"小事"，但还是同意会见这位倔强的"鬼佬"经理。

这次会面给双方都留下了深刻的印象。马世民自我评价说："目前来说，我的能力和经验还有待于边干边学，但香港是这样，只要你拿出真本事来做生意，你就会学得很快。"

马世民还说："我属龙，用你们中国人的话说，是龙的儿子。"李嘉诚的生肖也属龙，不过比马世民整整大12岁。双方就很多话题交换了意见，李嘉诚对这位"龙老弟"颇有好感。

1980年，40岁的马世民决定告别打工生涯，自立门户创立Davenham工程顾问公司，承接新加坡地铁工程。

1982年秋，英国首相撒切尔夫人赴北京就香港的政治前途与中方谈判，香港的英国人惶恐不安，信心危机席卷香江。李察信竭力主张和黄将重心转向海外发展，李嘉诚却看好香港前途。两人在发展方向上分歧严重，导致了李察信的辞职。李嘉诚积极物色人选，竭力劝说马世民加盟。于是，接替行政总裁一职的马世民正式效力于和黄。马世民上任不久就参与收购英资港灯集团，并出任港灯主席。

可以说，马世民是长实系除老板李嘉诚外，第一位有权有势、炙手可热的洋大班。马世民负责和黄系的电讯、能源、货柜（集装箱）码头、零售及港灯与嘉宏的业务，成绩斐然。现分述如下：

电讯：1986年年底，和黄设立一家全资附属公司——和记通讯有限公司，统辖原有的和记电话、和记专线电视、和记传讯、和记资讯传通4家公司。和记电话公司主要从事流动无线电话，客户拥有率占全港的55%；和记传讯公司原已收购24家传呼公司，是香港最大的传呼机构，市场占有率达5成；和记专线电视合作拥有亚洲卫星一号的权益，并开办了亚洲卫星电视台；和记资讯传通主要开发电脑联网资讯服务，前景十分广阔。

货柜码头：葵涌码头是世界吞吐量最大的货柜码头，到1985年，和黄属下的香港国际货柜码头处理的货柜量占葵涌的45%以上。之后，和黄先后投资近百亿港元，到1990年年底拥有10个泊位、89公顷码头设施（占总设施的63%），货柜吞吐量占市场的70%。和黄的国际货柜码头公司，是同业的垄断性企业。另外，公司还拥有楼面600万平方英尺的亚洲最大的货物分发中心。货柜码头业务是和黄的主要盈利来源，1986年盈利4.5亿港元，20世纪90年代盈利逾10亿港元。

零售：零售业务是老和记洋行的传统业务。和黄拥有两大零售系统——百佳超级商场和屈臣氏连锁店，另外还有屈臣氏制造业和多种消费品机构。百佳与怡和系的惠康是香港最大的两家超市集团。到1990年4月，百佳超级市场已达135间，另有10余间在海外。屈臣氏名下的连锁店有220多间。20世纪90年代初，和黄零售业营业额达50亿港元。

港灯：1984年，为怡和置地所控的港灯集团，拥有香港电灯公司和丰泽、嘉云等9家全资属公司及国际城市等5家联营公司，业务包括电力、地产、工程、工业、贸易、零售、保险等。该年税后盈利8.22亿港元。1985年，和黄收购港灯后，年盈利12.8亿港元，增幅56%，为港灯集团有史以来首次突破年盈利10亿港元大关。1986年又突破15亿港元。

嘉宏：1987年，港灯非电力业务单独分拆上市，始有嘉宏国际。嘉宏除控有23.5%的港灯股权外，全资拥有希尔顿酒店，控有50%联信公司股权。1987财政年度，嘉宏盈利6.8亿港元；1988年度增至9.5亿港元；1989年盈利突破10亿港元大关（10.01亿港元）。

能源：主要是投资海外石油业，如赫斯基能源公司等，为长实系海外投资的重点。

1986年1月，和黄市值从收购时1979年的62亿港元，上升到141.5亿港元。同期，控股母公司长江实业的市值为77亿港元，和黄近两倍于长实，成为长实系的主舰。1979年，李嘉诚从汇丰银行手中以7.1港元一股购入22%和黄股权，共付出6亿多港元。1989年，和黄纯利30.5亿港元，共获利60.8亿港元，相当于购入总价的10倍。

和黄能够取得如此惊人的实绩，首先是李嘉诚正确决策，其次是马世民管理有方。不过三四年时间，马世民名声大噪，成为香港洋大班中风头最盛的人物。

4. 善用智囊人物

李嘉诚身边有300员虎将，其中100人是外国人，200人是年富力强的香港人。我们可以这样来看李嘉诚管理人才结构：300员虎将，第一层是李嘉诚的"近臣"——核心管理层；第二层是总部与分公司的负责人，第三层则是在长实系挂职或未挂职的"客卿"。

李嘉诚年幼的时候，父亲曾给他讲过战国时代孟尝君的故事。孟尝君门客三千，志士能人比比皆是，几乎成为古代中国贤能的典范和化身。

孟尝君为什么能够功成名就、名垂千古？因为他深明大义，求贤若渴，对贤能之士以礼相待，并让他们各尽所长。于是，各地身怀绝技的能人志士纷纷来投，为其献策献力。

李嘉诚在事业逐步发展，缔造商业帝国的过程中，也效法古代圣贤的用人之法，颇有些孟尝君的风范，他以自己的信誉和重用人才的作风吸引了许多"客卿"来为自己出谋划策，甚至不图报酬者也比比皆是。

可以说，李嘉诚能有后来的辉煌，"客卿"之功也是重要成因之一。

在"客卿"之中，以大牌律师李业广与当红经纪杜辉廉的影响最大。

李业广是"胡关李罗"律师行合伙人之一，持有英联邦的会计师执照，是个"两栖"专业人士，在业界声誉甚隆。人们称李业广是李嘉诚的"御用律师"，李嘉诚则说："不好这么讲，李业广先生是行内的顶尖人物，我可没这个本事独包下他。"

李嘉诚说的是实话，李业广身兼香港20多家上市公司董事，这些公司市值总和约占全港上市公司总额的1/4。另外，李业广还是许多富豪的不支干薪的高参。他不是那种见钱眼开、有酬（金）必应之士，一般的大亨还请不到他。长实上市，李业广便是首届董事会董事；长实扩张之后，李业广是长实全系所有上市公司的董事。仅此一点，足见二李关系非同寻常，也说明李业广地位之显要。

李嘉诚是个彻底的务实派，从来不拉虎皮做大旗，虚张声势。在香港商界，拉名人任董事是常见之事，但李嘉诚在商界的名气较李业广大，他没必要这样做，他敬重的是李业广的博识韬略。长实不少扩张计划，便是二李"合谋"的杰作。

李业广甘居幕后，保持低调。1991年，李业广一飞冲天——出任香港证券联合交易所董事局主席。在此之前，担任联交所主席的有：金银会创始人胡汉辉、股坛教父李福兆、恒生银行卸任主席利国伟等，个个都是香港商界的风云人物。

香港报刊在介绍联交所新任主席李业广的资格履历时，称他是"胡关李罗"律师行合伙人、长实集团多家上市公司董事……长实在李业广及公众心目中的分量，由此可见一斑。

杜辉廉（Philip Tose）是英国人，出身于伦敦证券经纪行，是一位证券专家。20世纪70年代，维高达证券公司来港发展，杜辉廉任驻港代表，与李嘉诚结下了不解之缘。1984年，万国宝通银行收购维高达，杜辉廉便参与万国宝通国际的证券业务。

杜辉廉被业界称为"李嘉诚的股票经纪"，是长实多次股市收购战的"总参谋长"，并经理长实及李嘉诚家族的股票买卖。

杜辉廉多次谢绝李嘉诚邀其担任董事的好意，是众多"客卿"中唯一不支干薪者。但他绝不因为未支干薪，而拒绝参与长实系股权结构、股市集资、股票投资的决策，使得李嘉诚总觉得欠他一份厚情。

1988年，杜辉廉与好友梁伯韬共创百富勤融资公司（以下简称"百富勤"）。杜梁二人占35%股份，其余股份由李嘉诚邀请包括他在内的18路商界巨头参股，如长实系的和黄、中资的中信、越秀、地产建筑老行尊鹰君与瑞安、旅业大亨美丽华、胡应湘的合和集团等。这些商界巨头都不入局，不"参政"，旨在助其实力，壮其声威。

有18路商界巨头为后盾，百富勤发展神速，先后收购了广生与泰盛，并分拆出另一家公司百富勤证券。杜辉廉任其中两家公司的主席，到1992年，该集团年盈利已达6.68亿港元。

在百富勤成为商界小巨人后，李嘉诚等主动摊薄自己所持的股份，好让杜、梁二人的持股量达到绝对"安全"线。李嘉诚对百富勤的投资，完全出于非盈利的帮助，以报杜辉廉效力之恩。不过，李嘉诚持有的5.1%百富勤股份也为他带来了大笔红利。

20世纪90年代，李嘉诚与中资公司的多次合作（借壳上市、售股集资等），多是以百富勤为财务顾问。身兼两家上市公司主席的杜辉廉，仍忠诚不渝地充当李嘉诚的"客卿"。

《明报》记者曾在采访中问李嘉诚："您的智囊人物有多少？"

李嘉诚说："有好多吧。跟我合作过、打过交道的人，都是智囊，数都数不清。比如，你们集团的广告公司就是。"

李嘉诚所指的是发售新界的高级别墅群时，委托与《明报》有关联的广告公司做广告代理商。广告公司的人跑去看李嘉诚准备发售的地盘，房子已经建好，十分漂亮，典型的欧洲风格。美中不足的是，路还没修好，下雨天尽是泥泞。李嘉诚在发售前没去看过，不了解这一情况。广告商提议能不能等路修好，装修好几幢示范单位再发售，这样不但卖得快，售价也可更高。

"对对对！"李嘉诚听了连连点头称是，满脸感激之情，"你们比我更聪明，我入行这么多年，本该想到，结果还是忽略了，就照你们说的办。"

李嘉诚马上照广告商的建议去办，效果果然不错。之后又发售大坑龙华花园，他在发售前就修好路，还种上美丽的花木。

所以，广采博纳，借助众人的智慧，便是李嘉诚超人智慧的源泉。

为了减少或避免决策失误，李嘉诚说："决定大事的时候，我就算百分之一百清楚，也一样会召集一些人，汇合各人的资讯一起研究。因为始终应该集思广益，排除百密一疏的可能。当我得到他们的意见后，看错的机会就微乎其微。这样，当各人意见都差不多的时候，就绝少有出错的可能了。"

长实系是一家股权结构复杂、业务范围广泛的庞大集团公司，李嘉诚是这一巨型航母的绝对船长，但集团内部却看不到独断专横、家长制作风的影子，完全按照现代企业的模式管理。

李嘉诚摈弃家族式管理，却又钟情于东方民族的企业家族氛围。他少年时接受的教育以传统文化为主，并以儒家为核心。潜移默化，在他的公司内部自然带有儒家色彩。但李嘉诚善于吸收新事物，又绝不人云亦云，人爱我喜，对任何事都有自己独到的看法。

他说："我看很多哲理的书，儒家一部分思想可以用，但不是全部。

我认为要像西方那样，有制度，比较进取，用两种方式来做，而不是全盘西化或者全盘儒化。儒家有它的好处也有它的短处，儒家进取方面是不够的。"

李嘉诚对老员工是很念旧的，但对企业和人才的管理却不拘泥于旧法。同时，他对员工的管理又极严厉。长实的员工说："如果哪个做错事，李先生必批评不可，不是小小的责备，而是大大的责骂，急起来、恼起来时，半夜三更挂电话到要员家，骂个狗血淋头也有之。"

李嘉诚的骂，不是喜怒无常的"乱骂"，而总是"骂到实处"。当然，他也有骂错之时，但冷静下来后，他便会找对方赔礼道歉，说明道理。

一般来说，越为李嘉诚看好的员工，受到的批评越多、越严厉。他们在经受李嘉诚一段时期的"锤打"之后，通常能升职加薪。

李嘉诚常说："唯亲是用，必损事业。"唯亲是用，是家族式管理的习惯做法，在某种程度也表明了对"外人"的不信任。20世纪80年代中国内地开放后，不少潮州老家的侄辈亲友，要求来李嘉诚的公司做事，很多都遭到他的婉拒。在长实系有他的亲戚，更有他的老乡，但他们都没有因这层关系而得到任何照顾。得到重用和擢升的，大部分不是他的老乡，其中相当一部分是外国人。

情才并重，是李嘉诚笼络人、打动人、留住人的一大妙招。所以，香港知名作家何文翔评论说，李嘉诚"任人唯贤，知人善任，既严格要求，又宽厚待人"，"李嘉诚成功的关键，是他融会了中西文化的精华，采用了西方先进的管理方式"。

第十一章 剑指港灯

收购香港电灯有限公司是李嘉诚谋划已久的一项行动，不过，他没有急于与英资对手硬碰硬，而是避免正面冲突，迂回作战，等待时机。当对方因形势判断错误而处于极其被动的境地时，他才从容将其拿下。

1. 按兵不动，静待时机

香港电灯有限公司简称"港灯"，是香港十大英资上市公司之一，于1890年1月注册成立，同年12月向港岛供电，是一家独立的公众持股公司，主要股东是各英资洋行。

同时，港灯又是香港第二大电力集团。第二次世界大战前夕，港灯迅猛发展；第二次世界大战后，九龙新界人口猛增，工厂林立，港灯很快便赚得盆满钵满，还筹划向广东供电。加之港府正准备出台"鼓励用电的收费制"（用电量越多越便宜），港灯的供电量将会有大的增长，盈利自然也会随之递增。用电就像人要吃饭一样，是生活的必需品，无论经济盛衰，都不会对电业构成太大的影响。

这样一来，港灯成了一块大肥肉，惹人垂涎。1981年、1982年市场传言，怡和、长实、佳宁等集团都在打港灯的主意。

早在1980年11月，长实与港灯合组国际有限公司上市，共同开发港灯位于港岛电厂旧址的零散地盘。李嘉诚成了港灯的董事。面对虎视眈眈的竞争者，他从来都是不急不躁，等待最佳时机才出击，这样才能以最小的成本获得最大的收益。

他打算向这家历史悠久的供电公司进军，使自己的业务扩展至香港能源业，并且夺取这家发电厂的旧址地皮。然而，就在他准备动手时，他的老对手——在海外投资效果不甚理想的置地公司放弃了一些海外投资项目，杀了个回马枪，在港岛大肆扩张，陆续购入电话公司、港灯公司的公众股份，并以47.5亿港元投得中环地王，用以开发"交易广场"的浩大工程，这一价码打破了香港开埠以来的最高地价，可谓来势汹汹。

以退为进，避免正面交锋，是李嘉诚惯用的扩张战术。他决定按兵不动，静观形势。

1982年4月，置地打算公开收购港灯。这一消息马上在市场上流传开来，市场人士估计长实肯定会与置地一决高低。于是，长实、置地、港灯的股票都被热烈追捧。最终，置地以高出市场价31%的条件，顺利收购了港灯。

李嘉诚冷静地分析了双方的条件，悄悄退出了收购之战。他认为，如果正面交锋，双方力量相差悬殊，长实未必能取胜。如果花重金较量，则会伤到长实的元气。

古人云："谋深，虑远，成之因也。"李嘉诚深知"谋"与"虑"对成功的重要作用，谋得深，虑得远，才能最终获得成功。

2. 欲擒故纵收购港灯

尽管暂时退出了收购港灯之争，但李嘉诚并没有彻底放弃收购，他在等待一个合适的机会。

几年间，置地在香港的急速扩张，不仅耗尽了现金资源，还向银行大笔贷款，负债额高达160亿港元。

置地近乎疯狂的负债收购行为，引起了舆论界的关注。一篇《港灯易手时移势转》的文章指出:"本来大举负债不是问题,只要地产市道尚佳,经济前景'争气',资本雄厚,坐拥中区地王的怡置系不愁没钱赚,可惜撒切尔夫人在北京摔一摔,摔掉了港人的信心。"

文中的"摔一摔"是指中英就香港回归问题的谈判。由于港人对这一局势的错误估计,加上部分英资公司的带动,香港出现了移民潮,移民连资金一道带走,汇率大跌,港人纷纷抛港币套取外币。

同时,欧美及日本经济日益衰退,香港工商界一片凄云惨雾,房地产业一片萧条,兴建中的楼宇无人问津,地产大鳄置地如被罩入铁网之中,楼宇从奇货可居变成有价无市,欠银行的贷款不仅无法偿还,光利息一年就等于赔掉一座楼宇。大环境使置地雪上加霜,陷入了空前危机。置地1983财政年度出现13亿港元的亏损。更严重的是,置地还把母公司怡和拖下泥淖,怡和在同期财政年度盈利额暴跌80%。

怡和大股东凯瑟克家族向纽璧坚"兴师问罪",在怡和置地大班宝座上稳坐了8年之久的纽璧坚不得不黯然下台,于1983年9月29日宣布辞去两家公司主席职务。"我只是一名打工者。"曾为香港最显赫、最具权势的洋行大班的纽璧坚无可奈何地说。

纽璧坚对在香港的英国路透社记者说:"整个形势都变了,华商从20世纪70年代起就越来越强大。这就像当年美国扶植日本,突然有一天发现,原来抱在怀里的婴儿是一只老虎。人们总是揪住九龙仓不放,而不睁眼看看对手是婴儿还是老虎。如果一个人的胳膊被老虎咬住,不管这只手是在颤抖,还是在挣扎,都会被咬断或咬伤。聪明的人是不再计较已经失掉的手,而是考虑如何保全另一只手。"

传媒和业界对纽璧坚的话进行揣测,认为他对凯瑟克家族心怀不满。九龙仓和置地被称为怡和的双翼,在纽璧坚主政时已失去一翼。现在另一翼要长久保住,恐怕也只是一厢情愿。怡和集团在港实力锐减。

置地陷入困境之时,西门·凯瑟克接下怡和置地的管理大权,又接下前任留下的累累债务。这意味着西门将成为李嘉诚掌控港灯的对手。

西门出生于1942年,与曾任怡和大班的叔父约翰一样,少年时进入英国著名的伊顿公学念书，毕业后进入世界名校剑桥大学三一学院。但西门不愿念书，只读了一年就举行了一场别开生面的"葬礼"：他躺在棺材中，由同学抬出校门——从此永别全球学子都向往的剑桥大学。西门的玩世不恭，惹得他的父亲暴跳如雷，认为他"孺子不可教也"。

西门的哥哥亨利·林德利在 20 世纪 70 年代初曾任 3 年怡和大班。西门于 1962 年加入怡和公司，在海外的分公司任职。1982 年年初，西门调回香港，同年出任常务董事。他说服其他董事，频频向纽璧坚发难，最终如愿以偿，成为凯瑟克家族出任怡和大班的第五人。

但已过不惑之年的西门，不再是年轻时的纨绔子弟了。许多人认为，"他虽是贵族出身，却不是外行商家，有能力发展怡和公司的多元化业务"。

1984 年，西门出台"自救及偿还贷款"一揽子计划，即出售海外部分资产以及在港的非核心业务，以套现还债。

统揽怡和地产业务的置地自然是核心业务，置地的旗舰地位无论如何要保住，而置地又是怡和全系的欠债大户。由于汇丰银行逼债很紧，西门不得不断其一指——出售港灯减债。

西门的首选买家是李嘉诚，因为李嘉诚之前找过纽璧坚洽谈收购港灯一事，但遭到纽璧坚的拒绝。此后李嘉诚一直密切关注西门及怡和置地集团的动向，但是面对他们的示意，他按兵不动，一年多来没有透露任何信息。刚刚走马上任的和黄总裁积极主张乘机收购港灯，并对李嘉诚说："置地目前是大难临头，此时正是收购它的绝好机会。我们不要坐失良机呀！"李嘉诚笑了笑，胸有成竹地说："怡和及置地都不想将港灯售出，但是要彻底挽救怡和与置地的命运，只有将港灯出售获得现金，这是早晚的事情，不要着急。"

李嘉诚嘴上说不急，但他内心哪能不急呢？收购港灯是他期待已久的事情，他等的就是这一天。但是他采取了欲擒故纵的策略，仍在等待最佳的机会。

西门见李嘉诚一点动静也没有，只好采取一些自救措施，继续出售一些海外资产,并在香港变卖非主营业务的经营权。

局面就这样僵持到了1984年年底,怡和置地集团的股价经过长期的低位盘整之后,突然出现了下跌。西门再也坐不住了。

1985年1月,怡和置地集团派出代表,前往李嘉诚的办公室进行谈判。李嘉诚早已心中有数。既然对方采取了主动的态度,更不能把急于收购的心态表现出来,相反,他表现出一副收不收购都无所谓的态度。双方用了近16个小时,就收购港灯的细则进行了深入细致的谈判。

怡和为了偿还巨额债务,急于脱手,同意将每股市值7.4港元的股票,以每股6.4港元的价格转让给和黄,最后,和记黄埔以29.8亿港元的价格,买入了34.6%的港灯股权。也就是说,李嘉诚的耐心等待为他节省了4.5亿港元。6个月后,港灯的市价涨到8.2港元一股,这时,李嘉诚出售港灯的一成股权套现,净赚2.8亿港元。

这次谈判的快速成功,归功于李嘉诚对港灯的内部情况和对市场的准确分析判断,以及对谈判技巧的娴熟把握。否则,这桩上亿元的生意也不会如此迅速地成交。

20世纪90年代,长实高管马世民谈起港灯的收购,仍对李嘉诚称道不已:"一共花了16个小时,其中8个小时是花在研究建议方面。……李嘉诚综合了中式和欧美经商方面的优点,一如欧美商人,他全面分析了收购目标,然后握一握手就落实了交易,这是东方式的经商方式,干脆利落。"

收购港灯后,李嘉诚名声大振,引起了世界经济界的瞩目。世界华文传媒称他为"民族英雄"。不管如何评价,李嘉诚收购港灯至少是一举三得:一是为置地清偿债务提供了资金,二是为自己的公司赢得了巨额利润与发展空间,三是为香港低迷的股市注入了一支兴奋剂。

在浩大的收购过程中,李嘉诚头脑异常冷静,从未情绪化——这就是出色商人的头脑。

控股港灯后,李嘉诚委派和黄行政总裁马世民出任港灯董事局主席。

1987年3月2日,和黄将港灯非电力业务分拆上市,即为嘉宏国际集团公司。嘉宏从和黄手中购入港灯的23.5%股权,成为港灯集团的控股母公司。

至此,重整后的长实系股权结构是:李嘉诚控有长实33.4%股权,长实控有36.55%的和黄和42.9%的青洲英泥股权,和黄控有53.8%的嘉宏国际股权,嘉宏国际控有23.5%的港灯集团股权。各集团的控股子公司、孙公司高峰期有百余家之多。

第十二章　孝子严父

金钱财富从来没有让李嘉诚迷失人生的方向，而是让他的生活更加充实。他承前启后光大家传，上孝慈母，尽心侍奉，下育双子，以身作则。他让孩子接受较好的学校教育，同时在生活上让孩子体验劳苦，从不溺爱娇纵。

1. 尽心侍奉慈母

在生意场上呼风唤雨的李嘉诚，在家中是个尽心侍奉老母的孝子，这是世人所公认的。

1943年冬天，李嘉诚的父亲李云经永远离开了这个贫困落魄的家庭，被安葬在潮州老家。他没有给李嘉诚留下任何遗产，而是把养活一家人的重担放在了李嘉诚稚嫩的肩膀上。尽管有舅舅庄静庵的接济，每天能勉强吃上三顿饱饭，但是李嘉诚还是经历了辍学、做童工等寄人篱下的日子。

在这段最艰难的日子里，他的母亲庄碧琴起早贪黑、含辛茹苦地操持家务，抚养家中幼儿。母亲在昏暗的灯光下为孩子们缝缝补补，苦口婆心教导他们的情景，李嘉诚至今仍历历在目，铭记于心。

那时他和弟弟妹妹虽然年纪尚幼，但是他们始终记得母亲劝导他们要学会做人，培养艰苦奋斗、自强不息、百折不挠的品质，即使在窘迫的困境面前也绝不低头。后来，每当遇到困难的时候，李嘉诚总是会想起贤惠慈爱的母亲是如何以积极奋进的态度面对残酷的生活。

李嘉诚早年从"打工仔"开始打拼自己的事业，不再允许母亲出去接零活补贴家庭开销，他将赚来的绝大部分钱都交给母亲，自己身边通常只留一点零钱，而且多半都用来买书。

李嘉诚创业伊始，有一次因经验不足，急于扩张而大受损失，塑胶厂濒临倒闭。心灰意冷的他回到家里，强作欢颜，不想让母亲为自己的事情担忧。庄碧琴从他憔悴的脸色知道长江塑胶厂遇到了麻烦。她不懂经营，却懂得为人处世的道理，于是用佛家的故事来教育李嘉诚。

当李嘉诚终于事业有成，可以让母亲和弟弟妹妹过上舒适的生活时，他给家人挑选了当时最好的房子。随着年岁的增长，加上多年的操劳，庄碧琴的身体状况一直较为虚弱。李嘉诚为此到处寻医问药，给母亲调养身体，并且想尽一切办法让母亲心情舒畅。他总是在繁忙的工作间隙挤出时间去探望母亲，陪母亲喝茶谈天，讲些佛门盛事及活动给母亲听，有时还带母亲出去走走，到香港的寺庙烧香拜佛。

庄碧琴经历了人生的许多苦难，仍然谆谆教诲自己的孩子要循礼守德，要讲"忠恕"之道，要"慈悲为怀"，诚恳待人。李嘉诚曾经表示："我旅港数十年，每碌碌于商务，然无日不怀恋桑梓，缅怀家园，图报母恩。"

李嘉诚知道母亲喜欢清幽安静的地方，为了让母亲晚年生活愉快，他到处寻觅合适的住所，终于在香港渣甸山找到一座别墅楼房，周边山清水秀，正适合母亲居住，调养身体。李嘉诚立即找到了别墅的主人意欲购买。这栋别墅按市价估算，应该在 600 万港元左右，但房主并不想卖。李嘉诚干脆加价至 1000 万港元，房主终于动心了，马上同意出售。

买到称心的别墅后，李嘉诚又做了精心布置，让它更符合母亲的喜好与生活习惯，当然，他没有忘记给母亲专门设置一个清幽宁静的佛堂。从那以后，庄碧琴就移居到渣甸山花园别墅。虽然距离比原来远了许多，但李嘉诚还是坚持每天都去看望母亲。

他对母亲无微不至的关怀令人感动。庄碧琴爱吃鱼，李嘉诚就专门派人每天去鱼市买最新鲜的鱼，让人按照母亲喜欢的口味精心烹制。凡有亲朋馈赠食品，只要是母亲喜欢的家乡土特产或中意的美食，他必亲奉母亲先尝。每年李嘉诚都不会忘记母亲的生日，总是提前准备好精美的礼物和蛋糕，然后带着妻儿与母亲欢聚一堂，为她庆祝生日。

潮州有一座开元镇国寺，始建于唐代，是庄碧琴以前常去烧香的地方。李嘉诚听说开元古寺要修缮的消息后，本着"体念亲心""略尽人子养志之责"的想法，以母亲庄碧琴"善女"的名义，捐资210万港元用于修缮开元古寺，还几次捐款用于修复开元寺的附属建筑。庄碧琴听说后，虽然不能回去亲眼看到熟悉的寺院、佛像，但她在自家的佛堂里默念经文，心中也感到无比宁静安详。

庄碧琴病重入院治疗时，李嘉诚小心翼翼地把她抱上救护车，又抱下救护车，生怕有所闪失而增加母亲的痛苦。母亲住院治疗期间，他极尽人子之孝，日夜守候，勤加护理。他听从母训，尽心尽力帮助弟弟、妹妹成家立业。

然而，无论李嘉诚如何尽心尽力，庄碧琴的身体还是一天天衰弱下去。治疗期间，李嘉诚高薪聘请了5位专业医生、8位资深护士日夜护理。当时他的事业已经越做越大，许多重大决策和项目都需要他亲自拍板定夺，但无论事务多么繁忙，他每天都会在固定的时间赶到母亲身边，和她细语几句道个晚安，看着母亲神色安详地入睡，他才轻手轻脚地退出房间，天天如此。

正所谓"福寿由天不由人"，庄碧琴于1986年5月1日去世。李嘉诚满含悲痛，为母亲举行了隆重的丧礼，并按照佛教礼仪为母亲超度亡灵。仪毕，其灵柩葬于柴湾佛教墓地。安葬之日，香港总督卫奕信及港府的达官贵人、香港社会的显要贤达、李嘉诚的亲朋好友、新华社香港分社主要负责人、潮州商会、潮州公会、香港汕头商会、香港潮安同乡会，以及企业界的同仁等共3000多人参加追悼会。汕头市市长陈燕发、汕头大学第一副校长林川，率汕头市吊唁慰问团参加追悼大会。追悼会及举殡仪式倍极哀荣，也显现人子之至诚、至敬、至哀、至孝。李嘉诚还跪地亲奉送给佛寺主持的礼赠，以表诵经超度之佛德，丝毫没有巨富的架子。

在老一辈人眼中，李嘉诚已经光大门楣了，但是他的雄心壮志远远超过了"光大门楣"这一层次。他早已把小家和国家联系在一起，为祖国这个大家尽着赤子的孝道。

2. 既做慈父，也做严师

李嘉诚对自己的两个儿子李泽钜、李泽楷从小就寄予很大的希望。他给儿子起名就饱含寓意，他解释说："'泽'这个字是我们家族的辈序，我替他们取名时，希望他们能做到钜大，足作楷模。"

长子李泽钜出生于1964年8月，次子李泽楷出生于1966年11月。自从第二个儿子降生后，庄月明逐渐由原来前台辅佐李嘉诚的事业转到幕后，专心相夫教子。即便如此，李嘉诚一点也没有放松做父亲的教子之责。

在两个儿子读书时，李嘉诚经常带他们到公司参加会议，让他们安坐一旁倾听。"我的目的不是教他们做生意，而是要让他们知道，做生意并非那么简单；要花多少心血、开多少会议、靠多少人的帮助，才能完成一件事。富家子弟等于温室里长大的植物，无论是大树还是什么植物，根部一定要壮。若再放纵他一点，将来他一生辛苦。遇到什么打击、面对逆境，他便无法应付。我虽然不是很有本事，但可以说，我这棵小树是在风雨中，从沙石缝中长大的。你可以到山上试一试，要拔起从沙石缝中长出来的小植物是相当费劲的。"

每逢星期天，李泽钜、李泽楷兄弟俩便会跟父亲出海畅游。李嘉诚说："他们一定要听我讲话，我带着书本，是文言文的那种，解释给他们听，问他们问题。我想，到今天虽然他们未必看得懂文言文，但那些是中国人最宝贵的经验和做人宗旨。"

长实于1972年上市后，李家兄弟就失去了嬉戏玩耍的乐趣，经常在严肃的会议室内，在严父、严师跟前正襟危坐，开始学习经商。

有一次，李嘉诚主持董事会讨论公司应拿多少股份的问题，他说："我们公司拿10%的股份是公正的，拿11%也可以，但是我主张只拿9%的股份。"

董事们有的赞成，有的反对，争论不休。这时，李泽钜站在椅子上说："爸爸，我反对您的意见，我认为应拿11%的股份，能多赚钱啊！"李泽楷也急忙说："对！只有傻瓜才拿9%的股份呢！"

大家听了都忍俊不禁。李嘉诚说："孩子，经商之道学问深着呢，不是1+1那么简单，你想拿11%发大财反而发不了，你只拿9%，财源才能滚滚而来。"

实践证明，李嘉诚的决策是英明的，公司虽然只拿了9%的股份，但生意日益兴隆，财源广进。

谈起父亲的教育，李泽钜感慨万分地说："爸爸很懂得用钱，懂得用钱是指他知道生命中哪些事情对他比较重要。他觉得如果能在一生中帮助那些较不幸的人，不论是在医疗或教育方面，他觉得这样做可以使他感觉更富有……我觉得自己很幸运，别人估计不到我们的生活这么简单，但简单不是苦，简单是幸福。"

有一天，李嘉诚住处有一棵大树被台风吹倒，横在门口，两个菲律宾工人冒着风雨锯树，全身都湿透了。李嘉诚立即叫两个儿子赶快起床，换上游泳裤，负责把工人锯开的树拖开。

李嘉诚带两个儿子外出，总是教他们注意观察别人的孩子是怎样生活的，让他们看路边一边卖报一边温习功课的小女孩，还有帮助家人沿街叫卖食品、与他们年龄相仿的小男孩。在他的言传身教下，两个儿子都很懂事。李嘉诚的朋友送给兄弟俩每人一个坦克玩具，他们却用报纸包好，一个送给家中的帮工，因为他的孩子要过生日了；一个送给路边卖报摊上的老奶奶。

儿子们长大后，李嘉诚把他们送到香港名校圣保罗学校读书。兄弟俩同时上学，但是很少在一起玩耍。哥哥文静内向，弟弟个性豪放，颇具个性与天赋。从小，李泽楷敢想敢干的精神颇得李嘉诚的欣赏，他在家中也最受宠。

李嘉诚信奉儒家"穷则独善其身，达则兼济天下"的处世哲学，一贯勤俭诚信。在生活上，他要求儿子克勤克俭，不求奢华；事业上注重名誉，信守诺言。他特别教导儿子要考虑对方的利益，不要占任何人的便宜，要努力工作。

兄弟俩从香港中学毕业后，李嘉诚又送他们去美国读书，一是要培养他们的独立生活能力，二是让他们学习国外先进的科学文化知识。兄弟俩刚到美国时，人生地不熟，不太适应美国的学习生活，每天晚上给母亲庄月明打电话，汇报学校的情况，诉说自己的一些烦恼。为了让孩子们在英文学校不忘学好中文，庄月明让他们用中文写信寄回家，然后对他们的信进行批改，批改后又寄回给他们。时间一长，他们逐渐适应了美国的学习生活。

尽管家庭十分富有，但李嘉诚还是主张让两个孩子假期去打工，体验生活，靠自己的劳动挣钱。李泽钜去麦当劳打工。麦当劳餐厅对员工的要求很高，要求细致、忠诚、主动。这些对李泽钜影响很大。他想起父亲讲过在茶楼里做跑堂的往事，工作很艰苦，但是收获很大。他每天在麦当劳工作到很晚，当他骑着自行车回到宿舍时，已经是深夜了。麦当劳的打工生活，让他理解了父亲当年的经历，也体验到了工作的艰辛，学到了书本上没有告诉他的许多知识。

李泽楷则到一家高尔夫球俱乐部去做球童。球场内客人少，球童多，竞争很激烈。李泽楷工作很主动，有一次，他背着沉重的球袋满场跑动，不小心摔了一跤，摔伤了右边肩膀的筋骨。这段经历让他明白了做什么工作都不容易，除了要具备专业知识，还需要机智、灵活才能胜任。

后来，兄弟俩先后考入了美国的斯坦福大学。斯坦福大学位于美国加利福尼亚州斯坦福市，邻近旧金山。这里是美国现代高科技的发祥地，孕育出了美国著名的高科技之地——硅谷。

李泽钜读土木工程系，李泽楷读计算机工程专业。除了开放、自由的学术研究和教学环境外，斯坦福大学最具特色的是弥漫整个校园的创业精神——美国之梦的典型象征。校园里到处贴着教人创业的大字报，而大学生们的话题也离不开创业、赚钱。

斯坦福大学自由与创新的精神令李氏兄弟十分兴奋。他们懂得了不仅盖一座大厦能赚钱，一块电脑芯片或软件、一个小小的发明加上一个创意的包装，也能够赚到很多钱，甚至成本更低、投入更少、赚钱速度更快。

李泽钜根据父亲的意思，继续读土木工程系。他没有像弟弟那样到处兼职，而是专门做学问。而李泽楷则四处交际，在这里结识了日后的好友——后来创办雅虎网站的杨致远。

当时，杨致远骑着一辆破自行车赶回宿舍，突然有个人慌慌张张地跑过来，原来校园太大，他找不到宿舍了，这个人便是李泽楷。于是，杨致远充当向导把李泽楷带回宿舍。开学以后，李泽楷一直想找到这位热心的同学。终于有一天，他见到了这位同门师兄弟，两人也由此成了好朋友。

在斯坦福大学，没有人知道李氏兄弟是富豪之子。他们穿普通的衣服、吃简单的饭菜，甚至连汽车也没有。后来有人听说他们是富豪李嘉诚的儿子，一点也不相信。

对于儿子，李嘉诚是慈爱的，他的慈爱基于一个父亲的本性；而对于儿子的成长与培养，他又是清醒且严格的，这种清醒与严格是掩藏于大爱之下的教育思想的深度与深刻，令人敬佩。

事实证明，李嘉诚的严格是正确的。后来，李泽钜和李泽楷都以优异的成绩从斯坦福大学毕业。

第十三章　有备而战

李嘉诚的公司在香港日益强大，但与英资置地公司相比，仍然如同驱逐舰面对航空母舰。为此，他明确树立了超越强者的战略目标，并以龟兔赛跑的精神步步前进。在华商联合作战仍难以一举攻克的情况下，他保持信誉暂停进攻。

1. 屋村计划：居者有其屋

早在1969年的一次公司高层会议上，李嘉诚就踌躇满志地提出要以超越英资老牌地王置地公司为奋斗目标，不仅要学习置地的成功经验，还要超过置地的规模。这是李嘉诚的一个美好梦想。

但股东们对此提议却一片嘘声，李嘉诚手下的部门领导也满心疑虑，其中一位站起来质疑道："与置地等地产公司比，长江实业还只能算小型公司，如何竞争得过地产巨无霸（置地）？"这如同用一艘小小的驱逐舰去抗击重量级航母。

"当然能！"李嘉诚充满自信、慷慨激昂地说，"世界上任何一家大型公司，都是由小到大、从弱到强的。赫赫有名的遮打爵士由英国初来香港，只是个默默无闻的贫寒之士，他靠勤勉、精明和机遇，发达成巨富，创九仓（九龙仓）、建置地、办港灯。我们做任何事都应有一番雄心大志，立下远大目标，才有压力和动力。

"当然，目前长江的实力远不可与置地同日而语，但我们可以先学习置地的经营经验。置地能屹立半个多世纪不倒，得益于它以收租物业（租赁）为主、发展物业（出售）为次的方针。置地不求近利，注重长期投资。今后长江也将以收租物业为主。

"置地的基地在中区，中区的物业已发展到了极限，寸金难得寸土，而是寸土尺金。以长江目前的资金储备，自然还不敢到中区去拓展，但我们可以去发展前景大、地价处于较低水平的市区边缘和新兴市镇去拓展。待资金雄厚了，再与置地正面交锋。

"记得先父生前曾与我谈久盛必衰的道理，我常常以此去验证世间发生的事，多有验证。久居香港地产巨无霸的置地，近10年来发展业绩并不尽如人意，势头远不及地产后起之秀太古洋行。我们长江，草创时寄人篱下，连借来的资金合计才5万港元。物业从无到有，达35万平方（英）尺。现在我们集中发展房地产，增长速度将会更快。因此，超越置地是完全有可能的。"

李嘉诚并非夜郎自大，说这番大话空话。但他这些有理有据的话，并未使众人全然信服。因为长实和置地差距很大，李嘉诚要实现这个目标，除非真有"超人"的本领。千里之行，始于足下。李嘉诚看准蓬勃发展的地产高潮，在现有的地盘上大兴土木，获得租金后又继续投入到兴建楼宇上。

尽管如此，李嘉诚仍觉得发展太慢，深感资金不足。一个快捷而有效的途径，是将公司上市，使之成为公众持股的有限公司，利用股市筹集社会游散资金。李嘉诚这一构想，既是公司自身发展形势所迫，也是香港股市发生的巨大变化所诱。

通过股票上市和一系列的收购兼并战役，长实获得了源源不断的土地资源。到1979年，李嘉诚梦想的第一步实现了，长实拥有的地盘物业急速增加到1450万平方英尺。而同期香港第一大地主置地，拥有的地盘物业面积才1300万平方英尺。不到10年时间，长江就在物业规模上实现了赶超置地的目标！

李嘉诚由衷地感到欣慰，但他并没有就此满足，他清楚地意识到与长实置地仍然存在较大差距。置地是中区地产大王，地盘物业皆在寸土尺金的黄金地段，而长实在黄金地段的物业寥寥无几，大部分在寸土寸金或尺土寸金的地段。两者的物业价值相去甚远。

不过，李嘉诚并不急于在中区发展，他更看好中区和九龙尖沙咀以外区域的发展前景。20世纪80年代，他先后推出了"四大屋村"计划，其规模之大、盈利之丰，令人叹为观止。

1978年，港府开始推行"居者有其屋"计划，采取半官方的房委会与私营房地产商建房两条腿走路的方针。建成的楼房分公共住宅楼宇与商业住宅楼宇两种，前者为公建，后者为私建；公房廉价出租或售给低收入者，私房的对象以中高消费家庭为主。李嘉诚的"大型屋村"计划，就是为这类大众消费家庭推出的。

当时在港岛北岸的中区、东区、西区，每年都有高层住宅楼宇拔地而起，那是祖传地盘物业的业主和地产商收购旧楼拆迁重建的，地盘七零八落，很难形成屋村的规模。屋村只有到港岛南岸、东西两角、九龙新界去发展，形成10多个卫星市镇。

兴建大型屋村不难，难就难在获得整幅的大面积地皮。李嘉诚有足够的耐心，但他不会坐等机会，他在筹划未来的兴业大计之时，仍保持长实的良好发展势头，为保证"大型屋村"计划的顺利实施储备力量。

李嘉诚的四大屋村计划如下：

第一个"大型屋村"计划：黄埔花园。1981年元月，李嘉诚正式入主和记黄埔，担任董事局主席。他收购和黄的动机之一，便是它的土地资源。

此前和黄洋行大班祈德尊已开始在腾出的黄埔船坞旧址的地皮上发展地产，兴建黄埔新村。按照港府有关建筑和地产方面的条例，要将工业用地改为住宅和商业性质的办公楼用地，必须补足差价。祈德尊不谙地产之道，未能在这块风水宝地栽活摇钱树。祈德尊下台后由韦理主政，仍未能把财政黑洞填满，售房不拣时机，便宜了炒家，坑苦了股东。

当时地产业正处于发展高潮期，地价昂贵，如果要在此地改建屋村，得补入近30亿港元的差价，李嘉诚考虑再三，推迟了黄埔花园的建设。

他苦苦等了两年后，地产才出现了低潮期。于是，他立即与港府进行正式谈判，仅以近4亿港元就获得了黄埔船坞的住宅商业开发权。

1984年，中国政府与英国首相撒切尔夫人在北京签订了《中英联合声明》，香港前景骤然明朗，恒生指数回升，地产开始转旺。同年年底，李嘉诚宣布投资40亿港元，在黄埔船坞旧址的地盘上兴建包括商业中心的大型住宅区——黄埔花园屋村。

整个黄埔花园占地19公顷，拟建94幢住宅楼宇，面积约760万平方英尺，共11 234个住宅单位，附有2900个停车位及170万平方英尺商业大厦。整个计划分12期，首期于1985年推出，1990年全部完成，被称为香港有史以来最宏伟的屋村工程。超过政府建设的大型屋村，在世界上亦属罕见。据估计，整个项目可获利60亿港元。

第二、第三个"大型屋村"计划：丽港城和海怡半岛。兴建丽港城、海怡半岛两大屋村的意愿，萌芽于1978年李嘉诚着手收购和黄之时。之后，经历了长达10年的耐心等待，精心筹划，方于1988年推出计划。

1985年，李嘉诚通过和黄收购置地所控股的港灯，计划利用港灯位于港岛南岸的鸭脷洲发电厂现址发展地产，与电厂相连的是贝壳石油公司油库，另有一座油库在新界观塘茶果岭。经过复杂的迁址换地计划，茶果岭、鸭脷洲两座大型屋村地皮终于由长实系全资拥有。

两大屋村预计耗资110亿港元，又一次轰动港九。香港《信报》杂志称："唯超人才有如此大手笔。"

茶果岭屋村定名为丽港城，占地8.7公顷，为高级住宅区，有专为住户设立的私人俱乐部。屋村单位面积640～920平方英尺，共8072个单位。总楼面积达620万平方英尺，附设16.1万平方英尺商业大厦，总投资45亿港元。

鸭脷洲屋村定名为海怡半岛，占地 15 公顷，兴建 38 幢 2840 屋住宅楼宇，单位面积 1100 平方英尺，共 10 450 个单位，总楼面积达 787 万平方英尺——超过黄埔花园；附设 31.2 万平方英尺商业大厦、网球场、俱乐部、游泳池等，总投资 65 亿港元。

长实估计，以 1988 年同类楼宇的时价每平方英尺 1000 港元计，两大屋村可获纯利 50 亿港元。1990 年 5 月，丽港城首期发售，每平方英尺售价 1740 港元，用户和炒家争相抢购，异常激烈。到 1993 年，每平方英尺售价，丽港城已达 4300 港元，海怡半岛为 3300～3500 港元，均大大超出预计售价。若加上建筑成本及售房成本上涨等因素，两大屋村全部竣工盈利，远远突破百亿港元。

第四个"大型屋村"计划：嘉湖山庄。新界元朗以北有一个天水围村，与深圳西区仅隔一条狭长的海湾，这就是后来的嘉湖山庄。

这个屋村计划从推出到实施，同样经历了长达 10 年的漫长时期，这也许就是所谓的"好事多磨"吧。嘉湖山庄计划到 20 世纪 90 年代中期才全部竣工。

1986 年 1 月，长实市值 77.69 亿港元，远远低于置地的 147.27 亿港元。到 1990 年 6 月底，长实市值升到 281.28 亿港元，居香港上市地产公司榜首；第二位是郭得胜家族的新鸿基地产，市值为 242.07 亿港元；而一直在本港地产业坐大的置地以 216.31 亿港元，屈居第三位。另外，长实全系早在 1986 年便已超过怡和全系的市值。

置地的优势，是每单位面积的地皮楼宇价值昂贵。李嘉诚扬长避短，把发展重心放在土地资源较丰富、地价较低廉的地区，兴建大型屋村，以量取胜。他超越置地的梦想终于得以实现。

到 20 世纪 90 年代初，长实系各公司拥有已完成物业面积 1655 万平方英尺，建设中的地盘物业达 3733 万平方英尺，可供未来发展的土地储备 2200 万平方英尺。

2. 见好就收的置地收购战

香港商界素有"撼山易，撼置地难"一说。1987年，在股市险胜后，李超人联合香港富豪李兆基、郑裕彤等人组成华资新财团，合力摇撼怡和洋行旗下的置地公司，此役被人喻为"火烧赤壁"。

怡和洋行于1832年在广州成立，创始人是大鸦片商渣甸（又译查顿）与马地臣。香港开埠后的1841年，怡和将总部迁往香港，是19世纪香港四大洋行之一。1855年，渣甸的侄女婿威廉·凯瑟克来华到怡和工作，渐渐爬上怡和大班之位。百余年来，凯瑟克家族共有5人任怡和大班，该家族控有怡和10%～15%股权，为第一大股东，怡和也由此被认为是凯瑟克家族的基业。

新中国成立后，怡和系高层一直对中国政府持有戒心，奉行"获利在香港，发展在海外"的方针，海外分据点达20多个国家和地区。尤其是20世纪70年代，怡和对香港信心不足，大力拓展海外业务，收购英国怡仁置业、夏威夷及菲律宾糖厂、中东TTI石油和南非雷民斯公司。之后因战线太长，短期回报率低，资金枯竭，又不得不将部分企业出售。而华资财团趁势急剧扩张，怡和这只老狮子愈显暮气沉沉，渐渐不敌这批虎气生生的"华南虎"。

怡和系包括怡和、置地、牛奶国际、文华东方等一批大型公司，拥有香港中区黄金地段大厦物业、国际一流酒店、百余家超级市场及精品零售连锁店等。全系论控股地位，怡和最显；若论资产，置地最大，故怡和系又称怡置系。

20世纪80年代初，置地将跨出海外的一只脚由海外缩回香港，参与白笔山豪华住宅区建设、美丽华酒店旧翼重建，收购香港电话及港灯集团近3成半股权。更令人瞩目的是，1982年，置地破纪录以47亿多港元巨资投得中区地王，兴建交易广场。但最终结果是置地债台高筑，负债达100亿港元。

1983年，纽璧坚颓然下台，西门·凯瑟克走马上任。此时，九龙仓、和记黄埔、会德丰、港灯集团等大型英资企业，先后落入华人财团之手。两年前市场便盛传华人财团的下一个目标是置地。因为华人财团几乎是清一色的地产建筑商，谁不垂涎置地在中区的豪楼名厦？

1984年间，怡和、置地双双陷入维谷，累累债务使投资者信心大降，股价滑落。其中怡和最惨，市值才30亿港元左右；置地情况稍好，仍有100亿港元。

西门·凯瑟克上台不久，请来英国以拯救破产公司而闻名的戴伟思负责置地的业务。1986年，他又从美国请来投资银行家包伟士，重组怡置系结构。1986年10月，重组计划出台，置地宣布将全资附属公司牛奶国际分拆上市，之后又宣布将另一家全资附属公司文华东方分拆上市。1987年2月，怡和控股宣布成立怡和策略（怡策）。

凯瑟克家族拥有怡和控股的股权在10%～15%。这样一来，凯瑟克家族的大本营怡和如铜墙铁壁，同时又击碎了觊觎者欲借收购怡和而达到控制置地的企图。凯瑟克家族的主要利益在怡和，故而包伟士的杰作表现出该家族的私念。

但有评论说"包氏结构"顾此失彼，也有人说是凯瑟克家族"保帅舍车"。凯瑟克家族削弱了对置地的控制，外敌入侵置地的可能性也就相应增大。因此，业界和证券界分析认为已将怡和迁册海外，并准备大举走资的凯瑟克家族，是故意将置地这块大肥肉悬在"垂涎欲滴"的华南虎面前，待价而沽，好卷资远走高飞。

李嘉诚十几年来始终怀有这样一个愿望：挑战老牌英资怡和洋行，收购它旗下的置地公司，为华人争光。尤其是在实现超越置地的梦想之后，他的这一愿望更为强烈。为此，他联合众多想要收购怡和的华资公司，向怡和表示愿意以17港元一股购买置地的两成半股权。这一价格高出市价6港元，但是西门·凯瑟克不为所动。他回答说："谈判的大门永远向有诚意的买家打开，关键只在于一个双方认同的价格。"

尽管非常想收购置地，但是李嘉诚表现得非常冷静。在华资收购团与怡和集团讨价还价的过程中,他突然宣布暂时退出。很显然,他这是在跟怡和集团打心理战,目的是用耐心与冷静去打败对手。因此,他对收购表现得有些漫不经心,态度也不太积极。

当时也恰逢1987年的全球性股灾来临,李嘉诚与怡和掌门人都各自忙于打理自己的事务,收购一事暂时停止。

股灾过后,1988年2月,李嘉诚又与新世界集团、恒基集团、中信泰富集团几家华商巨头齐聚一堂,约见西门·凯瑟克和包伟士,准备新一轮的谈判。

在此之前,李嘉诚有意对媒体放出风声:"此次长江实业持有一定数量的置地股票,只是作为长期投资,本人无意进入置地的董事局。"此地无银三百两,这一声明无疑是一种暗示,引起了置地的恐慌。

2月底,置地集团收到了李嘉诚的公开致函,要求在6月6日的股东大会上,增加一项委任新世界集团主席郑裕彤及恒基集团主席李兆基的议案,供股东们表决。

这时,华资集团拥有的置地的股票数量已经与怡和旗鼓相当,受此刺激,置地的股价一周内由6.8港元上涨到8.9港元。这是大股灾后升幅最大的一次。

对手既然已经出招,怡和马上进行反击。西门·凯瑟克和包伟士商定组织反收购行动。他们首先宣布文华东方公司以每股4.15港元的价格发行新股给怡和公司,使怡和公司掌握了文华公司41%的股权。

华资集团大感不妙,连忙召开紧急会议商讨对策。为了防止怡和像控制文华东方一样控制置地,他们决定尽早向怡和摊牌。

1988年5月4日,双方正式进行了又一轮的商谈。四家华资集团开门见山,决定以每股12港元的价格,收购怡和持有的25.3%置地股权。西门·凯瑟克和包伟士都断然否决,他们要以17港元的价格才肯出售置地的股份,没有丝毫退让之意。

李嘉诚真诚地说:"我们是诚心诚意地要收购置地。目前置地的股价只有8港元多,而我们四大财团的出价高过股价四成,绝对没有落井下石的意思。"

"不，低于 17 港元我们是不会放手的。"看样子，17 港元是怡和的价格底线。

谈判进入了僵局。李嘉诚说："如果谈判不成功的话，那我们就要在商场上见了，我们四大财团会公开宣布以 12 港元的价格收购置地的消息。"

事情将要公开化了，西门·凯瑟克和包伟士趁着谈判间歇时间，召开紧急会议商议对策，最后决定向四大财团以议价的方式收回置地的股份。

这一招让李嘉诚颇感意外。但是，这对华资集团却是一个有利的建议，因为他们手中的股价远低于这个议价，而怡和此举旨在反向高价购回他们的股份。怡和此次动用资金 18.34 亿港元，以 8.9 港元的议价，收回了四大财团手中占 8.2% 的股份。为免除后顾之忧，他们在协议中提出了一个附带条件，要求四大财团在 7 年之内不得追击怡和任何一家上市公司的股票，目的是使置地公司在这段时间内休养生息，恢复元气。

李嘉诚经过慎重考虑，同意了怡和的要求。他分析道："首先，置地只要发行新股，由怡和购入，置地的大权仍将保持在怡和之手。第二，怡和购回了置地的股份，置地的市值已经达到 200 亿港元，四大财团控股必须筹到 100 亿港元资金，这在短期内很难办到。"

不打无把握之仗，李嘉诚经商的一个妙诀就是有备而战，见好就收。况且，四大财团在怡和的高价回购中已得到了一定的实惠。

争夺数年之久的置地收购战，以这种结果降下大幕，使得看好这场收购的证券界、舆论界均大失所望。一些华文报刊在报道结局时称，这是"一场不成功的收购"。有些英文报刊则称这次战役是"华商的滑铁卢"。

其实，这只是一个表面现象，李嘉诚是个商战高手，而非民族斗士，他必须权衡商业利益，而不会将利益撇在一边决一死战，以痛打落水狗的精神穷追不舍。况且，对方仍是一头老狮子，虽已垂暮，余威尚在。

怡和售出港灯和香港电话的股权后，已从最困难的谷底走出，业务渐入顺境。尽管怡和系大量出售香港和海外企业，但仍是香港最大的综合性集团，除银行外，市值仅次于长实系。凯瑟克家族在海外还拥有不少非怡和系资产，有人估计，其控有资产仍在李嘉诚之上。即使血战后能控得置地，但必须付出昂贵的代价——这不是李嘉诚所希望的。

而且，中国政府有关官员多次强调：未来的特区政府将对各种资本（自然包括英资、中资）一视同仁，在港中资必须按香港的游戏法则参与公平竞争，而不是去抢香港人的饭碗（包括不同国籍的香港居民）；中国政府希望英资集团继续留在香港，为香港的繁荣稳定发挥作用……

香港的经济发展和腾飞，是华资、英资以及所有国籍的香港居民共同创造的。因此，没有必要将置地公司置之死地而后快。

但是，新财团既已退出收购，为什么还要签订带有妥协性的7年不得染指怡和系股权的协议呢？怡和赎回8.2%股权的价码并不高，不足以成为交换"怡和7年太平"的条件。这成了外界琢磨不透的一个谜。

10年之间，李嘉诚主持和参与（九龙仓）四次大规模收购，得失参半。

若把李嘉诚与另外两个强腕人物——包玉刚、刘銮雄比较，可以看出他们与李嘉诚的收购方式各有千秋，各有所长，可代表香港股市典型的收购战术。

包氏的收购是典型的海派作风，一掷亿金，以最强大的火力速战速决，靠实力与对手争夺，更以绝对优势压倒对方。有人说包氏"勇气过人，韬略不足"，其实这并不是包氏不善用计，而是他的性格和时势使然，没有充裕的时间和精力与对手周旋。包氏的收购代价极高，是"惨胜"。

刘銮雄曾留学海外，最早向香港引进华尔街商法，是一种"海盗式"的商法。他瞄准或控股不牢，或经营不善，或内部不和的公司，先暗吸其股份，到一定数量后再突发袭击。若成功则控股入局；若不成则逼对方以高价赎回他控有的股票。刘氏即使收购不成功，也获利甚丰，是股市人人畏惧的狙击手。公司如控在其手，他必进行令人眼花缭乱的集资、分拆、股权重整活动，以致小股东怨声载道，不知所措。刘氏靠一家小小的电扇厂起家，几年内把全系资产扩张到100多亿，跻身富豪之列。他在股市的形象颇糟，是一种"恶意"收购，其战术以乘虚而入、突然袭击见长。

李嘉诚的收购则是一种善意收购，总离不开儒商之气。他收购对方的企业，必与对方进行协商，尽可能通过心平气和的方式来解决。若对方坚决反对，他也不会强人所难。他富有心计，又极有耐心，擅长以柔克刚，以静制动。最典型的莫过于收购港灯，他从萌发念头到控制得手，先后历经几年，倒是西门·凯瑟克沉不住气，落入其"圈套"，以相当优惠的折让价出售港灯股权。他收购和黄，心术之精，让人叹为观止。他借汇丰银行之力，兵不血刃，战胜资产比自己大10多倍的庞然大物。

他的收购，从不情绪化，没有把被收购企业当作古董孤品非买不可的心理。若持志在必得的急功心理，往往会付出过高的代价。一旦遇到阻力，他权衡利弊后，会不带遗憾地放弃，收购九龙仓、置地，他都持这种态度。

无论收购成与不成，他往往能让对方心服口服。如成，他不会像很多新老板那样，进行一锅端式的人事改组与拆骨式的资产调整；他尽可能挽留被收购企业的高层管理人员，照顾小股东的利益；股权重组等大事，必征得股东会议通过。他收购未遂，也不会以所持股权为"要挟"，逼迫对方以高价赎购，作为退出收购的条件。

李嘉诚保住了不做狙击手的清誉。对他来说，良好的信誉，本身就是一笔宝贵的财富。

第十四章 股海弄潮

资本较为雄厚的机构或财团，就如同股市巨鲸，吞吐之间便能带动波浪，但自身也要承担巨大的风险。李嘉诚运用低进高出的战略，在关键时刻信守承诺，不惜代价托举股市，还协助内地中资公司在香港上市。

1. 把握市场脉搏

股海行船，波凶浪险，变幻莫测，多少人翻船落水，甚至折戟沉沙。在股市上一直被人们称为"幸运儿"的李嘉诚，却能一次又一次幸运地渡过股灾，除了运气之外，他取胜的秘诀是什么呢？

李嘉诚在股市的作风，一如他对待地产业务：人弃我取、低进高出。所谓人弃我取、低进高出，是一种利用时间差，以小博大的战略。战国初期的财神范蠡首创这一商则，在数千年来的商战实践中屡试不爽。

李嘉诚的资本扩张史，是一部中小地产商借助股市杠杆急剧扩张的历史。到1990年年初，他以其私有的98亿余港元资金，控制了市值900多亿港元的长实系集团。1972年长实上市时，市值才1.57亿港元，18年后市值增长近180倍。以长实全系市值计，比1972年膨胀了586倍。

李嘉诚人弃我取、低进高出之可贵正是在时机上做文章，他往往待机而动，因为早一步或迟一步都可能遭受惨重的损失。

市场的脉搏是李嘉诚非常注意把握的一个关键点。应该讲，最成功的商战都是紧跟市场而进行的一场智慧之战。下面对李嘉诚的股市运作进行一下回顾：

1972年，股市大旺，股民疯狂，成交活跃。李嘉诚借此大好时机，让长江实业骑牛上市。长实股票以每股溢价1港元公开发售，上市不到24小时，股票就升值1倍多。李嘉诚第一步迈进股市就是典型的"高出"。

1973年，大股灾突然爆发，恒生指数于1974年12月10日跌至最低点；1975年3月，股市开始缓慢回升，但深受股灾之害的投资者仍"谈股色变"，视股票为洪水猛兽。

而具备超前眼光的李嘉诚却看到了股市的升值潜力，在低迷的市价基础上，他亲自安排长实发行2000万新股，以每股3.4港元的价格售于他本人。同时，他还宣布放弃两年的股息，这既讨得了股东的欢心，又为他赢得了实利——股市渐旺，升势一直持续到1982年香港信息危机爆发前。长实股价升幅惊人，李嘉诚后来赢得的实利远远超过了当年放弃的股息，这就是"低进"。

李嘉诚在这方面的实战案例不胜枚举。1985年1月，李嘉诚收购港灯时，就是抓住置地急于脱手减债的心理，以比前一天收盘价低1港元的折让价，即每股6.4港元，收购了港灯34%的股权。仅此一项就节省了近4.5亿港元。6个月后，港灯市价涨到每股8.2港元，李嘉诚又出售港灯一成股权，净赚2.8亿港元。

天水围之役，又是一次典型的人弃我取、低进高出的战术运用实例。当时，由于港府的"惩罚性"决议，天水围开发计划濒临流产，众股东纷纷萌生退出之意。早就看好天水围发展前景的李嘉诚，从其他股东手中折价购入股权，催生了嘉湖山庄大型屋村的宏伟规划，长实由此成为两大股东中最大的赢家。

1991年9月，李嘉诚斥资近13亿港元，购入一个有华资背景的财团的19%股权。稍后，此财团收购了香港历史悠久的大商行"恒昌"。4个月后，这个财团的大股东中信泰富集团向财团的其他股东发起全面收购，李嘉诚见出价尚可，便把手中的股权售出，总价值15亿多港元，净赚2.3亿港元。

李嘉诚每一次大进大出，几乎都能准确地把握时机，预测股市未来的走势。这似乎很神奇，其实不然，股市的兴旺与衰微，大都与政治、经济大环境有直接关系，有一定的规律可循。要研究这一规律，就要时刻关注国内国际大环境的时势变化。李嘉诚股海弄潮，稳操胜券的秘诀就在于此。当然，他还有一点更令人称道，那就是在利益取舍之间表现出来的大智大慧、大勇大气。

2. 积极救市

李嘉诚说："一生之中，最重要的是守信。我现在就算再有多10倍的资金，也不足以应付那么多的生意，而且很多都是别人主动找我的。这些都是为人守信的结果。"

1987年，全球爆发了世界性大股灾。这一爆发有着出人意料的场面。2月18日，仿佛是与这一吉利的数字相呼应，香港恒生指数一举突破2800点的高位，香港股市立即狂热起来。半年之后，恒生指数又一下升至3500点，真是牛气冲天。

这时，为了筹集位于加拿大温哥华的世博会旧址竞投资金，李嘉诚向外界宣布了一个令人振奋的消息，他旗下的长实公司、和黄公司、嘉宏公司、港灯公司共同集资103亿港元。这一行动影响巨大，因为这是香港有史以来最庞大的一次集资行动，引起了全香港的轰动。

这次庞大的集资计划，由长实承担一半资金，剩余部分由包销商和股东负责。方法是按照当日市价的二成进行折让，具体分配方案是：长实以10配1，每股配价10.4港元的形式集资20.78亿港元；和黄以8配1，每股配价11.2港元的形式集资37.53亿港元；嘉宏以5配1，每股配价 4.3 港元的形式集资 20.78 亿港元；港灯以 5 配 1，每股配价 8 港元的形式集资 24.18 亿港元，四家公司共集资 103.27 亿港元。

这个配股计划的特点是采用"连锁包销"的形式进行。其余一半的新股，由万通宝通国际、获多利、新鸿基、加拿大伯东融资及百利亚洲负责包销。这些数字对于香港的 5 家包销商来说并不构成什么困难。但是，意想不到的情况出现了。

1987 年 10 月 1 日以后，香港恒生指数升至 3950 点的高位。作为股海老鲸的李嘉诚隐约感觉到股市将会物极必反，看着股指不断地狂升，他马上意识到应采取一些紧急避险的措施。

果然不出他所料，十几天以后，美国华尔街股市大跌 508 点，香港股市也狂泻 420 多点，并且所有股票都飘绿，全部缩水。这时，联交所不得不采取措施，10 月 20 日，联交所主席宣布股市停市 4 日。

这时，李嘉诚向证监会提出，打算动用 10 亿~20 亿港元，吸纳集团旗下 4 家公司的股票。他这样做显然是要挽救股市，进行托市，防止公司股价再度下跌。但是根据证监会条例，他的请求未获批准。

10 月 26 日，股市重开，大市崩溃，恒生指数继续下跌 1121 点，长实的股值大跌三成。同一天，经与证监会两次协商，证监会终于同意李嘉诚提出的"稳定股市的方案"，暂时取消有关人士购入其属下公司股份超过 35% 诱发点而必须履行全面收购条例，即规定所购入最高限额之股份，必须在一年内以配售方式出售，而且购入股份时必须每天公布详情。

这一规定同意李嘉诚在两三天内，由个人出资 10 亿港元，购买属下公司的股票。李嘉诚对放宽限制表示欢迎。这就是说，按照规定，如果一年之内股市不见好转，那么李嘉诚手中的股票出货，就会大大的亏本。但是为了兑现自己的承诺，为了挽救公司，他还是拿出 10.39 亿港元，以每股 10.4 港元的价格，包销长实共 9900 多万港元的新股。这样一来，李嘉诚持有的长实股权达到了 16.8%，由于没有收取包销佣金，他的账上损失了 3.5 亿港元。他的这一举措使得一些股市高手也看不明白了。

按以往经验，李嘉诚非蚀本不可，因为股灾过后，必定会有 2~3

年的低迷期。但是，幸运女神再一次光顾了李嘉诚。到了该年年底，股市就开始回升，各地的股市情况转好。1988年4月，香港恒生指数回到了2684点。李嘉诚在限期之内，把亏本买入的3930多万股配售出去，反倒挣了几千万港元。

这场股市风波有惊无险，依靠智慧与幸运，李嘉诚渡过了危机，也完成了百亿港元集资计划。

1987年长实除税后综合纯利为15.89亿港元，比上一年增长了23%。李嘉诚在员工聚餐会上说："过去两个月以来，香港的经济和金融市场，经历了有史以来最大的波动，但是我们公司和联营公司，整个集团都做得很好，以智慧和辛勤争取得来的成绩，比去年更为有利也更为稳定。1987年的纯利有一个良好的数字，而集团的前途也是非常美好的。"

幸运成全不了股市常胜将军，李嘉诚之所以能成为股市强人，还有赖于他的良好素质。

马世民在会见《财富》记者时说："李嘉诚是一位最纯粹的投资家，是一位买进东西最终是要把它卖出去的投资家。"马世民的话，揭示了李嘉诚在股市角色的优势——这种优势，或许很多人都明了，但由于急功近利心理的驱使，许多人不愿做这种角色，而宁可做投机家，从而在利益的取舍上表现得比较愚笨和目光短浅。

投资家看好的股票，一般会作为长线投资，既可趁高抛出，又可坐享常年红利，股息虽然不高，但持久稳定；而投机家热衷于短线投资，借暴涨暴跌之势，炒股牟取暴利，自然会有人一夜暴富，也有人一朝破产。这就是投资家与投机家的区别。

3. 协助中资上市

股市是最能体现香港资本主义游戏规则的领域。从20世纪90年代初起，香港中资掀起了上市热。中资后起之秀似乎比老牌中资更显得活跃。中资上市公司"四大天王"的前身，都是改革开放后成立的。其中，中信泰富集团、首长国际企业有限公司在"四大天王"中分别占首席与第三席。而这两家公司之所以能顺利上市并飞速发展，李嘉诚功不可没。

当时，香港的中资公司或来港资历浅，或会计制度不合上市的要求，一般很难通过正常途径上市。中资公司想要上市，只有打一些资产少或经营差的上市公司的主意——买壳。有买壳者，就有造壳者——有的集团有意分拆上市，或掏空某上市公司的"肉"，使其变成空壳，待价而沽。当然，"醉翁之意不在酒"，买家买的不是"肉"，而是"壳"，即上市资格。

在协助中资上市的过程中，李嘉诚亦看好"借壳上市"，这和香港一家中资公司——香港中信集团董事长荣智健的看法一致，可谓英雄所见略同。李嘉诚和荣智健在股市多方寻找、权衡，最后相中了泰富发展公司这个壳。

泰富发展公司的前身是香港证券"大亨"冯景僖旗下的新景丰发展，几经改组，控股权落入了毛纺巨子曹光彪手中。1988年8月，曹氏拥有泰富发展公司50.7%控制性股权。

泰富发展公司经营地产及投资，状况良好。曹光彪的大项目是港龙航空，与太古洋行的国泰航空展开激烈的空中争霸战。曹氏不敌对手，财力枯竭，焦头烂额。为了摆脱困境，曹氏不得不卖出泰富发展公司股票减仓。

李嘉诚的英籍高参杜辉廉任主席的百富勤，是中信集团的财务顾问和收购代表。1990年1月，百富勤宣布向泰富主席曹光彪以每股1.2港元的价格购入其泰富发展公司股份，并以同样的价格向小股东全面收购。

泰富发展公司市值7.25亿港元，是当时股市"蚊型股"。中信集团不是以现金收购，而是通过一系列复杂的换股及以物业作价的步骤来完成。李嘉诚和荣智健都曾是港龙的股东，与曹光彪打过交道，因此，这次收购经各方缜密协商，相互间的利益协调得非常好。

李嘉诚辅佐中信集团收购泰富发展公司后，香港中资与内地国企都想借助"超人"之力购壳上市，合组联营公司，利用双方的优势，在香港和内地同时拓展业务。

在众多企业中，李嘉诚选择了中国首钢集团（以下简称"首钢"）作为合作伙伴。首钢是中国特大型四大钢铁基地之一，职工人数达27万人。经营多元化，包括钢铁、采矿、电子、建筑、航运、金融等18个行业；在国内拥有100多家大、中型工厂和70家联营公司；在海外拥有独资、合资企业18家。

李嘉诚选择首钢，还有一个机遇因素。

香港有一家"东荣钢铁"上市公司，业务以经销钢铁为主，1990年仅钢筋一项就进口33万吨，占香港同年市场的1/3。东荣钢铁公司为李明治的联合系集团所控。李明治是香港股市的著名魔术师，不停地将全系各上市公司的股份倒来倒去，据说买家、卖家都是他一人，害得小股东叫苦连天。

因涉嫌触犯证券条例，李明治遭到证监会等机构的详细调查，如果证据成立，李明治及其联合系集团将会受到严厉处罚。在这种情况下，李明治走为上策，有意将旗下上市公司作壳出售。

东荣钢铁公司与首钢的入港发展方向相吻合，它既可在港消化首钢的钢铁，还可将部分钢铁销往海外。

1992年10月23日，首钢、长江实业、怡东财务、东荣钢铁在北京签订有关收购东荣钢铁公司的协议，收购价每股0.928元，涉资金2.34亿港元。收购方的股权分配是：首钢51%，长实21%，怡东3%，一共为75%东荣钢铁公司股权。收购停牌前，东荣钢铁公司市价为每股0.92元。

东荣钢铁公司的市价及收购价均低于股票面额，可见它是典型的垃圾股，一只没有肉的微型空壳。但这并不能限制它未来的主人将其发展成大型中资企业。

李嘉诚与首钢的第二次合作，是收购三泰实业。

1993年，李明治的"联合系"进一步剥离分支机构，将旗下的上市公司出售。4月2日，长实、首钢、怡东又一次联手，收购联合系的三泰实业67.8%股权，每股作价1.69港元，共涉资金3.14亿港元。

三泰实业是一家生产电子产品的上市公司。收购后，三家的股权分配是：首钢46%，长实19%，怡东2.7%。5月，东荣钢铁公司从长实、怡东手中购回部分三泰股份。同月，东荣钢铁公司正式改名为首长国际企业有限公司（以下简称"首长国际"），大股东仍是首钢、长实、怡东。三泰实业则挂在首长国际旗下。

5月18日，首长国际收购开达投资，经重组后，将其改名为首长四方。

8月12日，收购建筑公司海成集团，斥资1.74亿港元。

9月12日，首长国际全面收购宝佳集团，涉及资金11亿港元，是首长国际金额最大的一次收购。宝佳的业务以黑色金属为主。

经过5次收购后，首长国际在香港站稳了脚跟，实力大增，于是调头向内地进军，与内地政府及企业合作的投资项目，累计达百亿港元以上。

这里，我们再回过头来看看李嘉诚在"借壳"中是如何交朋友的。

李嘉诚交友的风格是：宁亏自己，不亏朋友；不在一事，而在长远。这为他将来到内地发展积累了人脉。前文提到的荣智健就是他帮助过的众多朋友之一。

之后，李嘉诚还协助中信泰富收购恒昌行，完成了香港收购史上最大的一宗交易，由此在香港形成了中资、英资、华资三足鼎立的趋势。

恒昌行即恒昌企业有限公司，是恒生银行创办人之一何善衡创办的。何善衡是广东人，是著名的恒生指数的创始人。1946年，他在香港创立了恒生行，后来该行成为华资第一大贸易行。

恒昌行整个集团的资产高达82.73亿港元，且经营状况良好。何善衡年事已高，后代又无意接班，他才萌生了出售的想法。三大股东所占的比例是：何善衡占30%，梁琚占25%，何添占15%。若无股东应允，外人根本无可乘之机。

1991年5月，郑裕彤家族的周大福公司、恒生银行首任已故主席林炳炎的家族、中漆主席林展堂等合作成立备贻公司，提出以每股2.54港元收购恒昌。据说这三大巨头已经商量好了瓜分计划，但这一"拆骨"计划遭到了大股东们的反对。

1991年8月，李嘉诚与荣智健新成立 Great Style 公司，随即加入了收购角逐。经过一个月的洽谈，双方达成协议，Great Style 公司以高出备贻公司每股0.82港元的价格，即每股3.36港元的价格进行收购，涉及资金69.4亿港元，完成了香港收购史上最大的一宗交易。

如此一来，荣智健掌舵的中信泰富成了香港股市首屈一指的庞然大物，市值迅速膨胀到87亿港元。1992年1月，中信泰富宣布集资计划，配售11.68亿新股，集资25亿港元，用以收购恒昌64%的股权。李嘉诚爽快地答应了荣智健的收购条件，将手中持股作价1.5亿港元，全部出售给了荣智健。

在这一收购计划中，李嘉诚起到了决策作用。他对香港商界圈子中的人事情况了如指掌，在分析出备贻的"拆骨"计划后，他料定何善衡绝不情愿恒昌行被如此收购。老人不愿看到自己用一生心血打下的江山分崩离析。备怡失败之际，就是李嘉诚的收购计划进行洽谈的最好时机。这场收购战役之所以能够取胜，主要得益于李嘉诚对出让方与竞争对手的准确分析与判断，在战役中能够审时度势，以静制动，在竞争对手先下手、占尽先机的不利条件下，等待机会成熟再出击。

同时，这件事又一次充分地体现了李嘉诚大度地牺牲自己的商业利益，成全朋友的长久事业的胸怀，也表现了他严于律己、宽以待人的处世交友原则。

而荣智健的中信泰富公司，不仅成为香港股市的红筹股（将国企与中资称为红筹股），而且入围蓝筹股（蓝筹股是指恒生指数的成分股，是股市的风向标）。

从1992年起，中资公司在香港股市借壳上市、招股上市蔚然成风，红筹股成为股市令人瞩目的股种。香港证券界评出 1995 年中资上市公司四大天王，市值排名如下：

第一名，中信泰富，474.7 亿港元；第二名，粤海投资（广东省政府驻港投资机构），89.4 亿港元；第三名，首长国际，63.6 亿港元；第四名，越秀投资（直属广州市政府），50.9 亿港元。

1994 年，中信泰富跻身香港十大财阀榜，据 1995 年 1 月 1 日的《快报》载，中信泰富以 375 亿市值排名第 8 位。其风头之劲，连香港老牌华资、英资大财阀，都感到来者可畏。权势加财势，任何一家大财团都莫与争锋。

4. 重组长和系

2015 年，李嘉诚决定将长江实业与和记黄埔进行业务合并与重组，这个"世纪大重组"被"香港回归 17 年以来最重大的企业事件"。

李嘉诚认为，重组长和系有两大好处，一是简化股权结构，二是理清业务范围。但有的董事认为，长实与和黄一直以来都是香港股民心中的蓝筹股，现在突然重组，可能影响市场信心。有的董事认为，长实与和黄的业务虽然有重叠之处，尤其是地产方面，但这并不影响两者的发展壮大，如果重组失败，将会影响股东收益。

对此，李嘉诚解释说："请大家不要担心，这次重组后，新公司'长和'将持有目前长实及和黄的非房地产业务，而'长地'将持有并经营房地产业务。由于长和与长地的业务界定更加清晰，各股东及潜在投资者可以根据两家公司各自的业务盈利、现金流及资产净值做出投资决定。重组完成后更有利于提升股东价值，最主要是股东不会吃亏……做完后，就会显示两间公司的真正价值大了多少。"

经过多方讨论和股东大会投票，重组方案最终得到了大部分股东的同意。

2015 年 1 月 9 日，长和系发布《投资者说明书》，决定将长实与和黄两大集团公司分拆为两家新公司，即长江和记实业有限公司（长和）与长江实业地产有限公司（长地），同时在香港上市。消息传出后，长实与和黄的股价大涨，李嘉诚的身家一夜暴增158亿元。

2015年3月10日，长江实业在收市后除牌，改名为长和，并在3月18日重新挂牌。6月3日，长江实业地产在香港联交所挂牌上市。

这次重组，使长和系的架构更加灵活，更有生命力，能为公司带来更大的利益。李嘉诚这样做也是为长子李泽钜接班考虑。因为李泽钜在政商关系方面的能力较弱，而比较擅长"国际化"，重组长和系可以强化管控能力，增强抗危机能力，减少李泽钜的压力，让他以后做生意更方便一些。李嘉诚说："在中方哲学思维和西方管理科学两大范畴内，找出一些适合公司发展和管理的坐标，然后再建立一套灵活的架构，发挥企业精神，确保今日的扩展不会变成明天的包袱。灵活架构为集团输送生命动力，不同业务的管理层自我发展生命力，互相竞争，不断寻找最佳发展机会，带给公司最大的利益。"

李嘉诚这次重组还有一个引人注目的举动是，他将重组后两个新的上市公司——长和与长地的注册地从香港变为开曼群岛。这也引发了外界的质疑，认为长和系是要从香港撤资。

不过，李嘉诚在此前答香港媒体问时曾明确表态，长江实业与和记黄埔"永不迁册"，而重组后，长江实业及和记黄埔确实没有迁册，注册地还在香港，但这两家公司已经成为长和的全资子公司，影响力大大减弱。对于控股公司改在开曼群岛注册，李嘉诚表示："近10年来，港股75%的新上市公司皆将注册地选择在开曼群岛，这并不是对香港没信心，主要是为了交易的便利性。比如，长和系重组之中，每一股长实股份换取一股长和新股，以及每一股长和股份再获派发一股长地股份，该等交易在香港现行公司法框架下无法实现，故必须借助开曼群岛这个注册地来实现。"

重组后，李嘉诚将长和系资产的股权架构从原来的三层缩减为两层。李氏家族信托基金将成为新公司长和、长地的直接控股股东，李嘉诚担任两个新公司的主席，他的长子李泽钜担任副主席及（联席）董事总经理。这样做既可以提升股东价值和股价，又可以强化李氏家族的主导权。

这次改组后，李嘉诚旗下的资产长和、和黄及其子公司通常被合称为"长和系"。

2016年，宝刀未老的李嘉诚再一次亲身示范了逆势抄底的招式。

自2015年6月份完成重组，长实地产在香港主板挂牌以来，股价大幅下挫，到2016年1月创下了38.2港元的历史新低，比起2015年6月最高时的77.55港元，股价已经腰斩。2016年年初，长实地产的股价一直徘徊在40元港元左右，李嘉诚经过分析认为，长实地产的股价已经接近底线，可以出手回购。3月18日，他出资约5.36亿港币回购了长实地产1152.5万股。这是李嘉诚自完成"世纪重组"以来首次大手笔回购股份。在他的带动下，股民们纷纷杀回股市，港股顿时变得热闹起来。

完成第一次回购后，为了抬高长实地产的股价，3月21日，李嘉诚再次出资9628万港元，回购长实地产201万股。这以后，长实地产的股价开始回升，不过，李嘉诚没有急着再出手，而是在等待一个更好的机会。到5月23日，整个港股大盘已普遍回涨，各种游资急切地想要寻找投资的入口。这时，李嘉诚出资约3000万港元第三次回购长实地产的股份，为长实地产的股价上涨再助一臂之力。

李嘉诚三次回购，耗资约6.6亿港元，相对于长实地产的体量，这个增持幅度并不算大。但从李嘉诚一贯的行事风格来看，回购或增持自己公司的股份一般代表着他认为公司的价值被低估。所以，他的回购行为引发了市场的跟进。结果，长实地产股票连涨三成。

2016年8月10日，长实地产的股价创下57.8港元的年内新高。这以后，李嘉诚暂停了回购行为，让市场的供需关系来决定长实地产的股价走势。

第十五章　坚守香港

　　20世纪80年代初期，涉及香港政治命运的中英谈判一波三折，给香港经济造成了很大震荡。在迁册、移民的风潮中，李嘉诚信心十足，立场坚定，看好香港的发展前途，起到了稳定人心的作用。他立足国内，然后再向海外进军。

1. 看好香港，不做"走资派"

　　作为一个成功的商人，李嘉诚对政治气候相当敏感。信息对商人而言，不仅意味着金钱，有时甚至直接决定商人的命运，闻风而动、随机应变体现了商人的机敏，而洞察入微、顺势而为则体现了商人的智慧。

　　1982年9月，英国首相撒切尔夫人来到北京，就香港前途问题与中国领导人会晤，中国政府恢复对香港行使主权已是大势所趋。股市是香港政治经济的晴雨表，消息传来，股市发生动荡，持续滑落，到该年年底，恒生指数跌幅达670多点。

　　香港人的信心危机爆发，移民潮汹涌而起。不少国家伸出"橄榄枝"，无疑是要将香港的富豪和人才一网打尽。代办移民护照的机构与律师充斥港岛中区，赴美的黑市护照竟炒到50万美元一张。香港原就有10多万持外国护照的居民，他们非富即贵，现在只差一张机票，随时可离开香港。倒是那些没有"先见之明"的富翁，急不可待地购买"太平门"的门票。

人走财空，随之而来的便是"走资潮"。更有一些人，人不走财先走——早有护照在身，先将一笔资产转移到海外，再伺机而动。

李嘉诚在20世纪六七十年代就加入了新加坡籍。他曾发表声明表示不会将家庭迁往海外，也不会将资产转移海外，对香港的前途充满信心，也看好中国内地的改革开放。港人的思想仍是两极分化，一部分人争先恐后地变卖不动产，随时准备移居海外；而另一部分人则趁当时的地产低潮，低价收购地皮、物业，为市道转旺后的发展打下坚实的基础。

据港府公布的统计数据，20世纪80年代中期，香港移居海外的人口每年为2万~3万人；从90年代初开始，每年以6万人的速度外流。其中绝大部分是工商业老板和专业人士。

正如古人所说"有人漏夜赶科场，有人辞官归故里"，百人有百念，不可强求划一。再说，是福是祸，并不是人人都能看得清想得透，绝大部分人不过是随潮而动罢了。

引发此次迁册风波的始作俑者是怡和的掌门人西门·凯瑟克。

1984年3月28日，怡和董事局突然宣布：本集团基于香港前途问题迁册百慕大；股票将同时在伦敦、新加坡、澳大利亚挂牌上市。是日，香港工商界发生动荡，恒生指数急挫62点。

迁册风由此刮起，加之移民潮推波助澜，愈演愈烈，在香港英国会所，英国人莫不脸呈焦灼之色，谈论着迁册问题。和黄行政总裁李察信告别他的英国朋友，乘车来到华人行，乘电梯奔上顶层李嘉诚的办公室，用急切的语气说："英中谈判，北京方面的态度越来越强硬，共产党要全面接管香港，难道我们要做约翰·凯瑟克第二?"

李嘉诚很清楚李察信的言下之意，他说："不可能那样，我们长实集团不打算迁册。若论个人在公司的利益，我比你拥有的多，我是经过慎重考虑才说这种话的。现在中国政府欢迎海外企业家来华投资，根本不可能对香港私人资产采取行动。"

李嘉诚把自己赴内地参观的感想，以及海内外舆论的评论讲给李察信听，但无法说服李察信，两人分歧颇大，以至于无法协调工作。1984年8月，李察信辞职。接替李察信的是后来成为李嘉诚左膀右臂的英国人马世民。马世民未正式加盟前，李嘉诚就与他在"看好香港前途问题"上形成共识，这成了马世民在长实系青云直上、权势显赫的主要原因之一。

1984年12月19日，中国领导人与英国首相撒切尔夫人在北京签订了《中英联合声明》，香港的投资环境变得明朗，迁册风有所遏制。随后，中英谈判出现多次波折，谈判经历了一个漫长的过程，迁册风卷土重来。在这种大气候下，李嘉诚不仅自己不存迁册念头，还说服了集团内的"主迁派"，难能可贵。

但到1989年，信心危机又一次爆发，恒生指数于开市首日狂泻580多点，迁册风再次兴起。华商都盯着李嘉诚——他是香港首富，长实系上市公司市值占全港上市公司总市值的10%。长实系在加拿大等国有大量投资，李嘉诚的两个儿子也加入了加拿大籍。港人议论纷纷，都说"李嘉诚是走资派"，到国外"购买政治保险"。

在这种形势下，李嘉诚不得不站出来说话。1989年11月20日，香港几家报纸发表了他的长篇言论，核心内容是：他相信香港1997年后仍会继续繁荣，香港是个充满活力的城市，也是一个赚钱的好地方，他对香港的美好前景充满信心。

1990年上半年，迁册风还在持续。舆论盛传，香港最大的财团汇丰银行将借收购英国米特兰银行之机，变相迁册伦敦，合并及迁册花费了2年时间才完成。汇丰银行在香港举足轻重，工商界为此深为不安。汇丰大班浦伟士发表讲话，说汇丰仍保留香港第一上市地位，业务仍以香港为最大基地。

汇丰完成迁册不久，李嘉诚突然宣布辞去汇丰董事局非执行副主席职务。据传，李嘉诚对汇丰迁册持反对意见，其意见未被董事局采纳，最后导致这一结果。

舆论认为，汇丰迁册只是买"政治保险"，以获得外国驻港公司的特殊地位，它会兑现"迁册留港"的诺言——如何舍得割弃令其发迹并无限膨胀的香港？

而怡和的迁册则给人一种"迁册离港"的感觉，对港人的影响远大于汇丰。在当时近100家迁册公司中，怡和可以说是最老谋深算的一家。到1994年12月30日，怡和系在香港第二上市公司的地位也取消了，在怡和旗帜徐徐降落之际，全系公司市值暴跌37%。此后，一直在香港经营的怡和四大公司首脑们，处于弃之可惜、留之不安的尴尬境地。

不管怎样，李嘉诚在迁册问题上的坚决态度，稳住了很大一批华商的阵脚。

2. 走跨国化发展道路

前面我们已提到过长实系在海外进行了大量投资，李嘉诚认为，世界经济一体化是大趋势，由于科学技术特别是信息技术的发展，地球越变越小，成了所谓的"地球村"，一个有志于干大事业的投资家，要有包容天地、并吞八荒的气魄，而不应该为国界所限制。因此，在收购香港一些企业特别是英资企业之后，他开始了大规模的跨国投资。

在大规模行动之前，李嘉诚已在海外小试牛刀。1977年，他首次在加拿大温哥华购置物业；1981年，他斥资2亿多港元在美国休斯敦收购商业大厦；同年，他再次斥资6亿多港元，收购加拿大多伦多希尔顿酒店。短短数年间，李嘉诚个人或公司在北美洲拥有的物业就达28处之多。

在这一系列的收购行动中，马世民充当了李嘉诚的"西域"大使，力主海外扩张。由于和黄、港灯相继到手，现金储备充裕，李嘉诚自然想大显身手，实现自己缔造跨国大集团的宏志。

1986年12月，在加拿大帝国商业银行的撮合下，李嘉诚与和黄通过合营公司Union Faith投资32亿港元，购入加拿大赫斯基能源公司

52%股权。时值世界石油价格低潮，石油股票低迷，李嘉诚看好石油工业，做了一笔很划算的交易。

这是当时流入加拿大的最大一笔港资，不但轰动加拿大，亦引起香港工商界的震动。其后，李嘉诚不断增购赫斯基能源公司股权，到1991年，股权增至95%。其中，李嘉诚个人拥有46%，和黄与嘉宏共拥有49%，总投资额为80亿港元。

1988年，兼任加拿大赫斯基能源公司主席的马世民，在会见美国《财富》杂志记者时说："若说香港对我们而言太小，这的确有点狂妄。但困境正在日渐逼近，我们没有多少选择的余地。"

马世民还谈到收购赫斯基能源公司的波折。按照加拿大商务法律，外国人是不能收购"经营健全"的能源企业的。赫斯基能源公司在加拿大西部拥有大片油田、天然气开发权，一家大型炼油厂及343间加油站。除了因石油降价引起资金周转困难外，并未出现债务危机。所幸李嘉诚已经安排两个儿子加入加拿大籍，收购计划才得以顺利进行。

2016年4月，李嘉诚又通过长江基建、电能实业两家公司，斥资70多亿港元，收购赫斯基能源公司油气管道资产65%的权益。这次收购使长江基建和电能实业的股价同时大涨。

李嘉诚向英国的投资，与投资加拿大几乎同步进行。

1986年，李嘉诚斥资6亿港元购入英国皮尔逊公司近5%的股权。该公司拥有世界著名的《金融时报》等产业，并在伦敦、巴黎、纽约的拉扎德投资银行拥有权益。该公司股东对李嘉诚大举收购英资的产业行动早有耳闻，对李嘉诚怀有戒心，担心他进一步控股皮尔逊公司，于是组织了反收购。李嘉诚见势不妙，便有计划地撤退，半年后抛出股票，净赚1.2亿港元。

1987年，李嘉诚与马世民协商后，以闪电般的速度投资3.72亿美元，买进英国电报无线电公司5%股权，成为这家公众公司的大股东，不过却进不了董事局。原因在于该公司掌握大权的管理层也在时刻提防着这位在香港打败英国巨富凯瑟克家族的华人大亨。后来，李嘉诚在

1990年趁高抛股，净赚近1亿美元。

1989年，李嘉诚、马世民成功收购了英国Quadrant集团的蜂窝式移动电话业务，使其成为和黄通信拓展欧美市场的据点。

随后，李嘉诚又出击美国。1990年，他试图购买"哥伦比亚储蓄与贷款银行"的30亿美元有价证券的50%，若要完成这一购买行动，涉及资金近100亿港元。然而，因为这家银行是在加州遇到麻烦的问题银行，卷入了一系列复杂的法律诉讼中，导致李嘉诚的投资计划搁浅。

李嘉诚在美国最划算的一笔交易，应该是他与"北美地产大王"李察明建立友谊后带来的。

当时李察明陷入了财务危机，急需一位有足够经济实力的"大亨"来帮他解除危机，并且与他结为长期合作伙伴。他找到了李嘉诚，并表示："我相信李嘉诚的为人。"为表诚意，李察明将纽约曼哈顿一座大厦的49%股权，以4亿多港元的"缩水"价，拱手让给了李嘉诚。这是李嘉诚诚实经商的良好形象和信誉带来生意的一个有力证据，真可谓名利双收。

1992年3月，李嘉诚、郭鹤年两位香港商界巨头，通过香港八佰伴超市集团主席和田一夫的牵线搭桥，斥资60亿港元在日本札幌发展地产。李嘉诚的举动引起了亚洲经济巨龙——日本商界的不小震动。

李嘉诚曾在回答记者提问时说："正如日本商人觉得本国太小，需要为资金寻找新出路一样，香港的商人也有这种感觉。说一句大家都明白的道理，根据投资法则，就是'不要把所有的鸡蛋放在一个篮子里'。"

不把所有鸡蛋放在一个篮子里，的确是一条重要的投资法则，其作用主要是防止不利的情况发生。用一句更浅显的话来表述，就是"东方不亮西方亮"。

1996年，李嘉诚在海外又有一系列的投资动作，其中一项是位于菲律宾苏碧湾码头的投资举措。这是一次得而复失的竞标，其中的兴奋与遗憾只有经历过的人才能够体会。

苏碧湾码头位于菲律宾的首都马尼拉以北，面积达38公顷。它原是美国海军的补给站，美军撤离后，该地逐渐发展为特别经济区，并兴建了现代化的货柜码头。

和黄的合作伙伴是国浩集团菲律宾公司，双方组成的公司名为哈奇森港口菲律宾公司，和黄占有40%的股权。哈奇森港口菲律宾公司投得了苏碧湾港口的经营权，菲律宾本国的国际货柜终端服务集团也参与了竞投，价格高于哈奇森港口菲律宾公司的出价，但是没有中标。

原来，菲律宾法律规定，货柜码头经营者严禁持有本国境内另一家超过20%的股权，否则就是垄断行业。根据这一规定，苏碧湾大都会管理局将经营权判给了哈奇森港口菲律宾公司，目的是避免行业垄断。但是，这一结果出来后，事情并未圆满地结束。

哈奇森港口菲律宾公司以第二名的资格投标，结果中标，这事传到了菲律宾总统拉莫斯耳中。他对此事高度关注，担心投票结果会引起境内投资者的不满，认为政府有"媚外"嫌疑。国际货柜终端服务集团也将采取法律行动，务求阻止哈奇森港口菲律宾公司的计划。总统下令在两周之内提交有关报告。两周后，经过菲律宾国政府的审查，投票结果维持原判。

李嘉诚还有一个海外项目是：重组美国负债累累的奥林匹亚约克公司（以下简称"O&Y"），取得纽约的商厦控制权。合作伙伴是卡热纳发展公司。

美国的O&Y的母公司，是因资金周转不灵而倒闭的加拿大O&Y发展公司。O&Y发展公司原是加拿大人波尔·雷切蒙所管理的一家公司，因为1975年在多伦多市建造了一座约500万平方米的商业大厦而声名远扬，后来又在北美洲、英国大肆扩展房地产业务，曾以3.2亿美元买下纽约市8栋物业，投资15亿美元在曼哈顿区兴建金融中心。这些大手笔令O&Y发展公司名震全球。1987年，该公司耗资35亿美元开发伦敦金丝雀码头，将集团业务推至顶峰。可是到了第二年，英国地产市场股票回落，连带美、加楼价大幅度下跌，导致该公司的投资大受打击，集团欠下的债务达 130 亿美元。

美国的 O&Y 公司也因此受到牵连，虽不至于倒闭，但也无法偿还债务，这使加拿大母公司产生了出售美国 O&Y 公司的想法。最终，O&Y 公司接纳了有李嘉诚参与的卡热纳发展公司的重组建议，以挽救公司。从 1996 年 10 月 31 日起，O&Y 公司改名为新世界财富有限公司，重新经营房地产业务。李嘉诚通过这家公司，成功进入北美地区的优级商业物业。

总的说来，李嘉诚进军海外的各项投资基本上是成功的，虽然有些项目遇到了一些挫折和麻烦，但并没有太多地影响他海外投资的热情和信心。

第十六章　上阵父子兵

就在李嘉诚本人越战越勇之际，他的两个儿子已经长大成人，或者在父亲的企业中承担重任，或者另立门户独闯天下，大有"雏凤清于老凤声"的势头。当小儿子急于开疆拓土遭遇困境的时候，李嘉诚及时出面声援，可谓"上阵父子兵"。

1. 培养长子接班

随着李嘉诚商业王国的扩张，他的两个儿子长大了，也走上了经商之路。

长子李泽钜在美国斯坦福大学获得土木工程学士学位和结构工程、建筑管理硕士学位后，本以为可以顺顺当当地进入父亲的公司大展宏图，干一番事业，不料却遭到了父亲的拒绝。李嘉诚对两个儿子说："我的公司不需要你们！你们自己去打江山，让实践证明你们是否有资格到我的公司来任职。"他希望儿子们能够各自创业，以此证明自身的能力。他把李泽钜"发配"到地广人稀的加拿大，让他自谋出路，等羽翼丰满后再回来重新"分配"。

李泽钜在加拿大开了一家地产开发公司，其间经历了创业的艰辛，克服了许多意想不到的困难。李嘉诚在香港常常打电话询问他有什么困难需要帮忙解决，但他了解父亲，有困难一定要自己解决，父亲在这方面毫不手软，冷酷得不近人情。李泽钜理解父亲的良苦用心，所以他丝毫不敢有所懈怠，把加拿大的公司办得有声有色，这让远在香港的李嘉诚甚感欣慰。

经历了种种考验后，李泽钜终于回到长实工作。

1986年12月，长实系和黄及李氏家族投资32亿港元，购入加拿大赫斯基能源公司52%股权。赫斯基能源公司股权交易签约之后，当地媒体在显著位置报道了这宗大型产权交易事件，但对收购方和黄却轻描淡写、一笔带过，只说是来自香港的某财团，李嘉诚对此很不满意，他选择了一个有加方华裔雇员在场的机会对李泽钜说："这里不比香港，没有多少人认识我们。如果在香港，这可是大新闻，你躲进酒店的卧房，都会有电话追进来。"

那位华裔雇员听了，便将李氏父子的对话传了出去。于是，赫斯基能源公司主席布拉尔为李氏父子举行了盛大宴会，并邀请加拿大的政界、商界要员出席。

李嘉诚借这次宴会推出了李泽钜，打出李氏家族的大旗，意义十分深远。加拿大商界由此认识了李家大公子，更重要的是由此而引起连锁的生意反应，无论是从主观还是客观上都收到了意想不到的效果。

也是在这一年，世界博览会在温哥华举办。落幕之后，各国的临时展厅或拆卸，或废弃。世博会旧址为靠海的长形地带，发展前景良好。地皮为省政府的公产，可以用较优惠的价格购得。生活在温哥华的李泽钜以其土木专业的眼光，看好这块地皮将可发展为综合性商业住宅区。于是，他积极向父亲建议认购，理由如下：

一、世博会旧址附近都已开发，社区设施、交通等已有良好基础。

二、温哥华这一区域和一般大都市不同，没有高架公路，市容美观。

三、旧址位于市区边缘，有市郊的便利而无市区的弊端，往返市区或郊区都同样便利。

四、位置临海，景色宜人，海景住宅当然珍贵。

五、香港移民源源不断地开赴加拿大，对饱受市区嘈杂拥挤之苦而又嫌郊区偏远冷寂的港人来说，这样的海景住宅有相当大的吸引力。

李嘉诚同意了儿子的"狂想"，认为最后一点尤显商业眼光。说这是"狂想"，一点也不夸张。因为整块地皮大致相当于港岛的整个湾仔区外加铜锣湾。迄今为止，香港有哪个地产商在这么开阔的地段发展过如此浩大的综合物业？即使在加拿大建筑史上也将是开天辟地头一遭。

由于投资巨大（后来确定的投资额达170亿港元），李嘉诚感到独自承担比较困难，于是拉他的同业好友李兆基、郑裕彤加盟，与加拿大帝国商业银行旗下的太平协和公司（李嘉诚占10%股权）共同开发。由各大股东（李嘉诚个人及集团占50%股权，另50%由各股东分占）决策，具体实施人为李泽钜。

1988年，新财团以32亿港元巨款投得世博会旧址的发展权。

一切都按计划有条不紊地进行着。1989年3月，一件意外的事情发生了，平整地盘的施工地段突然出现了一张《告同胞书》，行文措辞强烈，充满排外的极端情绪。这与加拿大政府为吸引华人资金和人才大开方便之门的国策背道而驰。

"他们似乎看不见我也是加拿大公民，反应太过强烈。"李泽钜对这场风波感到既气愤又无奈。据传媒估计，当地人排外还与李泽钜的另一桩生意有关。原来，世博会旧址以太平协和公司的名义签约后，李泽钜将另一家公司的200多个新公寓直接在香港发售。消息传回温哥华，引起了本地人的不满，他们质问省政府：将来世博会物业是否又卖给香港人，让这里变为华人的天下？

省督林思齐博士为平息民怨，要太平协和公司保证，在这块极其优惠的地皮上兴建的物业，不会只在海外发售，必须优先向当地人发售。这意味着，兴建的物业将不可先期在香港卖好价钱。

令人奇怪的是，出了这么大的风波，李嘉诚并未出面，麦理思、马世民也未露面，而是全盘托付给坐镇加拿大的李泽钜。看来，李嘉诚有意要考验儿子随机决断、谈判交涉的能力和毅力。

李泽钜即刻从滑雪胜地韦斯拉赶回温哥华，求见省督林思齐，问他:"如果世博会发展搁浅,你明白这意味着什么?"

林思齐是1967年从香港移民加拿大的,对香港的情况再清楚不过了。李嘉诚在香港的号召力,足以使流入加拿大的地产投资缩减2/3,更会使在香港移民潮中受益的卑诗省落在其他省后面。

省督说服省议会,对李泽钜的要求做出让步,许可世博会物业同时在香港和温哥华两地发售——实际上是以向港人发售为主。省议会通过媒体向市民说明利弊关系,称华裔移民是温哥华市建设的和平使者,要善待他们。同时,李泽钜也在积极配合,以争取民心,他在温哥华的一次记者招待会上说:"6年来我最大的收获,就是加入了加拿大籍。"

经过多方努力,风波终于平息了,工程得以继续进行。

为了使这个庞大的开发项目——万博豪园顺利完成,李泽钜尽心尽力,亲自策划、设计,2年之间,他出席大大小小的公听会200多次,与各界人士逾2万人见过面,解释这个计划。当然,李嘉诚一直在背后给予他无限支持。

在李泽钜的努力和老前辈的支持下,万博豪园竣工了。李泽钜热切期盼着这个项目的回报,事实证明,他的心血和汗水没有白费。

1990年,万博豪园正式推向市场,随之而来的是一股抢购热潮。在短短2个小时内,一幢大楼便被抢购一空。

李泽钜初战告捷,显示出了他的独到眼光和经商实力,证明了他不在父亲的庇护下也能够在长实站稳脚跟。从此,民众对这位香港首富的继承人刮目相看。李泽钜的首次表现也让用心良苦的李嘉诚感到十分欣慰。

实际上,李嘉诚对李泽钜的栽培颇费心思。早在1985年,李泽钜才及弱冠,香港证券界泰斗人物冯景德生前为他所持有的最后一家公司"天安中国"举行开幕酒会,李嘉诚便携带李泽钜出席,争取机会使李泽钜认识本埠商界的精英。

1992年4月,李嘉诚在毫无预兆的情况下,突然辞去汇丰董事局非执行副主席职务。人们纷纷猜测长实内部是不是有什么变化,后来才知道李嘉诚辞职是为了联手浦伟士,让李泽钜进入汇丰董事局。这也在某种程度上显示了李嘉诚让李泽钜继承家业的意图。不过,李嘉诚表示:"目前并不存在接班不接班的问题,他们两兄弟在我眼中是一样的。"李泽钜也认为,一个人完成了学业就应该工作,不能因为他在父亲的公司工作,就说他是要接父亲的班,这会让他感到困扰。他这番话可以说既得体又不张扬。

同年10月,彭定康宣布"总督商务委员会"名单,李泽钜名列其中。商委会共18名商界名人和3名非官方议员,此时的李泽钜年仅28岁,这显然是本当由李嘉诚出任的公职"禅让"给儿子了。

由儿子接班一步步变为既成事实。在商界,靠的是朋友,社会关系是极为重要的。李嘉诚自然深谙这一点。香港秉承中华民族的传统,大商家多属家族性质,讲究论资排辈。仅凭李泽钜的资历,是不足以与香港商界老一辈的大商家平等交往的。中国式的商业合作,讲究的是门当户对,前辈晚辈分得很清楚。因此,李嘉诚带着李泽钜认识商界前辈,人们不看僧面看佛面,自然为李泽钜日后主持大局打下坚实的基础。李嘉诚的做法既符合中国传统,也是他深谙中国式经商风格的精明之举。

1993年2月,由于表现突出,李泽钜荣升为长实集团的副董事总经理。这意味着他正式成为长实的"一把手"。

1993年5月16日,刚当上长实副董事总经理不久的李泽钜,迎来了人生中的一大喜事,与相识多年的王富信正式成婚。

王富信生于1969年,祖籍河北,她的父亲王华瑞做过纺织生意,后来闲居在家。1990年,王富信在加拿大英属哥伦比亚大学读工商管理,在一次烧烤会上认识了李泽钜。当时她并不知道李泽钜就是李嘉诚的儿子,只是觉得李泽钜为人友善,容易相处。而李泽钜从小就羡慕父母的感情生活,希望可以找一个像母亲那样自立自强的女孩。王富信显然很符合他的要求,她是一个自立自强的女孩,从来没想过要找一个富家子弟,嫁入豪门当少奶奶。李泽钜与她确定关系后,将消息告诉了父亲。李嘉诚表示尊重他的选择,只要是正经人家的女儿,人品也好,他就很满意。

李嘉诚的认可让王富信十分感动,但她的父亲则现实一些,担心女儿会受到欺负,毕竟李家实在是太富有了,而他也没有再做生意,目前赋闲在家,两家的经济状况悬殊,这种门不当户不对的婚姻很容易出现问题。不过,在见到李泽钜本人后,他终于放下心来,感叹道:"泽钜给我的第一印象就很好,浑身上下没有一点富家子弟的优越感,十分谦虚有礼。我那时候十分佩服李先生,真不知道身为华人首富的他,是如何将儿子教育得这么好的。"

1991年,王富信学成归来,进入万国宝通银行工作。1992年10月,银行总部大厦落成,邀请了一些香港名人来参加典礼,李嘉诚父子三人也出席了。王富信是助理经理,空闲之余便会走到李泽钜跟前与他聊天。人们都以为他们是在讨论工作,而没有想太多。直到3个月后,王富信以李家准媳妇的身份与李家父子参加了大屿山观音寺的开光大典,大家才恍然大悟。李泽钜与王富信完婚后,王富信没有辜负公公李嘉诚的信任,把家庭经营得幸福美满,从来没有闹出什么事端,可以说是业界的典范。

婚后,李泽钜继续投入到工作当中,在姨夫甘祖林的协助下,进行嘉湖山庄的促销工作。在促销过程中,他首次组建了自己的销售队伍,引得其他地产商争相效仿。

1996年,股市发展形势较好,李泽钜乘机提出对长实进行重组的计划。次年1月,长实宣布了"长江集团迈向基建纪元"的重组计划,大致内容是通过股权置换,重组长实的4家上市公司。重组后的长实结构精简,4家上市公司发展方向各不相同,资产总值翻了一番,由700亿港元增至1500亿港元,一跃成为香港上市公司中资产总值最高的公司。

李泽钜在未动用一分钱的情况下,让长实大赚了一笔,可见他的谋略不比父亲李嘉诚逊色。李嘉诚对儿子的表现非常满意,相信李泽钜就是自己事业的继承者、财富的延续者。

1999年，李嘉诚辞去长实集团总经理的职务，只担任长实主席，将长实集团的总经理大权交给了李泽钜。这一年是关键的一年，有关长实的主要事务以后几乎全部由李泽钜处理。在 Orange 的上市、Tom.com 的推行中，李泽钜均起到了举足轻重的作用。

2003年，身为长实副主席的李泽钜被美国《时代》杂志评为"2003年度全球商界最有影响力的人物之一"。

2012年7月22日，李泽钜正式掌控市值逾8500亿港元的商业帝国，账面资产超过父亲，成为华人新首富。

2. 有惊无险的绑架事件

在李嘉诚的事业蒸蒸日上，且后继有人的可喜形势下，一个巨大的阴谋正在悄悄地袭来。

1996年5月23日下午6点左右，李泽钜从公司坐车回家，当司机载着他走到一条单行道的时候，突然冲出一辆面包车和一辆电动自行车，将他们的车堵在中间。接着，面包车上下来了一群手持AK-47步枪和手枪的劫匪，他们用枪砸破玻璃，威胁李泽钜和司机下车。之后，他们将二人绑了起来，蒙上眼，押上了面包车。劫匪还拿出电话，让李泽钜给家里打电话，电话通了，李泽钜说："我是李泽钜，我被绑架了，不要担心，千万不要报警……"话还没说完，电话就被挂掉了。随后，李泽钜被关到了一家废弃的养鸡场里。

而制造这起绑架事件的，是香港最有名的劫匪，曾被香港媒体称为"世纪贼王"的张子强。

张子强出生于广西玉林，1959年，4岁的他随父母从广东郁南县偷渡到香港。他的父亲凭着仅有的一点中草药知识，开了一间凉茶铺，勉强维持生计。他们一家居住在油麻地，这是香港的贫民区，治安很差，经常有黑帮在这里打架斗殴。张子强成长在这种环境中，难免与那些流氓混混接触。尽管父亲对他管教甚严，但张子强的逆反心理却越来越重，后来小学没毕业就辍学了，开始和社会上的小混混们鬼混。经过多年的摸爬滚打，他居然混出了点名堂，混成了头面人物。由于从小生活贫苦，他很羡慕有钱人的生活，但是他又不想通过努力工作来挣钱，总想着一夜暴富。于是，他开始策划抢劫，接连做了好几单"大生意"——1990年在启德机场持械抢劫押表车，劫走40箱共2500块劳力士金表，价值3000万港元；1991年抢劫运钞车，劫走3500万港元、1700万美元，是香港开埠以来最大的抢劫案。

因为抢劫时没有蒙面，张子强事后被押运人员指认出来，警方很快将他抓获归案，判处监禁18年。他的妻子罗艳芳也被当作同案犯遭到指控，但又因为证据不足被当庭释放。事后，罗艳芳发动媒体，还请了香港最好的律师来为张子强辩护，1995年，香港高等法院宣布张子强无罪释放。张子强出狱后，马上反诉香港警察局，结果香港警察局还赔偿了他800万港元。

这件事之后，张子强更加骄纵，又开始策划新的"大生意"。一天，他无聊翻看报纸的时候，突然看到报纸上的一个大标题："香港十大富豪排名榜出炉"，下面列出了最新的香港十大富豪以及他们的财产。他想，如果按照顺序一个一个地绑架这些富豪，那就有用不完的钱了。

张子强说干就干，马上开始策划绑架方案。当时富豪排行榜上的第一名是李嘉诚，但张子强认为，李嘉诚是一家之主，如果绑架李嘉诚，李家一定会陷入混乱，到时便不能在最短的时间内拿到钱，风险会很大。如果绑架李嘉诚的儿子，李嘉诚作为一个摸爬滚打这么多年的商人，肯定愿意花钱赎回儿子。经过一番踩点后，张子强的绑架计划得以成功实施。

张子强也真是"艺高人胆大"，在绑架李泽钜后，他居然决定一个人去李家要钱。他先给李嘉诚打了电话，表示要亲自上门去谈判。他走进李家大门后就说："李先生，请把你家里的警察叫出来吧。"李嘉诚闻言平静地说："我做了一辈子生意，没有什么特别成功的经验，但知道做人做事要言而有信。张先生如果不相信，我领你看看。"说完便带张子强参观了自己的豪宅。张子强看过后，相信李嘉诚没有报警，于是回到客厅继续谈条件。

张子强说："李老先生身为华人界的超人，我一直很敬佩。我在十几年前做手表生意的时候，就曾经很荣幸地卖过手表给李老夫人，今天又非常荣幸地和您面谈。"

李嘉诚说："其实，商海沉浮，每个人都会有机会的。"

张子强说："机会对于每一个人都是不一样的。我也想做一个成功的商人，可是我先天不足，读书太少。"

李嘉诚说："我也没有读过多少书。"

张子强说："但是李老先生有耐性和韧性，还找了一个富人的女儿做妻子。我没有一步一步走过去的耐性，找了一个老婆，家里也没有多少钱。唉，其实啊，人生很短，还不如一棵树。一棵树还可以活上百年，甚至千年，一个人却只能活上那么几十年。30岁前，脑子还没有长全，40岁后脑子就退化了。所以，我没有耐性一步一步地走，那样一辈子也只是混个温饱。"

李嘉诚问："张先生想过上什么样的生活呢？"

张子强说："我不想过穷日子，其实我们这些人干这个也只是想要一个安家费。今天我受香港一个组织委托，就李公子的事和您协商，这个组织的一帮兄弟都要吃饭，还想尽量吃得好一点儿。李先生富可敌国，我们也不狮子开大口，受弟兄们委托跟李先生借20亿吧！全部现金，不要新钞。"

李嘉诚说："我就是给你这么多，恐怕也提不了现。我不知道香港的银行能不能提出这么多的现金。你看这样好不好，我打个电话问一下？"

张子强说："好，那你快一点儿，早一点解决，李公子就能早一点回家。"

于是，李嘉诚打电话给银行，银行回复说最多能提10亿现金。张子强同意了。为了表示诚意，李嘉诚还把家里备用的4000万港元现金全部交给张子强。张子强说:"4000万有个'4'字实在是有点不吉利,我退还给你200万,只拿3800万,拿钱回去之后绝对不会亏待李公子。"李嘉诚表示认可,于是,最终的赎金是10.38亿港元。

这时,李泽钜被绑架的消息在香港迅速传播开来。面对蜂拥而来的记者和亲朋好友的关心,李嘉诚选择了沉默,对外宣称李泽钜因病暂时不能露面。

其实,警方已经通过自己的渠道了解到了绑架案的全过程,但李嘉诚委婉地拒绝了警方的协助。香港回归在即,全港人心不稳,港英当局也在做临走前的最后准备,新旧交替衔接之时会有大量的空白地带。张子强选择在这个时间下手显然是经过充分考虑的。这件事如果处理不好,将直接危及儿子的性命。所以,他决定破财免灾。

第二天,张子强给李嘉诚打电话,询问赎金的准备情况,李嘉诚说:"已经准备了5亿,先来拿吧。"考虑到钱太多,普通的小车装不下,李嘉诚特意为张子强准备了一辆大面包车。张子强开着装有5亿现金的面包车走了,双方约定剩下的5亿到下午4点来取。

第二次来取钱的时候,张子强直截了当地问李嘉诚:"我这样搞,你们李家会不会恨我?或者将来找机会报复我?"

李嘉诚说:"你放心,我经常教育孩子,要有狮子的力量、菩萨的心肠。用狮子的力量去奋斗,用菩萨的心肠善待人。"

张子强说:"好!李先生,我记住了李家的言而有信。你也记住:我也会言而有信,我保证从此不再骚扰李家人。"

当然,李嘉诚不会相信一个绑匪的保证,但他也明白这些人是因为穷才走上邪路,所以他劝张子强说:"我不知道你们将怎样用这笔钱,但我建议你去买我们公司的股票,我保证你们家三代人都吃不完,或者你拿这笔钱去第三国投资,要不就存在银行里,它能保证你这辈子生活无忧了。"

张子强听了哈哈大笑,开车离开了。不久,李泽钜被安全放回。李嘉诚虽然花了不少钱,但事情总算圆满解决了。

这件事还有个对李嘉诚来说算是不错的结局。张子强拿到赎金后,与同伙一起瓜分了这笔钱,他自己得到了3.6亿港元。拿到钱后,他开始挥霍,还跑到澳门豪赌。李嘉诚后来接受采访时说,张子强之后又打过一次电话找他。李嘉诚说:"你搞什么鬼,怎么还有电话?"张子强说:"李先生,我自己好赌,钱输光了,你教教我,还有什么是可以保险投资的?"李嘉诚严肃地回答道:"我只能教你做好人,但你要我做什么,我不会了。你只有一条路,那就是远走高飞,不然你的下场将是很可悲的。"可惜,张子强没有听从李嘉诚的劝告,1997年9月,他绑架香港第二富豪郭炳湘,勒索港币6亿元,独得3亿元;1997年10月又策划绑架澳门第一富豪何鸿燊,被警方识破,未遂。

这以后,张子强越来越疯狂,甚至策划劫狱,还威胁港府,企图绑架官员。这种极端疯狂的行为,最终让张子强走上了灭亡的道路。1997年年底,张子强从内地非法购买800千克烈性炸药、2000多枚雷管,并偷运到香港,企图制造更大的恐怖事件。据炸药专家说,800千克烈性炸药如果集中爆炸,足以炸平一座十几层的大厦。也正是这800千克炸药,敲响了张子强的丧钟。1998年1月26日,张子强在广东省江门市被抓捕归案。12月5日,广东省高级人民法院做出终审判决,判处张子强等5人死刑。第二天,张子强等人被执行死刑。

这件事引起了很大的轰动,但曾为绑架案受害者的李嘉诚一家对此却保持沉默,直到2013年接受南方报业专访的时候,李嘉诚才首次开口谈论此事。记者问他在儿子被绑架时为何如此冷静,他解释说:"因为这次是我做错了,因为我们在香港知名度这么高,但是一点防备都没有,比如我去打球,早上5点多自己开车去新界,在路上,几部车就可以把我围下来,而我竟然一点防备都没有,我要仔细检讨一下。"

经过这次教训后,李嘉诚加强了对家人的保护,在孙子孙女出生时,他竟然雇用了25个保镖专职保护孩子。

3. 次子自立门户

在培养大儿子的同时，李嘉诚对二儿子也进行了悉心培养。

李泽楷不满14岁，就被望子成龙的李嘉诚送到北美读大学预备学校。17岁时，李泽楷进入大哥李泽钜就读的美国斯坦福大学，专修自己喜欢的电脑工程。这显然不是李嘉诚的意思。若从家族事业考虑，李泽楷应读商科、法律等适宜管理综合企业的专业，但李嘉诚尊重了他的选择。

李嘉诚对儿子的严格教育，尤其是自力更生、艰苦奋斗的教育在李泽楷读大学后，也没有放弃。有一次，李嘉诚到美国探望读大学的儿子。当天下着雨，他远远看见一个年轻人背着大背囊，踏着自行车，在车辆之间左穿右插。李嘉诚心想："这多么危险。"再走近一点，原来那人正是儿子李泽楷。亲历此事后，李嘉诚才放弃了要儿子骑自行车上学的要求。

李泽楷与李泽钜的性格完全不同，可以说具有"叛逆性"，他在母亲庄月明过世后，开始与父亲不和。相比兄长李泽钜的低调沉稳，他我行我素、思想活跃，脑子里装着许多梦想。他不愿意说自己是李嘉诚的儿子，原因是他不想沾父亲的光，而想通过自己创业来得到公众与社会的认可。

李嘉诚不止一次对别人说，他对这个小儿子束手无策，早在李泽楷14岁时就无法管住他了。事实也是如此，相对于哥哥李泽钜，李泽楷更加让家人操心。不过，作为一个开明的父亲，李嘉诚从不干涉儿子对事业的选择。

1987年，21岁的李泽楷从斯坦福大学毕业。此时李氏家族在加拿大的事业正轰轰烈烈地展开。李泽楷去了加拿大，但并不像兄长那样打理家族生意，而是进入一家投资银行，从事与电脑相关的工作，做一个靠工薪度日的打工族。他还一声不响地把当年李嘉诚为他在银行账户里存的钱连同利息还给了父亲。

1990年,做了近4年打工族的李泽楷,在李嘉诚的指令下回港。他顺从父亲,也许是厌倦了在异国打工的生活,也许是认为在父亲的公司里更能"随心所欲",大展拳脚。但李嘉诚并不认为他的实习期已经结束,先安排他到和黄做一个普通职员,跟随行政总裁马世民学习。马世民让他到旗下某公司工作,与他喜欢的电脑工作基本对口。

起初,李泽楷常常向父亲抱怨薪水太低,还不及加拿大的1/10,是集团内薪水最低的,甚至比不上清洁工的薪水。李嘉诚说:"你不是,我才是全集团最低的!"李嘉诚每年从集团支取的薪水才5000港元。

1991年3月,卫星电视公司成立,李嘉诚任主席,马世民、李泽楷任副主席,陈庆祥任行政总裁,总投资为4亿美元。

实际上,卫视的管理大权由李泽楷统揽。李泽楷把父亲"用他人的钱赚钱"的招式发挥得淋漓尽致。他向国际著名的广播电视公司BBC、MTV等买片,以少量现金加一份卫视盈利(比例分红)的方式成交,以此法为 Star Plus 的娱乐线选购节目。他尽量购买廉价节目,对过时的热门剧也有选择地大量购进。

论收视率,卫视只能望无线、亚视两位大哥的项背。若论收视面,卫视则占尽优势。卫视可24小时不停地向40多个国家和地区播送节目。节目质量及收视面,成为广告经营的基础。从1991年年底卫视全面开播,到1993年年中转让,不到20个月,李泽楷就为卫视挣来广告收入3.6亿美元。而维持5个频道的年费用为0.8亿美元,经营态势良好。

不过,李泽楷并不满足于现有的成绩,仍为敦促港府放宽限制而不懈努力。苍天不负有心人。1992年7月2日,港府颁布新的电视广播条例,宣布卫视自1993年10月底起可以开播粤语节目。此外,卫视不可独立经营收费电视,但可通过收费电视(指九龙仓有线电视)的频道,经营收费的卫视节目。于是,李泽楷与有线电视的吴光正进行了合作谈判。1993年6月,两大财团达成协议:卫视与有线的重叠业务结盟,实行天地共存。

卫视经营情况良好，谁也没想到，步入坦途的李泽楷会把卫视卖掉。

1993年7月23日，李泽楷被邀至世界传媒大王默多克的一艘停泊在科西嘉海面的豪华游艇上。默多克为澳大利亚籍的美国人，旗舰"新闻集团"是全球最大的跨国传媒机构。7月26日，新闻集团宣布以5.25亿美元的价格，向和黄及李嘉诚家族购入卫星广播有限公司63.6%的股权，一半以现金支付，一半以新闻集团的股份支付。据行家估计，成交价为原有投资的6倍。

默多克在传媒经营与管理上是全球首屈一指的行家里手，李泽楷看好默多克接手卫视后，会有更出色的成绩。

在另一项未涉默多克的独立交易中，和黄及李氏家族将各占一半股权的综艺产权，按成本价0.64亿美元售给改组后的卫星广播。

通过这两项交易，和黄及李氏家族各自获得15亿港元的非经常性收益。

为了不违反港府的有关条例，交易双方采取策略性方式。和黄及李氏家族仍控制卫星电视的发牌机构和记广播（共占52%股权，默以多克只占48%），而卫星广播63.6%的控制性股权则归默多克控有。和黄及李氏家族仍控有卫视36.4%的股权，可继续获得经常性收益。这是"不劳而获"的收入。这项交易表明李泽楷已经具备一流的商业头脑。

交易成功后，李泽楷名声大噪。1993年7月27日，香港《经济日报》评价道："真的是后生可畏！李嘉诚次子李泽楷，今番终于做出一出好戏，为和黄集团及其父，带来近30亿港元利益……李嘉诚望子成龙，如今可如愿以偿了。"

低进高出，是李嘉诚纵横股市、如鱼得水的基本准则和看家本领。李泽楷运用这一招术也显得炉火纯青。

4. 遭遇盈科滑铁卢

1993年8月底,身为和黄集团执行董事的李泽楷,被提升为和黄副主席。

李嘉诚安排儿子接班的趋势已十分明朗:大儿子李泽钜坐镇全系大本营长实集团,二儿子李泽楷任全系主力舰和黄集团的舵手。

不过,李泽楷在荣升和黄副主席之前,已宣布成立私人公司"盈科拓展"。他没有接受父亲的安排,想要走一条独立发展的道路。

1993年初夏的一个晚上,李泽楷怀着忐忑不安的心情来到父亲的书房门外,借着虚掩的大门,他看见已经有些老态的父亲正戴着他那副标志性的黑框老花眼镜在阅读文件。借着柔和的灯光,李泽楷第一次仔细地看着父亲的脸。"他的确老了,我在这个时候提出自己创业,合适吗?"李泽楷犹豫了一会儿,还是推门而入。

既然决定了,就不再拖拉。李泽楷是一个行事干脆的人,他开门见山地说:"爸爸,我想自己出来做生意。"

李嘉诚心头一惊,儿子不是在和黄干得好好的吗?但他还是平心静气地听完了李泽楷的创业计划。

李嘉诚深知,自立门户不比打理家族生意,在自己的家族里面,重大决策有经验老到的"太傅"们辅助,而独立在外,商场上的陷阱实在太多了。尤其这个儿子,总是好出风头,心高气盛,一不小心就会摔大跤。

不过,深知小儿子性格的李嘉诚知道,李泽楷既然做出了决定,就没有人能让他改变。不如静观其变,而且现在自己输得起金钱,李泽楷也还输得起青春,让他出去闯闯,交点学费,长点见识,没有什么不好,失败后他还是会回来的。

想到这里,李嘉诚对李泽楷说:"年轻人应该有自己的理想,和黄管理层有足够的人手,我不会强迫你留下来的!不过你要记住,树大招风,最好保持低调;做事要留有余地,不要把事情做绝。有钱大家赚,利润大家分享,这样才有人愿意与你合作。假如拿10%的股份是公正的,拿11%也可以,但是如果只拿9%的股份,就会财源滚滚来。"

就这样,带着父亲的殷切教诲,李泽楷离开和黄,踏上了艰难的创业征途。

1993年8月初,李泽楷宣布成立私人公司——盈科。当时,盈科的办公室还是借租和记大厦的写字楼。因为它的全部资本就是出售卫星电视积累下的3亿多美元,对从事科技产业来说并不算充裕。

1994年1月,盈科正式开业,并搬迁到中区万国宝通广场明楼。写字楼是由李泽楷在万国宝通银行任助理经理的大嫂王富信帮忙租下的,面积近2万平方英尺,月租金逾百万港元。从租用写字楼到招聘全部员工,李泽楷都亲自挑选,足见其精力过人。

盈科成立后,李泽楷出任主席,利用这个基地大展拳脚,不断扩充自己的数字王国。他学的虽然是计算机专业,但他似乎在资本市场上更得心应手。1994年,他成为经济论坛成员,被《时代》周刊选为"全球100名新一代领袖之一"。

盈科的业务范围主要是发展亚洲区的高科技项目,向客户提供通信技术建设,如铺设光纤网络等服务。由于业务方向与家族旗下的和黄电讯相冲突,李泽楷选择以新加坡为据点,进行资产大转移。

李泽楷在新加坡的第一个大动作,是在1994年5月斥资5亿多港元,收购新加坡上市公司海裕亚洲公司45.7%的股份,成为海裕亚洲公司的最大股东,实现了在新加坡借壳上市,并将公司名称改为盈科亚洲拓展。

李泽楷说,在亚洲投资,亚洲人比西方人更占优势,"我们比较了解亚洲的文化,投资西方可能就不会那么成功了"。

借壳上市后,李泽楷很快便得到一个机会,与日本地产富商堤义明和新加坡政府联合发展白沙浮商业城。

1994年年底,李泽楷投得北京地铁工程中的一个项目,并通过海裕亚洲公司间接控有香港鹏利保险。

李泽楷的下属说："Richard（李泽楷的英文名）是个工作狂，他可以早上7点钟要你来公司开会，也可以随时在深夜给你一个电话，商谈业务，然后命你天亮即出门办理。"

李泽楷每周飞一趟新加坡，通常是周四或周五到，然后工作到周日才离开。下属们都叫苦不迭，但又无可奈何。

慢慢地，羽翼渐丰的李泽楷对父亲的管理手法已经有点听不入耳了，他雄心勃勃，希望完全靠自己闯出真正属于自己的事业，从而摆脱"李嘉诚的儿子"的阴影。然而，天有不测风云。盈科成立3年后，事事如意的李泽楷遭遇了从商以来的第一次滑铁卢。

原来，习惯了做大生意的李泽楷，刚开始创业就一心想做大买卖。1995年年底，他从英之杰太平洋公司购入鱼涌皇冠车行大厦，作价6.75亿港元，短短8个月后便卖给置地，净赚1.35亿港元。

初次买卖地产尝到甜头后，李泽楷雄心勃勃，想要乘胜追击。1996年，他决定把盈科的发展重心转向地产市场。1997年，日本经济出现滑坡，写字楼较高峰期跌了八成，李泽楷认为投资时机已经成熟，于是重锤出击，出资58亿港元向日本国家铁路局购入一块位于东京千代田区接连东京火车地铁站的地皮，面积达5万多平方英尺，兴建盈科中心，成为10年来单一外国投资者在日本的最大投资，连建筑费在内，总投资高达80亿港元，比整家盈科的股本还要高出两倍多。李泽楷打算在短期内以较高价分层出售部分单位，先赚一笔。

但他万万没想到，1998年的亚洲金融风暴让他的愿望落空了，这次投资使他面临了创业过程中的第一个危机。由于日本经济迟迟未能走出低谷，坏消息一个接一个，李泽楷购入的地皮价格一落千丈，这使盈科陷入财务危机之中，前途未卜。

李嘉诚得知这一消息后，马上出手相助，由和黄集团以高于购买价一成半的价钱买入盈科的东京地皮四成半的股份，又给了李泽楷1.7亿港元的手续费，使盈科暂时渡过了危机，但李泽楷还是亏了不少。李泽楷因此很不甘心，又在附近增购地皮，用以摊低成本，但是不见转机。

于是，李泽楷将目光转向加拿大，因为他曾出任哥顿投资顾问公司的执行董事。但加拿大哥顿投资顾问公司的情况已发生了很大变化。首先是公司的创办人康纳查闹出了商业丑闻，公司的股票被停止买卖3个月。接着因债券投资失利，公司发生亏损，创办人康纳查从此一蹶不振。后来，康纳查决定进行改革，但是，这也改变了公司原来的风格，由对市场反应迅速变成了反应迟钝。

李泽楷得知这些信息后，产生了收购的念头。他首先增持股份至41.1%，然后将哥顿投资顾问公司收购，纳入盈科。

哥顿投资顾问公司的合伙人康纳查等人，都愿意借助盈科的力量，大力发展商业银行业务。但是，要让哥顿投资顾问公司恢复活力，还需要大刀阔斧地动大手术才奏效。为此，李泽楷物色了加拿大国家商业银行著名的企业重组顾问戴维信，由他接替康纳查的职务。

但是，在股市不断走向熊市的过程中，戴维信也无力回天，加上他本人对证券业的具体运作不熟悉，公司内部也没有得力的人支持他的改革。结果，哥顿投资顾问公司不但没有进入当年的证券前10名，运作美国的商业银行项目也没有成功。李泽楷在日本受挫，此事又未成功，只好放弃了哥顿投资顾问公司。

5. 小超人的"数码港"计划

玩地产有得有失，难以显示其"小超人"的本色，李泽楷又开始动脑筋了：把地产项目和高科技概念结合起来，会是什么样子？搞一个香港的硅谷是不是会比单纯的地产开发更吸引人呢？在硅谷"混"过一段时间的他产生了用高科技包装地产项目的念头，这就是著名的香港"数码港"计划的由来。

高科技的应用越来越广泛，李泽楷深谙先发制人的道理，他暗自思索，必须马上行动才能把握住这个千载难逢的机会。

1998年年初，他开始策马扬鞭，计划把高科技和房地产相结合，在香港建立一个像硅谷那样的工业城，高科技和房地产同时推进，既发挥香港的优势，又可以弥补硅谷的不足。

那段时间，他亲自带领盈科高层到香港各个地区视察，踏遍港岛，终于找到了理想中的科技天堂：紧靠香港大学又邻近香港中环（香港的商业中心）的薄扶林碧遥湾，最有条件成为香港硅谷。

"数码港"要想像硅谷那样成功，人才是一个关键因素。试想，硅谷如果不是位于斯坦福大学等著名名校附近，有它们输送人才，又怎能发展成今天这般规模？因此，李泽楷在选择"数码港"的位置时，十分注意它与香港学府的地理关系，最后把"数码港"的位置确定在香港大学附近，就是考虑到人才输送的问题。

选址确定以后，李泽楷开始向香港特区政府展开了漫长而艰辛的游说工作。

他提出"数码港"计划时，由于观点创新，也遭受到与历史上许多新思想、新发明一样的命运，计划不被看好，更有人冷言讽刺他的想法荒唐，觉得香港根本不适宜搞高科技，况且当时香港的经济还没从金融风暴中复苏过来，人们普遍认为恢复经济才是当务之急。各种因素致使一块美玉无人问津。

李泽楷见港府对自己的计划很冷淡，便自己出资400多万港元聘请数家顾问公司，就香港发展成为软件工业中心的财务及工程等问题写成可行性报告，一份接一份地送给港府参阅。这一招果然奏效，港府高层开始重新考虑他的计划。

金融风暴过后，港府在反思香港受亚洲金融风暴拖累的原因时，感觉到香港虽然是世界级的金融中心，但其科技的发展步伐明显慢于亚洲许多国家或地区。为了增加香港未来的竞争力，港府有意增加在高科技领域的投入，并制定了一些吸引高科技人才和投资的优惠政策，李泽楷的"数码港"计划自然也在考虑范围之内。尽管离真正达成共识还有很长一段路要走，但这个好的开端已经让李泽楷高兴不已，毕竟前面的工作没有白费。

至1998年10月，事情变得明朗起来。香港特别行政区行政长官董建华在发表施政报告时，强调香港要推行资讯高科技。不过，港府对"数码港"计划的态度依然审慎。

1999年春，世界科技界顶尖人物比尔·盖茨为推广"维纳斯"计划来到香港，李泽楷怎会放过这个好机会，他再次采取主动出击的策略，主动找上盖茨介绍自己的"数码港"计划。盖茨对这位曾经力战默多克的香江"小超人"也略有所闻，听了李泽楷的完美构想，他感到李泽楷身上似乎有着自己年少时的影子，同样流着创业者的热血。他说："印度有30万人口从事电脑软件出口工作，而中国还不到1万人。其实香港可以充当桥梁的角色。"

出于对好主意的推崇及对李泽楷的欣赏，盖茨决定助其一臂之力。在此后的公平演讲中，他运用自己的影响力，免费给李泽楷的"数码港"计划"做广告"。盖茨的听众几乎清一色是香港的头面人物，这比所有的宣传效果都要好。

1999年1月底，事情果然出现了转机。香港行政长官董建华出访以色列，考察当地的科技发展，李泽楷以科技界人士获邀，与其他商界人士随团。

深得父亲生意之道的李泽楷异常珍惜这个难得的机会，积极与港府高层搞好关系。他知道，只要董建华点头，成功的机会颇大。所以，他在途中不断地向董建华游说。

这3天的以色列之旅，成就了一次董建华与李泽楷的"蜜月"，扭转了盈科和港府谈判的僵局。董建华在2月初出访归来，"数码港"计划的谈判出奇的顺利，港府在地价上也不再那么强硬。最重要的障碍消除后，其他事情就好办了。

经过详细研究，港府最后决定直接与盈科合作，并于1999年3月宣布财政预算时公布了该计划。在这项总计130亿港元的投资中，港府负责出地，作价60亿港元，盈科则要斥资近70亿港元建上盖物业。双方共同兴建总面积逾 578 万平方英尺的"数码港"。

所谓"数码港"，其实有点类似内地的"高科技园""软件园"，包括资讯科技广场、办公大楼、服务式住宅、高层住宅及独立洋房。香港政府以比较优惠的价格提供土地，由盈科开发，然后用相对低廉的房租吸引高科技公司在此经营，同时以住宅收益来补贴建写字楼的费用。"数码港"建成后，住宅收益港府占 46%，盈科占 54%，余下的写字楼及酒店归港府所有，作出租之用。李泽楷表示，"数码港"只容许"高增值"公司或部门租用，他会与港府成立一个委员会，审批租户是否符合条件。

"数码港"项目刚提出，已经有一大批高科技公司表示会租用"数码港"的写字楼，如康柏展立信、微软、数码通、香港联想、摩托罗拉、AWi、朗讯科技、苹果电脑、宏基等，而 IBM、赛贝斯、惠普、甲骨文、雅虎、华为、软件银行等签订了意向书。

李泽楷提出的"数码港"计划，为香港的科技事业描绘了一个美好的明天，这种创新意识和风险投资意识正是硅谷乃至全世界所提倡的。

从"数码港"计划，一方面可以看出李泽楷眼光的确独到。香港房地产由于金融危机的影响，出现降温，只有注入新的元素，拓展新的发展潜能，才能较快地出现第二个春天。而香港的高科技业刚刚起步，是一个尚待开发的宝藏，很需要一个像硅谷这样的发展基地。李泽楷抓住机会，瞄准香港房地产和高科技的结合点，力求通过硅谷概念推动香港房地产和高科技的双向发展，可见其创意独特。

另一方面，李泽楷敢于承担风险的意识也令人钦佩。对于香港发展高科技，当时许多人并不看好，就连香港政府也是再三犹豫后才决定利用高科技救港。而李泽楷奋勇当先，足见其超凡的魄力。李泽楷曾经说过，他看问题不是看眼前，而是看 10 年、20 年以后。正因为有这种超前的眼光，他才比别人看得更远，从而能够先走一步。

6. 借力"世纪午餐"

在着手筹备"数码港"计划的同时，李泽楷对盈科的发展又有了新的构想。为了让盈科的业务趋于多元化，他开始投资科技项目。

1998年3月，他与美国最大的半导体公司英特尔的总裁格鲁夫谈妥了协议，成立合资公司 Pacific Convergence Corporation（PCC），计划为亚太地区提供数码互动资讯服务。与英特尔合作，一来可以帮助李泽楷在美国的科技界打响名声，建立威望，有利于日后为盈科搭桥，吸引国际高科技公司来香港投资；二来向港府推销"数码港"这一宏图大计也变得更有说服力。这次合作，由英特尔负责提供芯片、软件及系统，用于建设传播及互联网络的基础架构。英特尔投入盈科的资金虽然不算太多，却有助于双方占有亚太地区的互联网市场。对李泽楷来说意义更为重大，因为成为这家国际超级计算机公司的战略伙伴，并肩打天下，盈科也就升格为国际级的高科技集团了。

因此，李泽楷在取得数码港的独家开发权后，随即收购了香港一家上市公司信得佳，然后注入数码港资产，成立盈科数码动力。其定位是一家互联网公司——其实只是一家空壳公司、一片荒郊的土地，加上互联网的未来和李氏家族的背景。不过，这对李泽楷来说已经足够了。

和当时许多新兴网络公司一样，盈科数码动力（简称"盈动"）的股价在沸沸扬扬的喧闹声以及众人的一片期待中大幅上扬。短短一年，李泽楷就从香港股市募集到24亿美元资金。接着，盈动又以290亿美元的价格从英国大东电报局手中收购了香港电讯公司（HKT），与盈科数码动力合组为电讯盈科（简称"电盈"）。

不到一年，电盈的全球宽带网络就开通了国际服务——通过互联网络从伦敦向香港发送英文节目。但这项业务没有获得成功，仅2000年就亏损接近30亿港元。电盈背负了120亿美元的债务，李泽楷不得不采取重整计划，并大量裁减员工。

到2000年，持续高烧的互联网新经济，终于陷入低谷，电盈的股价一下子跌破8港元，李泽楷经历着一场严冬来临前的考验。

2000年9月，曾大举沽空电盈的对冲基金，再次伺机出动。10月30日，电盈跌到6.05港元，跌幅很大。以电盈总股本221亿股计算，仅仅一个月有余，市值就蒸发了2/3，约2640亿港元，创造了港股跳水的新纪录。当电盈跌到5港元多时，公司副主席袁天凡邀请一些华资经纪人吃饭，希望这些前辈给点面子，帮忙向散户推荐电盈股票。

但是一切都未能如愿，曾经看上去很美好的合作计划相继流产，国际对冲基金的疯狂卖空和炒作，下半年互联网经济整体的不景气，一切都成为股价下跌的诱因——电盈成了不如鸡的落水凤凰。

2000年12月初，当电盈新股配售完成后，股价出现了轻微反弹，升到6.5港元以上，但到12月中旬，当电盈股价仍落在5.5港元水平，"空军"便开始累积清仓，每日不断沽空，然后在市场上不断传出大东可能在禁售期届满后，把手上的16亿港元电盈股份"大平卖"的利空消息。于是，电盈股价由5港元多开始不断狂泻。这时，市场又再传出大东配股，而且还言之凿凿地讲出配股价格，会定在3港元左右的低位，电盈股价马上由4.5港元急挫一成，跌穿4港元。贷款炒股的小股民补仓补到头晕，不少补到心虚或无钱再补，不得不咬牙斩仓。

2001年，李泽楷期待着新年能够带来好运。但是，元旦刚过，前7个交易日，电盈的股价不断回落，由5.15港元跌到4.2港元，接着又跌落到4港元以下。

电盈到了生死关头。有专家预测，电盈的内伤根本没有得到有效的医治，2002年更会难关重重，除非李嘉诚出手搭救，否则电盈的股价别指望翻身。

做任何事情都不可能一帆风顺，李嘉诚从小就教育李泽楷：办成一件事情很不容易，要经过很多努力，遇到困难与挫折都是正常的，在商战中保持清醒的头脑与平常心很重要，"好的时候不要看得太好，坏的时候也不要看得太坏"。

对于电盈遇到的困难李嘉诚同样心急如焚。2002年1月18日，他约李泽楷在香港的香格里拉饭店共进午餐。

中午12点45分，李嘉诚与李泽楷双双出现在香格里拉酒店，随行的还有两名保镖。他们穿过人来人往的酒店大堂，乘扶手电梯来到下层中餐厅夏宫，马上被宴会厅门外等候采访新加坡副总理李显龙的记者发现了，全场顿时热闹起来。

他们在侍应生的带领下，穿过厅堂来到位于大堂正面引人注目的房间内。父子二人高调亮相，正值午市繁忙时段，大厅内不少客人均可目睹他们吃饭的情景，每当贵宾房的房门打开时，大厅的客人均引颈张望，企图窥视父子二人在房内吃饭的情景。

李氏父子早知门外有几十名记者守候，但照样并肩走出夏宫。李嘉诚一见到记者便笑盈盈地说："怎么你们会在这里？我可不是你们想象推测的那样（商讨洽购大东所持的电盈股份），只是同朋友吃顿饭。"

酒店的一个大堂职员说："李嘉诚虽然每个月都会到香格里拉吃饭，但只会在晚上出现，而且每次都只去56楼的法国餐厅。"而夏宫的侍应也说，半年没见过李泽楷和李嘉诚一起光顾，算是稀客了。

很显然，李嘉诚选择这个时候请儿子吃饭，除了给李泽楷加油打气之外，还向电盈的对手宣布：他随时有可能出手帮助李泽楷，为电盈争取投资者，收购大股东手上的部分电盈股份，以免电盈的股价继续寻底。

饭后，记者对李泽楷进行了采访。当问到电盈配售一事时，李泽楷说："配售事宜正适当安排，但因法律所限，暂时不能公开任何计划。"记者又问道："电盈是否与刚来港的新加坡副总理李显龙洽商，与新加坡电信合作？"李泽楷三缄其口。谈到是否向父亲求助，他说："没有主动（向李嘉诚）要求协助。"问及李嘉诚会不会主动相助，李泽楷则说："你问他吧！"

李泽楷同时还否认基金不愿吸纳电盈股份，并了解到有些基金一直对电盈进行研究，他对这些基金有信心，但一切都得等适当时机再公布。

打虎亲兄弟，上阵父子兵。李氏父子共进午餐的消息，马上在香港金融界流传开来，结果，上午还在3.9港元水平喘息的电盈股价，下午一开市时便急速反弹近一成，带有明显的香港金融市场的特点。

这次饭局之后，市场陆续传出多个电盈利好的传言，如持有电盈股份的中国电信会接下大股东计划于下月抛售的16亿电盈股；也有人猜测李嘉诚要出手接货，撑住小儿子李泽楷，等等。

此后一个多星期，狂沽电盈的对冲基金以及"空仓之军"见形势不对，只好暂时鸣金收兵，马上在市场买货补仓，使得电盈股价掉头向上，升回4港元以上的心理关口，最后以4.25港元收市，升幅达一成。

李嘉诚导演的这一场高调的"世纪午宴"，不仅令电盈市值一天回升82亿港元，而且扭转了电盈股价的急挫局面，使其化险为夷。

2005年1月，李泽楷将电盈20%的股份出售给正欲涉足香港市场的中国网通。本来他是想将电盈股票全部卖给中国网通，但因为内地企业参与香港市场的种种限制，最后只达成了20%的股份比例。没有人会想到，作为电讯盈科第二大股东的中国网通，后来会成为李泽楷继续出售股权的最大障碍。

2006年6月20日，澳大利亚麦格里银行和美国基金新桥资本出价70多亿美元，竞购市值40多亿美元的电盈。李泽楷急于套现，却遭到中国网通的反对。李嘉诚对此一直蒙在鼓里，他从报刊得知消息后，连忙带上长子李泽钜一同来到李泽楷的办公室商谈此事，但在外开会的李泽楷故意不回公司，李嘉诚无奈，只好留下一张字条，失望而去。同年11月底，当新加坡盈拓公司的小股东准备就李嘉诚基金会、梁伯韬及西班牙电讯的入股方案投票时，李泽楷公开表态："如果盈拓小股东投反对票，我会很开心。"他表示自己有信心继续领导电盈发展。而李嘉诚在股东大会前夕曾亲自致电游说盈拓三大小股东支持交易，包括持7%股份的香港富豪黄鸿年及其相关人士、一家欧资大行的前高层和一家投资基金。

双方僵持之际，花旗环球金融前亚洲区主席、香港"红筹之父"梁伯韬率领财团参加竞购，打算以91.6亿港元收购电盈22.7%股权，并且获得了中国网通的认可。然而，命运再次戏弄了李泽楷。因为梁伯韬财团中有两支李嘉诚旗下的基金，被监管当局视为关联交易，李泽楷失去了出售资产的投票权。倔强而又一心想要摆脱父亲阴影的李泽楷，在关键时刻发动公司小股东，以76%的反对票否决了这一收购。

同年12月，李泽楷连续两天三度在市场增持69.3万股电盈，平均每股4.786港元，耗资331.67万港元。这样一来，他在电盈持股比例由27.16%增至27.17%。他这次增持，理论上是有助稳定股民对电盈的信心，但实际作用却很有限：首先，李泽楷当初一心想要出售电盈股份套现，现在的他是否仍有雄心推动盈科发展，实在无法让股民放心；其次，亚洲电信业未来最大的商机在内地，而李泽楷的做法显然破坏了他与中国网通之间的关系，不利于电盈开拓内地市场。

到2008年，电盈彻底失去了作为蓝筹股的意义。2008年5月，恒生指数宣布将电盈剔出恒生指数成分股。从此，电盈失去了资本运作的价值，维持其上市的财务费用已经不划算了，电盈的私有化就此提上了议事日程。

2008年10月14日，在香港股票市场开市前，电盈宣布暂停股份买卖。11月4日，电盈宣布李泽楷旗下的盈科拓展和中国网通提出以每股4.2港元、总价150亿港元将其私有化的要约。不过，在李泽楷的私有化的道路上还横亘着两道关口：一是电盈的小股东，二是香港最高法庭。李泽楷打的如意算盘是，面对金融危机，短期内投资者可以套现离场。但他显然没有考虑到小股东的利益，从中长期来看，这个私有化方案显然牺牲了小股东的利益，所以受到了小股东的强烈反对。尽管如此，李泽楷仍然强力推动电盈的私有化进程，不久，电盈私有化的建议分别于法院会议和特别股东大会获大比数通过。遗憾的是，由于爆出暗箱操作的嫌疑，引发了小股东的强烈不满，并遭到香港证监会和警方的调查，私有化最终流产了。

消息传出后，电盈的股价遭受重创，跌穿3港元。毫无疑问，对小股东来说，这是一场"惨胜"。而李泽楷在这个过程中通过行使手上的电盈认股权、卖出套现等，获利超过50亿港元。当然，这也是有代价的，公众给他打上了贪婪、缺乏社会责任感的标签，10年前那个人们心目中的商界小超人已经不复存在。

第十七章　进军电信业

　　世纪交替之际，李嘉诚携资本进入欧洲，以电信业为起点，经过一系列实业买进和经营，娴熟运用资产分析组合的技巧，在国际市场上实现了资本增值，显示出他眼光准确、善抓时机、雷厉风行的工作作风，还锻炼了整个团队。

　　此后，他看准行业发展趋势，在欧洲、大洋洲和中国内地大力布局3G，扎实经营，引领3G通信时代。

1. 花重金养"贵橙"

　　买"橙"与卖"橙"是李嘉诚平生最得意且获利最多的一宗投资个案。在这桩买卖交易中，充分展现了李嘉诚投资经营管理的核心理念——买了的东西一定要卖出去，未买就要先想到卖。

　　1989年，和黄集团旗下的和记电话有限公司在成立后的第五年，开始进军欧洲市场，顺利收购Quadrant集团蜂窝式移动电话业务。不幸的是，这次投资购得的公司在和黄的运营下连续几年亏损。

　　1991年，和黄又买入原由英国巴克莱银行等拥有的移动业务牌照。为扭转亏损局面，1992年，和黄在英国推出了名为"兔子"的CT2移动电话业务。这项业务有一个缺点：只能打出，不能打入。在与当时较为先进的电信服务技术的竞争中，它逐渐显露出劣势，大约一年后便彻底失败。和黄受此牵累，欠下了巨额债务。

面对日益严峻的形势，李嘉诚以一种长远的眼光来看待眼前的不景气。他认为，电信业务肯定会持续发展下去，如果知难而退，到时后悔都来不及。在他的调控下，和黄没有扔下英国电信业务这个沉重的包袱，他们继续努力，想通过新的方式来挽救这个辛苦购得的公司。

1994年，和黄斥资80余亿港元，将公司经营的电信业务重新包装，将其名称改为"橙"，快速推出了GSM流动电话服务业务，即第二代移动电话业务。其意图很明显，那就是不惜成本把"橙"养大。

受该公司初期不良业绩的影响，业界刚开始并不看好这项业务。但是，经过一段时间后，GSM的独特魅力吸引了消费者，移动电话受到越来越多消费者的青睐。"橙"首期经营便给和黄带来了惊人的业绩，付出的努力初见回报。

1996年4月，李嘉诚将有发展前景的"橙"在英国伦敦证券交易所上市。上市当日，"橙"一跃成为金融时报指数成分股，打破了上市公司成为成分股的最短时间纪录。

1997年，"橙"再创佳绩，成为英国三大移动电话商之一，其英国客户突破100万人。

1998年3月，"橙"在英国临近的北爱尔兰推出移动电话。李嘉诚期望爱尔兰的移动电话到年底覆盖当地95%的地区，同时，他还打算投资70亿港元，竞投爱尔兰当地的第三个移动电话网络牌照；接着又继续拓展荷兰、比利时、瑞士的移动电话业务。至此，和黄进军欧洲市场才真正告一段落。

"橙"在短短几年间扭转亏本局面，迅速成长起来，也带动了和黄其他地区电信业务的兴旺。9月，李嘉诚宣布将旗下的GSM及双频移动电话网络改为"橙"，这是把和黄业务注入英国"橙"的前奏。

在同一段时间，"橙"的用户已增至165万人，在第三季增幅更是大破纪录，增加20多万人，不但比第二季增加了五成多，更是1997年同期的1.2倍。公司能够扭亏为赢，可以说是苦尽甘来，董事总经理施乐家喜出望外，表示到年底整个公司将达到收支平衡。这话一出，使得不少本来看差"橙"的人士大吃一惊。

就在施乐家暗自高兴之际，李嘉诚却在酝酿着一个卖"橙"计划。

2. 卖"橙"行动

世纪之交，壮心不已的李嘉诚展开了一系列令商界应接不暇的分拆上市行动。在北美市场，他首先将和黄下面的美国声流公司（Voice Stream）分拆上市，1999年5月3日，声流公司的股票在美国创业板登场。完成分拆后，和黄持有约24%股权，成为声流公司的一大股东。

声流公司上市后不久，和黄继续对它进行投资。同年6月，向它注资9.57亿美元，支持它收购另一家大型移动电信公司——全点股份公司，拓展美国移动电话业务范围。

全点公司市值只有15.4亿美元，但是首季营业额就达到1.7亿美元，客户也有55万人，覆盖美国东北部纽约、马萨诸塞州及佛罗里达州南部等地的13个地区。经过并购，声流公司一跃成为美国具有全国性质的移动电话服务供应商，覆盖各大城市，在美国的用户达到1.7亿人，市场潜力巨大。

9月，和黄又通过声流公司收购了美国另一家电信公司——空中联动公司，动用资金达30亿美元。

声流公司收购空中联动的方法，与并购全点公司差不多，主要是采取换股的方式，股东可以自由选择现金或股票。收购后，和黄持有的声流公司股权，由30%降至23.4%。完成这两宗大型交易后，声流公司的市值高达130亿美元，成为和黄在海外控制的一家市值逾千亿港元的电讯公司。

和黄在美国的移动通信业务划分得十分清楚，由和黄占有半成股份的WWCA公司专做GMS网络发展，声流公司则经营PCS业务。

在成功分拆美国的声流公司并上市后，和黄旗下在澳大利亚、以色列等国家的业务也都以分拆上市的方式实现了重组和增值。

在一系列令人眼花缭乱的重组中,李嘉诚的卖"橙"计划以和黄逐步减持"橙"的股份拉开了序幕。1999年3月,和黄售出部分"橙"的股权,不但收回了以往的成本,而且赚取了50亿港元的盈利。而更大的惊喜还在后面。

李嘉诚的智慧是将投资长线、中线与短线相结合,既有短期收益,又有长期回报。当然,投资并不总是一帆风顺。起初他在英国的移动电话业务进展不佳而留下了巨额负债,但他不求一时的蝇头小利,而是注重长期稳定的回报。从最初失败的"兔子"到现在的"橙",已经有了一大批忠实的客户,他看到了移动电话的发展前景,于是用了10年时间等待,等候时机成熟再重新杀一个回马枪,足见他的果断与把握入市最佳时机的能力。

1999年10月14日,德国移动电话商曼内斯曼公司主席科拉斯·爱斯尔博士专程来到香港,亲自约见李嘉诚。

曼内斯曼公司在欧洲市场的名气很大,最早是从工业起家,于1989年加入通信市场,增长迅速,当年的营业额增长了64%。经过10年的奋斗,曼内斯曼公司已成为德国最大的移动电话公司,同时还经营汽车、电子等业务,总市值达582亿欧元,是"橙"的2.6倍。如果曼内斯曼公司收购"橙",它的用户人数可增至2000万人,市值达到7000亿欧元。它的业务范围不仅可以扩展到英国,还将成为全欧洲最大的移动电话网络供应商。

李嘉诚在售出部分"橙"的股份之后,也有意将其余大部分的"橙"出售,只留下少量"橙"的股份。若能与欧洲最大的电信公司结盟,是一件求之不得的好事,可以避免和黄在欧洲的其余业务受到其他电信公司的并购。经过一周的谈判,曼内斯曼公司出价266亿美元收购"橙"。

10月19日,曼内斯曼公司收购"橙"的消息在国际股市上流传开后,股市持续上扬,不仅"橙"的涨势如虹,就连和黄的走势也很强劲。但李嘉诚并不敢因此而有所怠慢,他和集团高管夜不成眠,等待着最后的时刻。

10月20日，传来了最后的消息：交易成功！

10月21日，李嘉诚在长江实业集团总部宣布，将"橙"44.8%的股权卖给曼内斯曼公司，这次交易给和黄带来了1130亿港元的巨额收益。和黄成了德国最大的移动电话公司曼内斯曼的第一大股东，还可以套现480亿港元。与此同时，和黄拥有的客户由350万人增至2500万人，并且可以进入德国和意大利市场。

这次海外收购行动及出售"橙"的交易，在国际上轰动一时。因为李嘉诚的零成本取得的回报是1100多亿港元，它彻底改变了李嘉诚作为"地产大王"的形象，也是和黄进军高科技产业的一个里程碑。

这笔"世纪交易"使李嘉诚控制的资产暴涨一倍，达到14 800亿港元，从全球富豪榜的第12位上升到了第10位。

2001年，李嘉诚在谈及"橙"的决策时仍不无自豪地说："'橙'是一个奇迹。"

当然，卖"橙"行动并不意味着李嘉诚放弃了欧洲市场，相反他是以退为进，在出售"橙"时，欧洲市场正处于3G欲来风满楼之际，出售"橙"不仅能赚大钱，而且避免了运营商的围攻，可以静待3G变化再行出击。

李嘉诚主导的世纪交易的确令人惊叹，然而，更让人佩服的是他的为人。

曼内斯曼公司成功收购"橙"后，和黄及"橙"的股价同时被投资者看好，稳步上扬。然而，当天曼内斯曼公司的股价却下跌了8%，收市为每股144.8欧元。

原来，全球股民都在担心曼内斯曼公司买了"贵橙"。因为这个收购价是国际上电信收购个案的最高价，比以前法国通讯收购德国电话公司爱普拉斯还贵一倍。这时，欧洲不少移动电话公司想收购曼内斯曼公司，现在它的股价一跌，许多觊觎者更是跃跃欲试。其中实力最强的要数英国沃达丰航空公司（即沃达丰电信公司）。沃达丰航空公司是全球拥有最多客户的英国移动电话商，用户达 3000 万人。它由沃达丰航空联盟集团公司合组而成，因积极扩张收购美国、英国和日本等地电信公司，成为全球电信市场的"巨无霸"。沃达丰航空公司与曼内斯曼公司本来是合作伙伴，有多家合作公司，如德国的移动电话服务供应商曼内斯曼公司及意大利的爱迷电信等。曼内斯曼公司的股价一跌，沃达丰航空公司把心一横，决定狙击曼内斯曼公司。

1999 年 11 月，英国沃达丰航空公司发表声明，将动用 1 万亿港元收购德国曼内斯曼公司 52.8% 的股权。

这时，仍然拥有曼内斯曼公司 10% 股权的李嘉诚，成了收购双方极力争取的重点人物。大战一触即发。当时英国一个组织准备给李嘉诚颁发一个"杰出人士奖章"，有人猜测此举是不是在为沃达丰航空公司拉票？

有人为李嘉诚算了一笔账，沃达丰航空公司出价后，李嘉诚手中的股票额外增值达到 318 亿港元。所以，无论是沃达丰航空公司还是曼内斯曼公司，都不是最大的赢家，最大的赢家是李嘉诚。

但李嘉诚却不为所动。在他出席"杰出人士颁奖"当晚，和黄发表了声明，李嘉诚的解释是："和黄与曼内斯曼一起发展对股东有利，而且沃达丰提出的收购条件不具有吸引力。"

不为数百亿资金动心，让人们对李嘉诚产生了无数猜想。可以肯定的是，李嘉诚不是想得到短期利润，而是想让公司有一个长远的发展，希望与合作伙伴实现共赢，而不是在资本市场上赚一笔就走人。

为了得到曼内斯曼公司，沃达丰航空公司又作出了若干让步。2000 年 3 月，沃达丰航空公司以 2038 万美元的价格，再次向曼内斯曼公司提出收购，把曼内斯曼公司的新公司股权由原来的 40% 提升至 49.5%。此外，沃达丰航空公司以 50 股新股换 1 股曼内斯曼公司股，每股价 350.5 欧元，此举令和黄手上的一成曼内斯曼公司股价升值了 70 亿美元。

经过磋商，曼内斯曼公司终于同意了收购协议。受这一消息影响，沃达丰航空公司与曼内斯曼公司的股价急速拉升，而"橙"的股价在市场上也以每股 2500 便士收市。李嘉诚将手中的一成股权售给沃达丰航空公司，赚得了 500 亿港元的利润。这样，沃达丰航空公司顺利取得了曼内斯曼公司 60% 的股权，宣告入股成功。而两大巨头的联手使曼内斯曼公司在原有用户的基础上增至 4200 万名客户，一举成为全球最大的移动电话供应商。

3. 竞投 3G 牌照

李嘉诚将英国"橙"售给德国曼内斯曼公司后，又卷土重来，斥资百亿美元，执着而坚定地向 3G 网络进军。

3G 是英文名称 3rd – Generation 的缩写，即第三代数字通信。第三代手机的移动通信技术，相对前两代的主要区别是：将无线通信与国际互联网等多媒体结合成新一代移动通信系统，能够处理图像、音乐、视频等多种媒体形式，提供包括网页浏览、电话会议、电子商务等多种信息服务。为了提供这种服务，无线网络必须能够支持不同的数据传输速度，大大提升了传输声音和数据的速度。

2000 年 4 月，英国电信当局拍卖 5 张 3G 牌照。为加强竞争，其中最大带宽的一张 A 牌照特意拍卖给在英国本土尚无 2G 移动网络的竞标者，并在拍卖价格上给予优惠。和黄以 44 亿英镑的竞投价格获得了这张 A 牌照。

随后，和黄先后取得了 7 个国家及中国澳门地区的 3G 运营牌照。为了先人一步，抢占有利形势，李嘉诚坚持不懈地在亚洲、欧洲甚至全球推广 3G 网络。按照他制订的发展计划，和黄将在英国、意大利、瑞典、丹麦、爱尔兰、以色列、奥地利、澳大利亚、新西兰及中国香港地区推出 3G 业务，成为全世界 3G 第一运营商。

李嘉诚之所以选择欧洲市场作为耗资巨大的 3G 主战场，原因在于欧洲市场具备种种有利于电信运营商开展业务的优势，特别是对即将启动的 3G 业务。

第一，欧洲市场属于高端市场，有着较为先进的消费理念。也就是说，只要运营商能够提供符合用户的电信业务，大部分用户都有能力消费。

第二，欧洲电信市场属于成熟的市场，在政策稳定性上相比新兴市场要高出许多，而稳定的市场政策有利于市场公平合理地竞争。

第三，欧洲市场属于高度一体化、开放的市场，各国之间在政策、市场上的相互协调程度比较高，这就有利于运营商在国与国之间开展业务，而不必受到国家之间一些保护政策的限制。

第四，欧洲移动电话的市场渗透率高于美国和日本，平均达76%，为全球之冠。这给运营商带来了两个好处：一是广阔的市场空间，平均达76%的移动电话普及率蕴藏着巨大的市场，使运营商有了用武之地；二是良好的市场氛围，高普及率意味着良好的市场氛围，证明通信消费已成为人们日常生活中必不可少的一部分。

第五，欧洲运营商尚未恢复元气，正是攻城拔寨的大好时机。

第六，欧洲市场主要是2G市场，3G的推广不会出现像日本那样受到2.5G阻碍的局面。在欧洲电信市场上，目前大部分用户使用的依然是GSM网络，并且对3G技术所能带来的变化有着强烈兴趣，这为3G业务的推广提供了良好的条件。

应该说，和黄在3G时代到来之前，以"曲线救国"的方式着力推出多媒体应用，是十分明智的选择。和黄3G子公司把自己定位为多媒体通信公司，也是对当时形势下的3G业务的具体定位，具有很大的可行性。

2001年9月，香港特区政府拍卖4张3G（第三代移动电话）移动通信运营执照。与欧洲等国的3G牌照拍卖有所不同，香港特区政府拍卖3G牌照采取甄选及竞标相结合的形式。因电信市场前景大不如前，香港特区政府称，在发出牌照后，至2005年前不会再发3G牌照。

早在这年7月，香港特区政府就公布了4张3G牌照的竞投指南。首先是甄选，在有关公司提交正式申请后，如果甄选过程中超过4家公司通过，政府将立即举行拍卖。竞标者需要缴纳2.5亿港元的定金。如果只有四家公司通过资格审定，3G执照将以底价出售给它们。底价出售后，第一阶段的竞标价将是未来运营商网络营业额的5%，前5年最低保证金为每年5000万港元，第六年起最低保证金将逐年递增，直到执照15年期限结束为止。按照这样的算法，每张牌照的净现值将高达7.65亿港元。

香港数家移动运营商都表示需要更多时间来评估这一价格。电盈的行政总裁伍清华认为，港府的3G牌照底价高于新加坡，"按底价计算，15年的专营权费用合计超过13亿港元，而新加坡只需1亿新元，即使按人口计，新加坡人口少于中国香港一半，香港3G牌照底价仍高于新加坡"。

无论如何，这次招标还是引发了移动电话运营商的觊觎之心。当时香港有六家移动电话运营商，其中五家均跃跃欲试，有心参与夺标。据有关人士预测，香港三大移动电话运营商胜出的机会很大，它们分别是和黄旗下的和记电讯、香港移动通信CSL和数码通电讯。其中，李嘉诚的和黄更是豪气冲天，志在必得。

全球业界对3G的期待是有目共睹的，但是，3G的前期投入也是巨大的，而人们对3G的强烈预期也使有关3G的牌照非常抢手。

在3G方面已投入庞大资金的和黄，其最大的对手——沃达丰航空公司行政总裁Chris Gent曾经表示，由于手机供应商未能如期推出3G手机，致使该公司的3G服务计划受到阻延，原定于2002年下半年推出的3G服务，可能延至2003年推出。他还指出，除非有足够的手机供应商，否则公司可能放缓兴建3G网络的速度。此言一出，沃达丰航空公司的股价当即下跌4.7%。

和黄总经理霍建宁却认为，沃达丰航空公司等众多国际对手纷纷延迟推出3G服务，给和黄带来了绝对优势。"对手拿着刀来打仗，和黄则是拿着机关枪来打仗。"霍建宁打了这样一个比方，意思是对手延期推出服务，将使和黄有足够的时间去拓展市场。而且，和黄已签订多项基础建设协议。霍建宁表示，集团投放于3G的资金比预计要低，与合作伙伴共同开发基础建设项目，节省了投资成本，可望提升集团的竞争力。此时，和黄已持有英国、澳门、瑞典三地的3G运营牌照，未来的业务规模庞大，规模经济也将使成本大幅降低，市场前景十分看好。因此，霍建宁指出，市场投资气氛已比年初景气，他预计和黄在3G市场上的占有率在10年内可达20%，部分地区如瑞典将超过25%。因此，对香港特区政府即将举行的3G竞拍，和黄当仁不让，势在必得。

李嘉诚坚信，无线数据传输将成为推动未来经济发展的重要驱动力量之一，而这也是李氏集团垂青3G的最好理由。不过，他也不是一味地蛮干，而是有选择、有目的地竞争。他表示，绝不能为了获得每一个3G营业执照而无限制地竞标。比如德国的3G执照因成本过于高昂，超过了和黄的预算，李嘉诚就选择退出。

知道何时应该退出，正是李嘉诚的生意长盛不衰的秘诀之一。他常常告诫人们说，管理任何一项业务都必须牢记这一点。因此，在电信投资方面，他的主张从来是稳中求进，和黄一般会制定出预算，然后在适当的时候以合适的价格投资。

对未来电信的发展，李嘉诚计划3年内在英国的项目上投入60亿美元，在意大利的项目上投入51亿美元，并计划在2005年，这些业务能够实现收支平衡。但交易依然是实现收入的手段，和黄已向KPN和NTT DoCoMo出让了自己在英国业务的小部分股权，但全球电信业的不景气使得寻找买家变得越来越难，而且大多数公司都面临现金匮乏的困境。即使如此，李嘉诚对未来电信的发展及以3G为核心的战略依然没有改变。或许，以超人般的商业阅历和敏锐的眼光看好未来的3G市场，正是让这位奇才胸有成竹的原因吧。

4. 灵活运作3G业务

在进军3G市场时，李嘉诚率先在澳大利亚推出了3G网络。分析师们认为和黄的战略是一种赌博，将决定其在当地的命运。

和黄澳大利亚公司为了在澳大利亚建立第一个3G网络，投资了30亿澳元，战胜了澳大利亚电讯公司、Optus、沃达丰航空公司等对手。

和黄拥有和黄澳大利亚公司58%的股权。3G服务将提供视频电话、新闻片段等服务。

这是和黄澳大利亚公司的最后一枚棋子。该公司在手机市场只占有2%的份额，2001年以来，公司的股价从每股5澳元下跌到33.5澳分。正如澳大利亚分析师迪姆·斯马特所说："他们实际上是把整个公司押在了3G上，和记黄埔澳大利亚公司的生死完全取决于3G的成败。对于和记黄埔和澳大利亚来说，这次的赌注都很大。"

斯马特还说："他们的战略认为，推出技术和服务后，需求就会自然而然地产生，但这并不一定，基本上是一个虚幻的理论。"他估计和黄要在澳大利亚市场占据20%的份额才能取得成功。一位匿名分析师则表示，民众对3G的需求很小，和黄推出3G"至少早了5年"。

确实，和黄在澳大利亚的业务并非一帆风顺。和黄澳大利亚公司首席执行官拉塞尔承认公司遇到了严峻的困难，但是他表示，现在的主要困难是积极推出3G产品。他说："在过去2年，持怀疑态度的人很多。移动产业就是在高潮和怀疑之间摇摆的，这并不意味着我们在高潮时推出服务的成功机会会更大。"他认为，公司市场份额小是一种优势，因为这能把主要精力放在利用新技术吸引客户上，而不是用过时的设备保护现状。和黄澳大利亚公司的竞争对手不愿为3G网络做出巨大的投资，而是把重点放在2.5G上。和黄恰恰是要弥补这一空缺。

2000年5月底，和黄与日本电讯电报公司、荷兰电讯公司达成战略性的合作协议，和黄获得英国3G牌照的子公司分别向二者出售20%和15%的权益，三家公司共同经营英国的3G移动通信网络。

在欧洲市场，和记黄埔与日本电讯电报公司、荷兰电讯公司组成三方联盟，参加德国的3G竞标。但是，就在三方联盟将要拿到3G牌照时，和黄却退出了角逐。原来，李嘉诚另有目标，他的目标是想取得欧洲其他国家和地区的3G牌照。

2000年10月，和黄以20亿美元取得了意大利的3G牌照。

2000年11月、12月，和黄取得了奥地利和瑞典的3G牌照。

不久，和黄还取得了中国香港和以色列的 3G 牌照。

2002 年 9 月中旬，和黄率先推出了以数字"3"作为标记的 3G 服务标志，接着又公布了 3G 品牌设计的详细情况，并提供了相关的服务细则，主要应用于欧洲的奥地利、丹麦、爱尔兰、意大利、以色列、瑞典和英国等 7 个国家，以及亚太地区的澳大利亚和中国香港。

同时，和黄在香港推出了首批 3G 手机 1000 部；随后又在欧洲的英国、意大利推出 3G 手机。

2002 年 8 月，和黄以近百亿港元收购欧洲第三大药房连锁店 Kruidvat Croup；随后，董事总经理霍建宁宣布旗下的 H3C 以 5900 万欧元收购意大利手机商 Blu 的移动电话基站，同时还获得了 1000 多份基站租务合约。8 月底，和黄又宣布参与竞购芬兰的 3G 经营牌照。

几年来，李嘉诚领导的和黄在 3G 业务上投入血本，仅竞投牌照就花费了 102 亿美元，网络建设投资则超过 270 亿美元。

为了给和黄的 3G 业务提供资金来源，李嘉诚也在努力提高原有业务的盈利能力。

在能源业务方面，通过全产业链经营和全球客户拓展，使赫斯基能源的盈利能力稳步增长。2001 年，赫斯基能源创造了约 9 亿港元的利润，到 2005 年，其利润提升到 35 亿港元。

在港口业务方面，通过引入现代化的管理模式和先进的计算机系统，努力提高旗下港口的装卸效率，使港口业务的利润从 2001 年的 27 亿港元提升为 2005 年的 39 亿港元。

在基建业务方面，通过重组公共事业业务、加大海外收购力度，使长江基建的利润从 2001 年的 22 亿港元提升为 2005 年的 34 亿港元。

此外，李嘉诚还注意发展地产及酒店、零售、财务、投资等业务。经过精心的算计与巧妙的腾挪，到 2006 年，和黄的现金流与可变现投资达 1300 亿港元，使 3G 业务有了坚实的后盾。

截至 2006 年，和黄已在澳大利亚、奥地利、意大利、英国、以色列及中国香港等 10 个国家和地区开展 3G 业务，全球 3G 用户总数超过 1200 万人。

其中，英国与意大利是和黄投资 3G 业务的两个旗舰店。

英国的总人口为 6000 万人，是世界上除了美国、日本、德国以外的第四大经济强国，其移动电话总用户占欧盟 15 国移动电话总用户的 17%，2000 年移动通信收入为 104 亿美元。截至 2005 年 8 月，和黄的英国 3G 用户达到 321 万人，同年年底达到了 EBITDA（税息折旧及摊销前利润）收支平衡。

意大利 3G 是和黄 3G 业务中增长及财务状况最好的。2003 年 3 月，和黄开始正式运营意大利 3G 业务。截至 2005 年 1 月底，和黄在意大利的 3G 用户超过 580 万人，市场占有率达到 8%。

意大利的 3G 业务在 2005 年 8 月实现 EBITDA 由负转正，成为和黄 3G 实现全面盈利的一个转折点。和黄的 3G 业务之所以有望扭亏，除了得益于成功的市场拓展策略外，与其通过灵活的资本运作筹划发展资金也密不可分。

2005 年 5 月，和黄以 1.2 亿英镑的价格，向日本 NTTDoCoMo 回购其持有的和黄英国公司 3G 的 20% 股权，同时也向荷兰 KPN 收购其持有的和黄英国公司 3G 股权，共实现账面盈利 94 亿港元。而和黄英国公司 3G 也成为集团旗下的一家全资子公司。

2005 年年底，和黄还以 100.95 亿港元的价格，将旗下和电国际 19.31% 的股权出售给埃及移动运营商 Orascom Telecom 公司，直接获得一次性收入 74 亿港元，同时也让和记电讯获得了在中东扩张 GSM 及其他移动电信业务的机会。

2006 年 2 月，和黄曾计划将旗下的意大利 3G 业务分拆后于当地上市，集资将近 20 亿欧元，但因为与承销团在企业估值上发生分歧，最后暂时放弃了上市计划。随后，和黄改为通过私募方式，以自己选择的价格（而非市场定价）出售意大利 3G 业务 30% 的股份，筹资 4.2 亿欧元。

与此同时，因 3G 业务持续亏损的和记电讯也不再作为和黄子公司入账——完成交易后，和黄在和记电讯中的持股量将由 69.11% 减至 49.8%，低于 50%，从而成为关联公司。而出售所得将用做一般营运资金，持续扩充和黄现有业务及和记电讯在印度的有关网络。

冒险离神话仅一步之遥，若更进一步，也许李嘉诚的"3G帝国"又会成为"神话"。李嘉诚父子没有满足于已经取得的战绩，他们将目光转向了最大的市场——中国内地市场和中国香港两地的互联网市场。

中国拥有世界上最多的人口，是最有潜力的市场。2000年5月，和黄动用4亿美元，买入了内地电信巨头——中国联合网络通信集团有限公司（以下简称"中国联通"）发行的新股。中国联通与和黄签订了一份合作协议，和黄持有的中国联通股票以不超过2.57%为极限，组成策略性联盟，在中国内地展开各类策略性合作，和黄得以优先发展中国联通新开发的业务。

到2007年6月，和黄的全球3G用户达到了1590万，但相对于庞大的投入，营收实在是不足为道。

2007年上半年，和黄的3G业务亏损达113亿港元，这一时期的盈利主要依靠出售印度的2G业务和内地的房地产业务。雪上加霜的是，和黄因为囤地牟取暴利，长期闲置大面积土地的行为，被东莞市政府部门罚款近8000万元。紧接着，内地又出台了对囤地行为的处罚措施。

麻烦一个接着一个，远远超出李嘉诚的想象。尽管和黄已经拥有10多个国家和地区的3G牌照，覆盖欧洲大部分国家，但用户数量却少得可怜，不足以平摊高额的牌照费和网络铺设费用。而且，受制于手机终端、下载速度慢等缺陷，3G服务口碑很差，和黄只能通过大规模降价来维持市场。

这种状况直到2010年以后才有所好转。2011年3月，在长实年度业绩报告会上，李嘉诚表示，"随着3G完成投资期及获得盈利，和黄业务已进入新纪元。过去10年和黄旗下的3G都有亏损，不过，进入2010年，和黄的EBIT（即扣除利息、所得税之前的利润）却获得正数"。

3G业务亏损10年，终于迎来了扭亏为盈的日子，这个过程或许正验证了李嘉诚"发展不忘稳健，稳健不忘发展"的经营哲学。

第十八章 跑马圈地

在寸土寸金的香港,楼宇价格居高不下,一度超越普通大众心理承受的极限。在民情、舆论和政府的压力下,投机炒作遭到指责,正常的投资空间也变得狭小。在这种情况下,李嘉诚把地产投资转向了市场更为广阔的内地。

1. 炒楼风波引非议

作为地产大王,李嘉诚始终把房地产作为主打产业。他在20世纪80年代后期推出的大型屋村工程已先后竣工,进入收获的季节,财源滚滚而来。他开始大举进军海外,同时也没有放弃在香港和内地的拓展。就在这个发展过程中,发生了一些大大小小的风波。

20世纪90年代的香港,置业难,租房亦难。可以说,香港是世界上房屋租金最贵的地区之一。据1990年资料统计,香港写字楼的租金平均水平居世界第四位,每平方米月租为83.2美元,仅次于东京、伦敦、苏黎世;商业铺位租金水平居世界第一,每平方米平均月租为619美元,居东京、伦敦、纽约之前。在香港黄金地段,每平方米商铺月租动辄要1000美元以上。

到1994年5月,国际物业顾问仲量行宣布,香港写字楼的租金已超越日本东京。香港房屋租金昂贵,不仅本港人士苦不堪言,外商更是怨声载道。香港美国商会主席马畋指出,香港的高租金使不少美商盈利微薄，甚至无利可图，已到了不堪重负的地步。德国西门子集团总裁葛廷嘉年前考察香港后，向报界发表建议："香港租金水平应在某一水平上停顿下来，否则不仅令一些海外企业望而却步，亦将影响外商在港公司的未来扩展计划。"

香港人士及外商的怨愤，使地产发展商与代理商首当其冲。本港地产公司有4000多家，其中上市公司百余家，信誉不佳的公司有500家之多。也许是它们名气太小，舆论的矛头多指向蓝筹股地产公司，连信誉极佳的长实亦不能幸免。

《东方日报》于1991年5月26日发表《地产发展商赚钱知多少》一文，指出："做牛做马为片瓦，有人穷一生精力，才可以自己拥有物业，楼价已占去家庭收入的七成。究竟地产发展商在建楼及卖楼之间，赚去我们多少血汗钱，难以统计。但香港有数的富豪都是经营地产业务，上市公司之中，逾五成的市值均是地产建筑公司，可见做地产的赚钱能力。"该文接下来以长实发展茶果岭丽港城为例，剖析并估算李嘉诚在这个地产项目中将获取111亿港元的巨额利润。

又有一篇文章，以"一将功成万骨枯"为喻，诉说地产商的辉煌业绩是由置业租房市民的血汗堆砌而成，击碎了民众对地产骄子的崇拜。对于地产富豪们的拷问，反映出普通市民积怨已深，也反映了香港社会财富分配不均的矛盾。

20世纪90年代，民众对地产商炒地炒楼的愤怒情绪达到了高潮。

香港一位知名地产记者所写的系列地产楼市文章中，几处涉及李嘉诚，认为李嘉诚在售楼过程中最照顾炒家。不过，香港新闻界人士仍认为，"与那些跟公众对着干的地产商比，李嘉诚则算有分寸、有节制"。

从盈利的角度来看，炒地炒楼可以更多地获取利益，只是苦了真正买楼居住的用户。从长远的角度来看，拂逆顾客的做法最终都会招致恶果。

1991年11月6日，新上任的香港财政司司长麦高乐，宣布增加楼宇转让印花税和限制内部认购比例，以刹楼市炒风，平息民怨。

据说李嘉诚虽知悉此事，但因筹备多时，耗费相当财力精力，改期不利，于是，天水围嘉湖山庄第一期仍按期开盘。是日，炒家买家十分踊跃，排队的长龙浩浩荡荡，三天内竟有 3 万人登记，相当于发售的 1752 个单位的 20 多倍。

据传媒报道："麦高乐对此深表不满，觉得李嘉诚明知他在当天宣布打击炒楼措施，却偏偏不避风头在同日推出大楼盘，与政府'对着干'。于是麦高乐使出厉害的招数，11 月 13 日由银行监理处致函各银行，将新旧住宅楼宇按揭贷款，由原来的八九成降至七成。"

李嘉诚一贯谨慎从事，最怕树大招风，这次却不慎撞到了枪口上。地产同人都为李嘉诚捏一把汗，原以为咄咄逼人的麦高乐会枪打出头鸟，没想到他一竹竿打翻一船人——所有地产商均挨五十大板。

银行按揭的比例，直接关系到买家与炒家首期现金的承担，进而影响到楼市的兴衰。楼价下滑，地产商与代理商将双双栽进去。李嘉诚毫不示弱，11 月 21 日，他在希尔顿酒店设宴招待来访的加拿大总督。李兆基、郑裕彤、郭炳湘、郭鹤年、罗嘉瑞等地产巨头应邀作陪。有人认为，他这是在向港府"示威"和暗示，如果逼人太甚，他们将把投资重点移向加拿大等美欧澳国家。

当记者询问他们对政府降低按揭成数的反应时，一贯在公众场合甚少开腔的李兆基率先表态，声称会通过自己旗下的财务公司提供较高的按揭成数，防止楼市下跌。其他地产巨头也异口同声地附和，口气十分坚决。在记者的追问下，李嘉诚最后也表态说，希望能与政府协调好关系，如果地产同仁都这样，他也会跟随潮流。

麦高乐等一批官员，对地产商唱的"对台戏"感到异常恼火。第二天，麦高乐与汇丰银行大班、恒生银行主席紧急磋商，由两位金融寡头出面还击。香港银行公会主席措辞极为激烈，严厉警告地产商，如果一意孤行，日后其他发展计划将得不到银行的支持。

按照李嘉诚的一贯性格，是不会自己撞到枪口上的，但这次他撞上了。既已如此，就不能回避。面对港府的打击措施，他与地产巨头们团结一致，联合作战，在共同的利益下结成统一阵线。然而，胳膊毕竟扭不过大腿，与港府作对，终究是要吃亏的。当麦高乐请出汇丰银行大班强硬相对时，他们亦适时识趣地作战略撤退，毕竟之前与港府分庭抗礼，已经达到了显示实力警告港府的目的。

但就炒楼风的最终结果来看，港府措施严厉，然而却打击不力，原因在于地产商抓住了港府的痛处。

香港人多地少，港府奉行高地价政策，造成地价居高不下。长期以来，地产收入一直是港府财政收入的大头，20世纪90年代更是如此。以1993年为例，政府卖官地及更改用途补地价，收益达422亿港元，加上地产方面的各类税收，差不多占政府总收入的70%。

在地产收益上，港府与地产商同样不厌其多。那么，各界为何只谴责地产商而纵容政府呢？这是因为政府的财政收入用于浩大的公费开支，英国政府未向香港抽缴财政收入，香港政府靠卖地的收入维持其低税制。

港府也建公房，一类是学校等公益建筑，另一类是公建住宅楼宇非盈利建筑，售予或租予超低收入者。好人让政府做了，恶名由地产商承担。地产商高价买地建房，必定会转嫁给用户，用户当然会群起而攻之。打击楼市炒风的措施过严，必然引发楼市下挫。楼市弱淡，政府的地产收益必会锐减。地产商与港府自然而然地成了一条绳上的两只蚂蚱，无论掐住哪一只，另一只的日子都不好过。

不少地产商也指责港府对土地囤积居奇，好卖高价。楼价高涨，首先是港府地价高涨。打击炒风不能从根本上解决问题，重要的是增加土地供应量，适当调低地价，以量多保证政府收入。

李嘉诚以和软的口气表达了自己对打击炒风的看法：立法管制固然起一定作用，但管制太多不利于楼市的发展。这恰恰是港府最害怕的。李嘉诚不愧具有超人智慧，言语不多，但一语击中要害。有一位评论员说，自从港府高官麦高乐向地产商宣战那一天起，地产骄子李嘉诚就如一条困在小河里的巨鲸。

是巨鲸，就渴望到大海里搏击风浪。那么，李嘉诚是回游到加拿大那片投资汪洋，还是另寻大泽呢？

2. 逢低吸纳优质地皮

经历炒楼风波后，李嘉诚并未放弃任何在港投资发展地产的机会。

1998年年初，亚洲金融风暴的余波还在激荡，股市依然不见起色，李嘉诚全力以赴开展自救行动，以私人名义购入200万股长实股份，同时又回购数量相同的和黄股份，两项共动用资金1.5亿港元。此时，香港的地产市场仍在持续地滑落。对经济形势分析判断一向较准的李嘉诚，趁此低潮机会又开始施展其一贯策略，以低价购入优质地皮。

1998年1月初，九广铁路公司把天水围轻轨地铁站上部建筑、面积达57万平方英尺的地皮发展权，全部交给长实。在此之前，九广铁路公司曾以单一投标方式，把香港红磡火车站的车场上部建筑发展权交给长实。这一次双方又是在非公开情况下达成的合作计划。

得到这块天水围地铁站的地皮后，长实即准备兴建大型住宅屋苑，楼面面积为180万平方英尺，可赚得18.3亿港元，九广铁路公司将分到4亿港元以上。即使不能达到预期的利润，九广铁路公司也能取得至少4亿港元的收入。

过去，长实兴建了嘉湖山庄，作为发展该区的主要领头项目。有了上一次的合作基础，李嘉诚轻而易举地拿下轻轨项目，实属幸运。但是，并不是所有事情都一帆风顺。

在香港特区政府举办的一次酒店用地的竞投中，长实拿到了一块本来无人竞投的位于马鞍山鞍骏街的土地，价格为1.2亿港元。如此低的价格，立即在地产界引起一片哗然，因为按正常价格会贵得多。业内人士有的赞叹李嘉诚的好眼力——面向海景，兴建面积广阔，平均下来每平方英尺仅为200港元左右；有的议论说是特区政府托市心切，不设底价竞投，将原来拍卖土地的政策改成这样，目的是为了测试一下市场的反应；还有更激烈的言辞说，这是政府私自交易。

对此，李嘉诚回应说："不义而富且贵，于我如浮云。"这句话引自《论语·述而》，意思是说富贵如浮云，轻微到不足道。暗示他自己并无勾结特区政府以求厚利之意。

随后，李泽钜出面向公众做了更详细的解释："标书上列明该地地下可能有一个溶洞，这样投中的成本将会大增。每平方英尺的建筑费，实际地价为每平方英尺600～1000港元，初步发展成本为17亿港元左右，这样的价格在香港来说，应该是合理的。"

有人又说："为什么长实一投就中，而其他的财团未中？"

"市场价不是讲出来的，真正拿出钱来的才是市场价。"李泽钜回答说，"另外，长实的价格在所有财团中算是高的，其他财团的竞投价格要低于我们。"这番话通过媒体披露出来，风波才算平息。

紧接着，长实联合和黄及荣智健的中信泰富公司，以28亿港元的价格，投中一块位于九龙尖沙咀广东道的商住地皮，在权益分配上，长实与和黄平分，共占八成半，其余一成半归中信泰富公司。

此次中标价格是20多亿港元，而市场估价在36亿~40亿港元。长实中标价格与市场估价相差两成。参与投标的还有包括新鸿基集团、恒基集团在内的其他财团，竞争十分激烈。为了尽快给卖地市场建立指标，特区政府采取了缩短投标时间的方式，由两周缩减为一天，即中午截标，当晚便公布结果。

长实在短时间内连中两元，引起了业内人士的议论。有人说特区政府做法失当，此举会助长开发商捡便宜的心理；有人说这是特区政府拿公地做人情，与财大气粗的地产商勾结。

李嘉诚再次出面解释：清者自清，浊者自浊。尽管有指责声，但并没有影响到长实的声誉，反而因为有媒体与公众的声音，长实受公众的关注度更高了。

3. 布局内地市场

20世纪90年代初,长实、和黄对内地地产的投资比例一度被严格控制在较小的范围之内。因为政策风险、市场不透明、消费模式不成熟等因素,"阻碍了其在内地快速推进的决心"。但对于内地房地产市场的巨大容量和增长潜力,一向善于把握市场机遇的李嘉诚显然不会视而不见。所以,在投资环境成熟后,他就开始了大规模的地产布局。

自从1992年签署第一份内地合资合同,开始进入内地房地产市场以来,李嘉诚先后在北京、上海、青岛、重庆、深圳、广州、东莞及珠海等主要城市,发展了20多个地产项目,包括北京"东方广场""姚家园",上海"御翠园""四季雅苑""梅龙镇广场""梅龙镇商厦""华尔登广场""汇贤居""世纪商贸广场"及"古北新区住宅",广州"怡苑"、"黄沙地铁上盖住宅"、番禺大石镇"珊瑚湾畔",重庆"大都会广场及商厦""比华利豪园",深圳"黄埔雅苑"、宝安"御龙居",东莞"海逸豪庭""海逸高尔夫球会",青岛"太平洋中心",珠海"海怡湾畔"等项目。

考察李嘉诚在内地房地产的投资路线,可以清晰地看出他从"中心"向"边缘"、从经济发达的一线城市(如北京、上海等)向二线城市(成都、长春、武汉等)逐渐扩展的投资思路。换句话说,二线城市开始在其战略版图中占据越来越重要的位置。这一结果可以从内地房地产市场的现实中找到答案:一线城市的房地产市场竞争激烈,要进入当地市场不是简单的事情。加之一线城市高涨的楼价受到政策的影响,极有可能会引起连锁反应,未来的投资风险显而易见。

所以,李嘉诚在内地开展的地产业务,均采用投资组合的中长线策略,有利于降低各项风险。例如,北京是李嘉诚的重点投资地区,主要由长实系财团和有关财团联组的香港汇贤投资公司斥资20亿美元,兴建举世瞩目的"东方广场";后又投资32亿元人民币,在北京开发住宅商品房和配套服务。

2003年至2004年，内地出台了一系列房地产调控政策，但丝毫没有减弱香港地产商大举进军内地房地产市场的热度。李嘉诚逆市而动，在内地完成了超过600万平方米的土地储备。如此"逢低吸纳"的操作，恰似30年前他在香港地产界的创业史。

2004年被媒体称为和黄的跑马圈地年。同年4月，和黄地产拿下武汉汉口区占地1010亩的旧城改造项目，并有意在市中心江汉路商业区开发一个建筑面积10万~15万平方米的大型商场，两项总投资额粗略估计达数十亿元人民币。

10月19日，和黄地产宣布与深圳中航集团成立合资公司，在深圳市区的华强北商圈内开发一个大型综合商住办公项目，该项目楼高58层，总建筑面积近18万平方米，总投资20多亿元人民币。据知情人士介绍，根据双方的合作协议，中航集团方面只负责出地，项目投资与运营管理几乎由和黄一手包办。而在2004年8月底广州市赴港招商活动中，和黄在广州黄埔、芳村区的两个商业物流项目敲定，加上较早时投资兴建的黄埔国际玩具礼品城，三项投资总额高达35亿港元。

10月29日上午，随着一声锤响，和记黄埔以21.35亿元人民币拿下了1036.47亩①的成都"城南地王"，创下成都乃至整个西部地区单宗土地拍卖的最高价。"城南地王"每亩206万元人民币的价格，也创下了成交的最高单价。早在2001年，和黄就对成都城南的地块表现出浓厚的兴趣，多次对该地区进行考察。业内人士分析，由于地价成本，加上和黄想要在成都打造一个"新香港城"的开发意向，该项目建成后，住宅价格将超过每平方米5000元人民币。

10月30日，和黄地产（北京）宣布，将斥资30亿元人民币投资北京朝阳区姚家园项目（这个面积40万平方米的土地项目已投入7亿元人民币）。姚家园项目计划较早，历时4年才破土动工，和黄的加入

---

① 1亩=666.667平方米

将有助于计划的顺利实施。无论是从战略布局还是战略时机的选择，都可以看出和黄取得北京住宅市场的决心。更何况和黄在这个项目中投资巨大，大有不做出一番成绩誓不罢休的劲头。

12月6日，和黄地产以总价10.05亿元人民币，成功拍得西安高新区727亩国有土地的使用权。此举意味着李嘉诚的和黄地产正式进入西安。

该宗土地位于西安高新区二期，净用地727亩，建设项目集中小学、广场、停车场、写字楼和高档住宅等于一体。土地拍卖消息传出后，立即引起全国多家房地产企业的关注。由于整个项目对资金的要求非常高，西安市国土资源和房屋管理局高新分局最终选定李嘉诚的公司与另一家中国500强企业进行现场竞价，土地挂牌起始价为7.26亿元人民币，每次竞价增幅不少于1000万元人民币。

经过29轮的角逐后，和黄地产最终以10.05亿元的价格竞拍成功，平均每亩地价高达138万元人民币。和黄地产将在3年内首批完成30亿元人民币的建设项目，然后继续在西安高新区CBD内投资高档商业写字楼、商务酒店等大型商业设施项目，总投资达100亿人民币。

和黄一位高层人士说，2004年4月以来，和黄地产新增内地投资计划及投资意向"如全部得以落实，预计新增投入接近300亿"。实际情形是，截至2004年12月，和黄拿下的20余个项目，若全部开发，所需金额高达500亿元人民币以上。

2005年，北京朝阳区的姚家园项目——逸翠园终于破土动工。逸翠园毗邻朝阳公园，小区总占地面积约为26.7万平方米，住宅建筑面积约36万平方米，容积率低于1.5，预计将提供超过2000套Town house或小高层高档住宅单位。

逸翠园的居住规划创意源于美国纽约中心一个低密度文化居住社区The Greenwich Village。这个社区以著名的华盛顿广场为中心，簇拥着湖泊、树林、湿地等自然美景，是艺术家、设计师、自由工作者的聚居之地。逸翠园以其为蓝本，力求在北京繁华的CBD商务区邻近，营造一个具有浓郁艺术气息的人文居住区。

2005年3月15日，和黄正式启动了西安高新区被命名为"逸翠园—西安"的项目。"逸翠园—西安"位置优越，地皮位于高新开发区二次创业的CBD核心区，东邻西万路，北临南绕城高速路，南至锦业三路，净用地727亩，规划建筑面积逾106万平方米，将以国际标准精心规划，建设大型综合发展社区，其中含有高档的住宅区、大型商业区配套。配合西安市政府国际化现代化的规划目标，整个社区内餐馆、娱乐、休闲、教育及交通各项生活配套设施完善。

2005年3月，和黄间接全资附属公司Kingdom持有51%股权的嘉云酒店（集团）有限公司，受让北京首都旅游集团有限责任公司（以下简称"北京首都旅游集团"）持有的北京首都旅游股份有限公司69.14%的法人股。此前，和黄早有进入内地旅游地产市场的意图，结合此前和黄与上海家化集团争夺海南海棠湾开发的一系列动作，不难看出李嘉诚对于内地旅游地产投资的扩张雄心。

事实上，李嘉诚与北京首都旅游集团的"联姻"在几年前就开始了。2002年7月，北京首都旅游集团与和黄、北京控股集团有限公司（简称"北控"）就在开曼群岛联合注册了北京旅游发展公司，主营中国及美国酒店的旅游服务。此后，和黄进军内地旅游业的计划放缓，转而倚重香港海逸酒店集团在内地进行酒店业开拓。海逸酒店成立于1997年，由和黄与长实合资设立，负责投资、运营和黄的国际酒店业务。比如，在2002年，通过海逸酒店集团的一系列资本运作，和黄收购并控股了内地多家酒店，包括重庆与昆明两地的海逸酒店以及北京东方君悦大酒店等。

而将公司主要发展方向确定为酒店和旅游服务业，是和黄在2004年就已经确立的目标，公司还将加快在上海、西安、成都等地的产业开发。

到2005年年底，和黄联手保利集团、上海家化等企业，在海南"海棠湾"开发豪华酒店及旅游配套设施，一期意向性投资金额约为

150亿元人民币。

2005年3月28日，和黄又一次大手笔认购永安旅游公司2亿港元债券。当时永安旅游公司在港运营着4家酒店，这次共发行10亿港元债券并计划投向内地酒店旅游产业。

2005年4月，由李嘉诚控股的北京首都旅游股份有限公司，基本敲定投资其在华东的第一个旅游地产项目——宁波"世界村"，这也意味着李嘉诚"曲线"进军内地旅游产业。占地约5000亩的"世界村"位于鄞州横街镇与集士港镇交界处，按框架性规划，将以世界文化为主题，包括五大洲22个国家和地区的村落，各由10~20幢别墅组成，其中365幢企业会所（别墅）只租给世界500强企业。

世界村总投资在6亿元人民币左右，其中，北京首都旅游股份有限公司股份占48%，宁波迪赛房地产投资咨询有限公司占股39%，宁波天马有限责任公司占股13%。为这一项目专门成立的合资公司——中国世界村旅游开发股份有限公司已申请注册。

2005年4月30日，和黄出资16.23亿元人民币，将武汉花楼街片和老甫地块总面积203亩的土地收入囊中。

2005年5月9日，和黄以16.23亿元人民币买入武汉两块商住用地。

2005年5月25日，长实与和黄联合发布公告，宣布两家公司各占50%股份的合资公司，已于5月23日与天津市地下铁道总公司签订合同，成立合营公司和记黄埔地产（天津）有限公司，并已将天津市营口道一块面积为1.96万平方米的土地，发展成一项商业（第一期）及住宅（第二期）项目。

据2005年报统计，和黄所占的土地储备可发展成680万平方米物业，以住宅物业为主，其中94%在内地、5%在英国与海外、1%在中国香港；另外，和黄集团酒店业务的税前利润较上年度提高了82%。

可以预见，李嘉诚率领的长实与和黄地产在内地开发新盘的脚步会一直继续下去。

第十九章　红颜助力

妻子去世后，李嘉诚保持单身多年，不谈续弦之事。然而，世间姻缘难测，在商洽北京王府井建设项目时，一位成熟而又多才的女子与李嘉诚结下了不解之缘。他们从相互欣赏、默契合作到倾心相恋，在晚辈的支持下终成正果。

1. 从天而降的开发项目：东方广场

2006年8月27日，78岁的李嘉诚和一名女子十指紧扣，漫步于罗马街头。这一消息被各大媒体争相报道后，成了人们热议的话题：李嘉诚身边那个神秘的女人是谁？她是靠哪般魅力征服这位金钱帝王的心？事情还得从头说起。

自从结发妻子庄月明于1990年不幸辞世后，李嘉诚一直郁郁寡欢。作为一个拥有180亿美元巨额财产的富豪，有无数美女崇拜李嘉诚，一些亲朋也劝李嘉诚再找一位女友，但都被李嘉诚谢绝了。青梅竹马的庄月明在他心里的地位太重要了，如果不是真正的红颜知己，怎么能打动他的心？

1993年8月的一天，正在洛杉矶参加国际会议的李嘉诚突然接到董建华打来的电话。董建华说，他的表妹张培薇与朋友周凯旋合办的维港公司看中了北京王府井的一块地皮，正在寻找合作的开发商。

9月12日，李嘉诚如约来到北京王府井饭店，会见维港公司的经理。令他颇感惊奇的是，这位经理是一位年仅32岁的小女子，而她要洽谈的竟是投资额高达20亿美元的大项目。

这位小女子就是周凯旋。周凯旋比李嘉诚年轻33岁，父亲是个普通的商人。中学时，周凯旋就读于香港的拔萃女书院，毕业后前往澳大利亚留学，20世纪80年代中期在伦敦认识了著名导演徐克的太太施南生，施南生在政商两界都有着丰富的人脉，她介绍周凯旋认识了董建华的表妹张培薇，张培薇是董建华家族旗下东方海外发展公司的董事。周凯旋与她一见如故，引为知己，不仅合住一处成为闺密室友，还合资成立了维港公司，专做内地贸易。

董建华一直经营国际货柜运输、物流及码头业务，在积累大量资金后，他极力谋求转型，准备到内地投资地产项目。有一次，他对周凯旋说："你们做的生意还是太小，不如到内地找些好项目，我们一块发展，你就会上一个大台阶。你可以在北京寻找房地产项目，然后我们东方海外公司和维港公司一起参与发展。"

1992年8月，周凯旋和张培薇前往北京进行实地考察，发现北京东长安街1号地段地理位置十分优越，周围是天安门广场、国家博物馆、王府井大街、劳动人民文化宫等，文化气息与商业气息极为浓厚。她们在长安街上走来走去，最后看中了王府井儿童电影院这幢6层的小楼。周凯旋找到儿童电影院的经理，开门见山地表示想买下这幢小楼。儿童电影院的经理不敢擅自做主，于是打电话告诉当时的东城区文化局局长陈平。很快，陈平回复周凯旋说："不好意思，儿童影院不能单独开发，市里早出台了政策，整个东长安街及王府井地区都属于统一规划。要开发儿童电影院，必须将其周边1万平方米的面积整片开发。"

整整1万平方米！事情有点出乎周凯旋的意料，不过，她很快想出了一个大胆的计划：索性把周边几块地一并吃下，建设一座占地面积达10万平方米的大型广场。不过，她知道以她和张培薇的身份，不可能让东城区相信，于是就想请董建华亲自出面来做。董建华经过认真考虑，决定与李嘉诚合作开发这个庞大的地产项目。

这个时候，周凯旋已经以自己强大的社交手腕和执行能力，游说了各级主管部门以及这块土地上的各单位、各居民甚至各商铺，并得到了不同的批复和承诺，顺利拿到了市区两级的规划批复及所有单位的合作意向书。

1993年秋天，周凯旋与李嘉诚在北京王府饭店碰面了，她准备了厚厚的一叠资料，并提出多种方案，保证搞定拆迁和土地平整问题。

李嘉诚边听边仔细地打量着周凯旋：这样一个宏伟的设想，竟然出自一个娇小美丽的女子。他问道："你能搞定所有地块的动迁？"周凯旋语气十分坚定地说："按时搞定。"

李嘉诚又问："你如何搞定土地平整和一系列建设手续？"周凯旋乐了，她说："李先生，我交给您的将是手续齐备的'熟地'，您需要做的只是开工建设。"

李嘉诚见对方如此爽快，也单刀直入："你所要求的佣金是多少呢？"周凯旋说："总投资的2.5%，您同意吗？"

李嘉诚知道，这个项目的利润可能是100%或更多。于是，他伸出手来轻轻握住周凯旋的手说："就这样定了！"

前后不到30分钟，这对一见倾心的有情人，创造了中国巨额商业谈判史上的最快纪录，也成就了北京市自新中国成立以来最大的一个房地产开发项目——北京东方广场。

2. 一切从大局出发

拿到东方广场这个项目后，李嘉诚迅速与北京东城区房地产公司签了约，令众多香港房地产开发商望洋兴叹。这不难理解，这是李嘉诚多年对内地和中资企业全力相助的结果，友情是相互的，李嘉诚的长远目光在此派上了用场。

东方广场项目由李嘉诚的长江实业与和黄集团，以及董建华的东方海外公司与北京东方鸿联公司共同成立的香港汇贤投资公司，一起投资建设，预算投资额为12亿港元。

房地产开发公司的拆迁工作是最基础的工作，也是较烦琐的工作。而在金街拆迁，让原有居民与商家在限定的时间内搬家，更是难上加难。这项工作得到了北京市政府的大力支持，李嘉诚只负责承担地价与拆迁费。

香港的媒体曾经评论说："谁要是拥有王府井的一幅土地，就是拥有一座大金矿。"在金矿面前，人人都知道金子的好处，又有谁知道挖金的难处呢？

拆迁进展迅速，但是在商家中却碰到了一个钉子户，这家商户是来自全球最大的快餐集团麦当劳。北京市政府有最新的拆迁文件，而麦当劳如此顽抗是因为他们手中握有与北京市政府签订的为期20年的经营合同，经营期限为20年，租期至2010年，当时只过了2年。

麦当劳抵制不搬，并坚持与北京市政府打官司。这时，空旷的王府井大街上只有麦当劳一家还立在原处。

这时，李嘉诚以大局为重，与北京市政府协商，答应在东方广场留一个比现在更大的铺位给麦当劳。同时，北京市政府又重新与麦当劳进行谈判，给出了优惠条件，允许麦当劳在北京再开若干家分店。麦当劳拆迁一事就此圆满得到了解决。

麦当劳事件充分体现了李嘉诚经商中的智慧：大局为重，和解为贵，让利给对方，条件优惠。有争议的双方通过商谈将问题圆满解决，实现双赢，是李嘉诚经商的一贯风格。

然而，在王府井盖高楼又遇到了新问题。按照国家发展和改革委员会的要求，北京市规划以故宫为中心，其他建筑必须配合故宫的外观。

早在王府井旧城改造之初，北京市市民就因此事有过争议。市民的建议集中起来就是，担心如此庞大的建筑破坏了北京市的人文景观。人们的担心有足够的依据，因为按照《北京城市总体规划》，即

"以故宫、皇城为中心,分层次控制建筑高度,旧城要保持平缓开阔的空间格局,由内向外逐步提高建筑层数";"长安街、前三门大街西侧和二环路内侧及部分干道地段,允许建部分高层建筑,建筑高度一般控制在30米以下,个别地区控制在50米以下"。

但是,东方广场大厦却要建70余米高,超出规定的高度一倍多。除了高度外,东方广场大厦建筑面积70万平方米,建筑用地9万平方米,其建筑面积比率超过了城市规划要求的7倍。这幢巨型建筑矗立在天安门广场的东侧,必然会影响故宫、天安门、人民大会堂、国家博物馆、人民英雄纪念碑等著名建筑,而且会影响天安门的中心地位。

有人评论道,李嘉诚这是在天子脚下搭台,如果戏开场演得好,万事大吉;如果戏演砸了,连戏台也要全部端掉。这件事实在太引人注目了,人们都在为他担心。

媒体方面对此反应十分强烈:"东方广场规划的出台,还把原定在王府井改建扩建的青年艺术剧院、儿童电影院等文化中心主体建筑挤出原址,另择址兴建。另外,设计方案的停车位比规定减少一半多。"

"在涉外房地产业务中,城市规模能否得到外商的尊重,事关主权尊严,是丝毫不容含糊的。"

媒体的观点也代表了专家的观点。1994年8月,先后有3位建筑专家、政协委员和文物专家,联名上书要求依法调整工程方案。

转眼到了1994年年底,中央召开全国经济工作会议,再次决定加大宏观调控力度、抑制通货膨胀。对基本建设规模做出了要求,即缩小以盈利为目的的高档建设项目,凡不符合国家规定、无正式手续的项目一律要停下来,同时确保中低档安居工程的建设,加大能源、交通等基础设施的建设规模。

在这种背景下,1995年新年刚过,东方广场就按规定停工了。停工的原因有两点:一是采纳了专家的建议;二是按规定,上亿元的项目要以市政府的名义向国家计划委员会申请立项,提出可行性报告,并在动工之前办理开工许可证等相关手续,东方广场属于重大合资项目,却没有经过北京市政府立项申请,后续手续未办理。

消息传到香港后,舆论哗然。李嘉诚深知其中的道理。他明白,在原则性问题上,政府是不会做出半点让步的。他同时也明白,在不改变基本原则的基础上,有些事情是可以协商变通的。为了让东方广场项目能够顺利进行,他从大局出发,主动与北京市有关部门协商,修改方案。他还通过媒体表明自己的态度:"长江实业与北京市政府的合作非常愉快,方案正在修改。在任何地方,任何工程都是要不断商讨与修改后才最后确定的,东方广场目前遇到的问题不足为奇。"

识时务者为俊杰。政治与经济从来都是密不可分的,李嘉诚此举充分表现出了他在政治上的成熟。他知道,经商需要国家政策的支持。他的态度表明了他内心的愿望,服从国家与政府的大局,东方广场复工只是早晚的事情,对他来说只是多赚些与少赚些的问题,这无关紧要。

1995年3月12日,《香港联合报》作了如下报道:"长实公司因工程延期及地积比率小而有些损失,李嘉诚的回应是没有。他说,面积多少完全无关系,内地地价与香港天价相比,香港地贵,最高时地价与起楼价为十比一,内地则完全倒过来。"

李嘉诚还向媒体透露,他球照打、会照开,开开心心。李嘉诚既然开心无烦恼,大家也就相信长实不会有什么意外情况,因此股价没有受到影响。

李嘉诚仍耐心地等待,没有对外界的评议做出多大反应。不久,经过洽谈,东方广场项目按照国家的立项申请报批,一切都按程序办理。1996年6月,东方广场项目经国家计划委员会报国务院得到批准。项目经过调整,按新方案进行。

根据北京城市总体规划,东方广场的建筑高度改为地上建筑30米,地下建筑20米,建筑体积缩小30%,并从原计划的一座建筑变为由11座建筑组成的大型建筑群。2002年年底,东方广场三期工程终于竣工,工程造价高达20亿美元，比1995年的预算13亿美元超出54%。此外，李嘉诚的收益只剩52%，内地方面的收益则从原来的10%增加到40%。如今，东方广场包括8幢写字楼、2座豪华公寓、1家大型开放式商场——东方新天地，以及1家豪华五星级酒店——北京东方君悦大酒店。

一波三折，终见成果。人们纷纷猜测，这次事件会不会影响李嘉诚对内地的投资信心，对此，李嘉诚在很多场合公开表示："本集团投资香港和内地的方针不变。"

历经种种波折建造起来的东方广场，自2000年试营业以来，营业额不断高涨。尤其是在2004年清退小租户后，租金总体上调约20%，个别上调高达50%。而且出租率一直保持在95%以上，集中了大量一线品牌。

3. 成功入主 Tom. com

李嘉诚是搞房地产起家的，多年来他按着商家古训"不熟不做"的原则，一直将主要资金投到地产上。1999年，周凯旋告诉李嘉诚，她准备进军网络。但李嘉诚认为，网络作为信息业有许多虚幻的成分，不能轻易介入。

周凯旋决心换种方式来动员李嘉诚。她独自来到美国，找到好友杨致远。杨致远因创造雅虎神话而誉满全球，周凯旋坚信他的成功范例一定能说服李嘉诚。

不久，李嘉诚接到雅虎公司总部的邀请函，请他到新加坡参加雅虎新加坡分部成立5周年的纪念酒会。李嘉诚欣然应约，于5月21日来到新加坡。当晚，杨致远到李嘉诚的房间里拜会，两人谈得十分投机。第二天，杨致远陪李嘉诚参观雅虎新加坡分部，并出席纪念酒会。这一系列举动，使李嘉诚对网络事业第一次有了直观的认识。

酒会结束时，杨致远对李嘉诚说："先生此行并不是我的主意，而是另有他人。"李嘉诚正感到奇怪，杨致远身后突然走出了仪态万方的周凯旋。

回到香港后，李嘉诚很快成立了一个公司，专门负责网络产业的开发。此后，经周凯旋的斡旋，李嘉诚成功入主Tom.com公司。

既然入了这一行，李嘉诚的理想是将Tom.com网站变成一个庞大的网络王国。他斥资收购了为和黄提供多个业务集成与服务的科联系统集团的股票，使它与和黄联合成立一家双方各占五成股权的合营公司，向内地拓展有关电子商务的业务。

2000年1月底，和黄在香港推出了网上电子商务系统，并成立了哈奇森价格交易网站；服务范围包括中国内地、香港与台湾的买家与卖家，并在网上开辟了旅游机票与酒店订房服务。

为了配合电子商务系统的交易，提供银行方面的支持，李嘉诚与香港汇丰银行、恒生银行合作，推出了"汇网"，即"商业对商业"的电子商贸服务，服务对象以海外机构为主。

李嘉诚做事一向如此，要么不做，要做就全身心投入，轰轰烈烈地大干一场，结果自然是非常出色。2000年2月17日，Tom.com宣布上市，并于2000年3月1日在香港创业板挂牌，发行4280万股新股，计划集资6.3亿~8.8亿港元，用于技术开发、市场推广与推进电子商贸，其余资金作为营运成本与网络的战略性投资。

为Tom.com网站提供财务与上市包销的财务公司，是香港的百富勤财务顾问公司。百富勤财务顾问公司的总经理杜辉廉与李嘉诚合作多年，为李嘉诚的事业提供过非常出色的专业化服务与支持。除了有百富勤财务顾问公司为保荐人以外，还有汇丰银行担任联席经理人，华德宝威、中银国际、高盛、道亨、时富、大福、加怡及里昂等银行组成的承销财团。

李嘉诚看中的互联网行业电子商务恰逢全球建立资讯网站的大好时机，在Tom.com没有上市之前，就有人非常看好这只股票。果然不出大家所料，Tom.com上市第一天就受到了股民的热烈追捧。股民们一大早就在汇丰银行各分行及证券营业厅门外等候，证券公司准备好的50万份表格迅速被抢光。第二天，在汇丰银行总行和分行的门口，市民又排起了长队。

百富勤财务顾问公司旋即又加印了50万份认购表格，也在一个上午被抢光。汇丰银行总行加印的20万份表格也在3个小时之内派发完毕。市场反应如此热烈，既在意料之中，又让人有些意外。

到了截止日期，进入递交申请表程序的时候，香港50多万人一齐涌到汇丰银行的各分行提交表格。人头攒动，人流如潮，引起香港中环、旺角、观塘等地区严重的交通阻塞，交通几近瘫痪。

位于旺角的汇丰银行总行更是一片混乱。还没到9点上班时间，就有人在门外排队等候，10点半以后，市民达到了四五万人，队伍长度可环绕一个运动场27圈。由于人数众多，秩序很难维持，后来，西九龙警方抽调机动部队和100名冲锋队员前来维持秩序。这一情形根本令人想象不到众人是在购买股票，而容易误以为发生了特殊事件。

香港金融管理局对此次股票发行的承办方百富勤财务公司和汇丰银行给予了批评。官方认为，举办方应当对此次认购可能发生的情况有所预料并采取措施，同时对有着丰富经验的百富勤财务公司及汇丰银行面对出现的情况显得措手不及感到失望，并要求百富勤提交说明。

尽管Tom.com交表日的情况不太顺利，但是李嘉诚对Tom.com的市场表现感到十分满意。此次Tom.com公开招股获1500倍超额认购，创下了最高纪录，冻结的资金高达逾千亿。

在成功获得大量资金作为后盾后，Tom.com与美国金融服务公司旗下的亚洲财经公司合作，共同投资3000万港元，开发AA股份在线网上分析工具。这个网上分析工具可以运用人工智能系统，预测所有股票三天以内的走势。

Tom.com还给了欧洲各国的移动电话用户一个惊喜。Tom.com与

"橙"进行合作，推出了 Tom.com 网上付费系统，"橙"移动电话的所有用户使用 Tom.com 的网上购物商场进行购物比到实体商场购物更方便。

Tom.com 接着又购并了"她"网。"她"网是以女性为主要对象，刊登有关女性潮流、健康、美容及生活资讯的网站。

到 2000 年 6 月，Tom.com 成立仅仅半年，就已经成立了 8 个下属的网站，并推出了英国剑桥大学经济研究所研究发展的经济资讯搜索系统。与此同时，在内地，Tom.com 推出了 12 个频道的新网站。

李嘉诚的眼光果然独到，通过资本运作，他成功地让一个原本在行业中默默无闻，但极具发展前景的公司迅速扩张壮大起来，成为引领行业潮流的龙头老大。

由于有李嘉诚这块金字招牌作后盾，Tom.com 的发展前景大受投资者青睐，其股价如同脱缰的野马狂奔不已。而周凯旋当初投资到 Tom.com 的 30 万港元，也奇迹般地变为 26.5 亿港元！

除此之外，这个故事还要补上一段有趣的尾声。

因为东方广场项目，周凯旋逐渐靠近了长江实业集团。后来，她搬到香岛道 2 号的别墅，距李嘉诚的深水湾大宅仅 5 分钟车程，两人经常一起在深水湾的高尔夫球场共进早餐。此后，他们的友情也不断升温。由于李嘉诚为人正派，生活严谨，所以周凯旋入主和黄董事局，成为一名普通董事后，并未引起外界的非议。岁月在甜蜜中慢慢走过，李嘉诚已经年过七旬，周凯旋也人到中年，两人不约而同地产生了一个共同的心愿——此生不仅要做情人，还要做相依相伴的夫妻。

2005 年中秋之夜，李嘉诚及众多家人齐聚一堂，欢度佳节。当明月升上天际时，李嘉诚把两个儿子叫到花园里，说："外界对于我这么多年来没有续弦猜测很多，想必你们也听到了一些传闻。不过，今天我要告诉你们实情，我已经和周凯旋相爱多年。我准备与她结婚，相伴终身。"

李泽钜和李泽楷对周凯旋早已十分熟悉，但他们万万没有想到，她竟是父亲多年的恋人。中秋节过后，兄弟俩一直没有和父亲谈这件事；在董事局上班时，他们也装作不知道周凯旋就是父亲想要娶的女人。然而，不管大家的反应如何，周凯旋依旧真心爱着李嘉诚。李嘉诚的鞋带松了，她会立即蹲下来为他系鞋带；走在路上下雨了，她会立即撑伞为李嘉诚挡雨。有一次，李嘉诚捐款给圣保罗男女中学重建校舍，其中一座楼准备命名为"庄月明楼"，但周凯旋却建议李嘉诚将其改为"李庄月明楼"，以示对庄月明是李夫人的尊重。

"在男女感情上，最靠得住的感觉是，成为对方最不可替代的朋友，这个是原则。"周凯旋认为，"你有一个这样的关系，你是什么都不怕的，才能令对方长久眷恋。"她觉得自己不是谁的附属物，而是一个完全独立的个体。她对于感情的看法是"不把关系当成包袱"，两人之间应该是亲密无间而又互相尊重的朋友，只有这样，才能让这段关系自然、强健而恒久。

周凯旋为李嘉诚所做的一切，都让李嘉诚的家人发自内心地喜欢这位睿智的女人，同时也在策划着一台让周凯旋惊喜的晚会。

12月3日是周凯旋的生日。这天快到晚饭时，李嘉诚突然接到李泽钜打来的电话，说公司发生了一件大事，需要马上召开董事会，请父亲和周凯旋马上到公司总部参加会议。李嘉诚和周凯旋驱车走到半路时，又接到李泽楷的电话，说会议地点改在香港英皇饭店。李嘉诚和周凯旋赶到那里时，李泽钜和李泽楷把他们引进13楼的大厅。一进大厅，他们顿时愣住了——只见大厅里张灯结彩，一条巨大的红色条幅挂在上方，上面写着："周凯旋女士44岁生日家庭庆典"。

儿子们的理解和支持，终于让李嘉诚悬在心上的石头放了下来。他和周凯旋决意不再隐瞒自己的恋情，人生苦短，他们要抓住生命的尾巴，尽情享受属于他们的二人世界。2006年8月27日，李嘉诚和周凯旋第一次在公开场合亲昵亮相，同时接受媒体的采访，向世人宣布了他们的爱情。

到2018年，李嘉诚与周凯旋的感情已经持续了26年，外界曾经猜测周凯旋很有可能会嫁入李家，但是李嘉诚现在已经90高龄了，至今仍然没有传出他们结婚的消息，儿子反对可能是次要原因，主要原因还是家族财产问题。

作为李嘉诚的女朋友，周凯旋显然也心中有数，她曾经说："能够做好随从已经不错了。"可见周凯旋完全没有指望嫁入豪门，能够在一起这么多年，结不结婚似乎也不是那么重要了。

第二十章　中药国际化

中医中药是中国的国宝，越来越得到世界的理解和认可。但是，由于医药研制、生产和销售有着严格的准入程序，我国的中药资源一时难以在国际医药市场上发挥优势。李嘉诚极力推动中药国际化，为国内久负盛名的老字号注入资金，开创了互利双赢的局面。

1. 北上联姻同仁堂

始终保持谦逊的李嘉诚，是世界上最慷慨的私人慈善家之一，但他对公司的创新发展却几近苛求。中药国际化，就是他执意要求和黄必须走的一条创新之路。这是一项造福人类的工作，也是他心中久藏的一个梦想。

中国是中药发源地，拥有博大精深的医药理论、丰富的用药经验、深厚的中医药文化底蕴，这是中药产业竞争力的核心支柱。加速中药产业的现代化、国际化，是中药业未来发展的必由之路。否则，中药不但不能走向国际市场，弄不好连这传统的"国粹"都要被丢弃。

但眼下中药进入西方市场主要是带着"保健食品"的帽子，或者仅在唐人街的中药店和一些中医门诊所里销售，要进入大型医疗机构的处方药市场几无可能。一种中成药要通过FDA（美国食品和药物管理局）的注册认证，至少需要花费10亿元人民币，这对中药企业来说费用太大。

从西方医学的角度看，中医理论太抽象，中药的疗效没有"过硬证据"，复方中药的化学成分太复杂，无法"科学"阐明其药理，生产不够"标准化"，等等。所以，在很多人看来，中药国际化基本上是一厢情愿、难成气候之事。

李嘉诚的中药业情结要追溯到亚洲金融风暴。1998年，李嘉诚与香港新世界集团公司主席郑裕彤联手，投资50亿美元打造香港"中药港"。不过，几年来"中药港"一直没有出现轰轰烈烈的场面。究其原因，业内人士认为，根本在于香港缺乏有分量的中药支柱企业支持。中药产业需要深厚的积累，并不是靠资本运作就可以简单解决；同时，可以作为支撑的内地中药企业的发展，与香港市场的契合又不可能在一朝一夕间完成。唯一的出路是，推动者直接控制中药业发展的脉搏。于是，李嘉诚有声有色地演出了一场北上联姻中国药业巨头的好戏。

李嘉诚与北京同仁堂（集团）有限责任公司（以下简称"同仁堂"）的合作由来已久。2000年10月7日，同仁堂科技与和黄全资附属的和记中药和京泰实业在香港成立了同仁堂和记（香港）药业发展有限公司，总投资2亿港元，和黄、同仁堂和京泰实业的持股比例分别是5∶4∶1。

同仁堂科技原定于2000年6月在创业板上市，但因市况差而推迟。其后，证监会明文规定，不允许A股公司分拆上创业板。业内人士认为，同仁堂和记的成立，很可能是担心上市受阻，双方另谋的出路。同仁堂科技因获准上市在证监会下文之前，于当年10月31日顺利登陆香港创业板，成为首家由A股分拆而来的创业板公司。

2002年10月30日，同仁堂科技再次与和黄属下的和黄中国签订意向，成立北京同仁堂和黄中药公司，主要从事中药的种植加工和销售，投资金额约1800万美元。

2002年，国务院发展研究中心为同仁堂制定了10年发展战略，计划利用3~5年时间建立并完善国内、国际比较稳固的销售网络，在国内建500家连锁药店，在海外建100家连锁药店，实现销售50亿元人民币，初步形成跨国公司的框架；利用5～10年时间实现企业的快速发展，实现销售总额200亿元人民币，使同仁堂成为国际传统医药的知名企业。

顺理成章，李嘉诚迈入"大宅门"同仁堂，就成为一个极其自然的选择。一个是创建于清朝康熙年间的闻名遐迩的中药老字号，一个是财大气粗的香港首富，这桩"门当户对"的医药"联姻"成为2004年中国医药行业整个重组并购事件中的一大亮点。

同仁堂的产权结构为国有独资。50岁出头的殷顺海身兼同仁堂集团、同仁堂A和同仁堂科技三家公司的董事长。他在2003年年初接受记者采访时曾经宣称，2003年将是"以集团化为目标，现代化为标志，产权多元化为保证"的重要一年。目前同仁堂等老字号企业的股权还没有实现真正的多元化，"一股独大"在一定程度上制约了企业活力，这种状况急需改变。

2003年2月15日，同仁堂A和同仁堂科技突然进行了一次高层人事变动，同仁堂A总经理毕界平与在香港担任同仁堂科技总经理3年之久的匡桂申互换，此次人事变动比原定的换届选举提前了半年。

据接近消息源的人士透露，此事与同仁堂跟和黄的合资计划不无关系。个人风格、工作特点和良好的沟通，都是决定一个公司高层人选所需要考虑的因素。

2003年11月25日，同仁堂集团旗下子公司"同仁堂国际"及其合资公司北京同仁堂泉昌有限公司正式在香港成立。当天，同仁堂集团副总经理丁永玲表示："同仁堂将继续积极寻求实力雄厚的战略伙伴，采取更灵活的合资方式和经营模式，实施多元化的经营战略，使同仁堂的业务更加国际化。"丁永玲这番话并非空穴来风，不久就传出了"百年老店同仁堂将与李嘉诚旗下的和记黄埔成立合资公司"的消息。同仁堂集团宣传部部长金永年说："一旦签约成功，就意味着同仁堂迈出了海外发展战略的步伐。"

这次合作，同仁堂与李嘉诚旗下的和黄各占50%股权。出资方案有两种：一是同仁堂集团以手中的A股上市公司同仁堂（北京同仁堂股份有限公司股票代码：600085）69.98%股权，共计2.32亿股投入，李嘉诚按照1∶1.5的比例以现金出资；二是同仁堂集团以集团内非上市资产中的盈利资产投入，可能是所有的药厂，也可能是所有的药店，这部分资产与第一种方案中的资产价值大致相同，不够部分可能会以进出口贸易权等来填补，而李嘉诚的出资比例不变。

截至2003年第三季度，同仁堂A的每股净资产为4.84元。照此估算，李嘉诚入股的价格约为每股7.26元，总共需拿出约16.84亿元的现金入股。当时，同仁堂A的股价在20元左右。

同仁堂的一位负责人表示，这是同仁堂近几年收到的最大一笔投资。这笔资金的到来无疑将给同仁堂注入新鲜的血液，成为同仁堂事业发展的强力助推器。

2. 让中药走向世界

有着很深"中药国际化情结"的李嘉诚，早就想为自己，也为全体中国人，圆一个"中药国际梦"。因此，让中药跨出国门成了他努力的一个目标。

根据同仁堂国际董事总经理丁永玲的说法，同仁堂的目标是，"凡是有华人的地方，都会有同仁堂"。"国际天然药物市场的第一品牌"，是殷顺海为同仁堂的发展提出的终极目标。

当时，同仁堂已经在马来西亚、印度尼西亚、澳大利亚、英国、泰国、加拿大、美国等国家及我国澳门地区设立了合资公司和连锁药店。在向海外市场进军的过程中，同仁堂利用"金字招牌"的优势，以品牌作为无形资产入股。在与香港合作时，同仁堂仅以品牌参股，占25%的股份，而在国内国外开办的这些药店也挂在集团名下。

同仁堂科技分拆上市之初，按照同仁堂集团的布局，同仁堂A的产品主要面向国内市场；同仁堂科技的产品主要面向国际市场；同仁堂科技品种储备里二次开发以后的产品拆给同仁堂和记（香港）药业发展有限公司开发、销售，生产则由同仁堂科技负责。

不过，同仁堂科技的产品虽然定位于国际市场，主要还是销往内地，外销能力差强人意。2003年前三个季度，同仁堂科技的药品在中国区域内销售了6.76亿港元，在海外仅销售了2900万港元。

同仁堂与和黄的结合，无疑实现了内地与香港中医药的优势互补。同仁堂也将凭借自身在产品、技术及人才等方面的资源，背靠李嘉诚这棵有着丰富的国际市场销售经验和雄厚实力的大树，加快向海外扩张的步伐，以香港为跳板，引领中国的中医药走向国际舞台。

此外，李嘉诚与上海市药材公司和广州白云山制药总厂（以下简称"白云山"）的合作，同样也是他布局内地中药业的大手笔。

2001年8月，和黄与上海市药材公司旗下的上海中药一厂合资成立上海和黄药业，注册资本达8800万元人民币，上海药材与和黄各占五成权益，总投资达2.2亿元人民币。公司依托香港中药港，力争3～5年实现出口量翻两番的目标，出口金额将达到6亿元人民币。

在国内6000多家中药企业中，向来有"北有同仁堂，南有白云山"的说法，白云山在国内中药界的地位可见一斑。2004年11月，和黄与白云山合资成立了和记黄埔中药有限公司，投资3.45亿元人民币，注册资本为2亿元人民币。其中，和黄药业以价值1亿元人民币的港币或美元出资，白云山以下属全资分厂白云山中药厂净资产中的1亿元人民币出资，各占合资公司50%的股份。

有业界人士听说李嘉诚携手白云山中药厂后，曾感叹道，"中药国际化梦"将因和黄的实力而变得"一切皆有可能"。

国际上对中国传统中草药的认识越来越深入，欧盟等已承认中药的药品身份，这些都为中药进军国际市场提供了便利条件。对于内地中药企业来说，"借船出海"成了国内中药企业进军海外的最佳选择。但是，国际市场对中药的检验设置了高额资金的门槛。一般情况下，通过

GMP（药品生产质量管理规范）需3000万元人民币左右，很多中药企业为此耗费了大量资金，对新药研发等投入不足，资金成了出海的难题。完善的分销渠道也是中药走向世界的必要条件，除此之外，中药在国际化的过程中，除了提升科技含量外，还要改变它在人们头脑中的作坊式生产的"老印象"。而与李嘉诚联手正好可以弥补这一不足。原因很简单，没有人相信和黄会是作坊式生产。同时，和黄还有资金实力。数年前，某种中成药差一点就通过美国FDA（美国食品与药品管理局）认证，名正言顺地进入国际市场，但最后却因资金不足，退出了临床试验。中药界事后反省，要让一种中成药通过美国FDA认证，至少需要10亿元人民币，而中国中药企业似乎没有一家具备这种实力。与具有资金实力、销售渠道、产品提升等优势的和黄牵手，无疑给想要走出国门的中医药业装上了"发动机"，有望加快这一进程。

香港作为沟通海外与内地的桥梁，有着得天独厚的优势。它背靠内地，在中医药的人才、原料来源、生产加工、科研成果等方面有取之不竭的资源。加之香港与国际市场的广泛联系，许多华资企业对发展中医药产业有着极大兴趣，从而在中医药推广方面具有天然优势。

在中药走向世界的道路上，欧美是最主要的目标市场，也是最难攻克的市场。而在这两个市场中，欧洲又是中药进入美国的桥梁。李嘉诚在英国的中药销售终端布点已经初见规模。2000年，和黄在伦敦单独推出中药店，仅看其名称就颇有绿色意义——"森（SEN）"。从2001年下半年开始，和黄在欧洲建立零售药店"和黄药业大药房"，短短两年半时间里，和黄药业大药房就收购并开设了1000多家连锁店，其中在英国就有700家，兼营中西药。

从行业的角度看，目前医药行业属朝阳行业，但缺乏强有力的企业集团对中小企业进行组合重构。从国际中医药市场的现状来看，国际上中草药市场的年销售额约300亿美元，并以每年10%的速度增长。中药特别是中成药的利润很高，1998年中国中成药产值占国内中西药总产值的19.8%，利润却占到中西药总利润的41%。李嘉诚与内地中药企业的结合，很可能成为中药产业领域最成功的商业联姻。尽管如此，和黄对中药业的投资仍非常谨慎，相对于对其他产业，投资规模非常小，几乎没有超过千万元的级别。这也体现出了李嘉诚谨慎的投资风格。

2006年5月19日，和黄医药在英国伦敦证券交易所成功上市，受到投资者的热烈追捧，总市值高达1.4亿英镑。上市筹集到的资金，75%将用于新药研发，在肿瘤和自身免疫性疾病治疗领域研发创新药物，包括植物药、半合成天然产物及小分子合成化合物等；25%将用于收购其他公司或者成立合资企业，与全球众多公司展开医疗合作。

2006年11月和2007年9月，和黄医药分别与德国默克公司、美国礼来公司在研发抗肿瘤药物上建立长期战略合作伙伴关系。2008年12月，和黄医药与美国强生公司开始合作研发治疗炎症和免疫病药物。2012年11月，和黄医药与雀巢集团组建合资公司，共同研发抗炎新药。2013年10月，和黄医药与美国礼来公司联手打造癌症治疗新方案。

经过多年的投入与发展，和黄医药与众多医疗机构的合作逐渐步入正轨。2016年3月18日，李嘉诚再次展示自身高超的资本运作能力，谋求和黄医药在美国纳斯达克上市。为了增强胜算，上市之前，李嘉诚努力做好和黄医药的营收和现金储备。根据和黄医药的年报显示，2015年，和黄医药营收达到1.782亿美元，拥有现金和现金等价物9000万美元。李嘉诚还预留了300多万美元作为上市的各项费用。

在准备如此充分的情况下，和黄医药在美国纳斯达克上市成了水到渠成的事情。和黄医药上市当天，发行价涨到每股13.5美元，成功募资1亿多美元。这些资金将用于推动旗下一系列候选药物的临床开发，为全球病患者带来更好的治疗方案。

第二十一章　多元发展

进入新世纪，李嘉诚坚持投资多元化的发展战略，紧随科技前沿，把业务扩展到与人们生活密切相关的各个领域。他参与经营的项目既有长线也有短线，在一些基础科研方面长期坚持，不求急功近利，却在国外取得多项专利。

1. 布局生物产业

与从不涉足高科技公司的巴菲特不同，李嘉诚从不抗拒高科技的诱惑。而且，对新的产业进行前瞻性、战略性的投资，是他的拿手好戏之一。

进入新世纪后，李嘉诚看中了生物产业。他表示，生物科技将是集团未来发展的重点领域，也是他投资的另一只篮子。显然，长江生命科技集团（以下简称"长科"）在长实未来的发展战略中，将占有十分重要的地位。李嘉诚点石成金的"超人"本领，经历过无数次验证，已被欧美基金和本港投资者视为亚洲版的巴菲特。

2002年5月12日，长实宣布，已于5月10日向香港联合交易所有限公司所正式申请分拆旗下生物科技业务——长江生命科技集团，于创业板独立上市。

此次长科分拆上市，遵循的是另一种资本轨迹，在新兴产业备受青睐时，先把李嘉诚概念和高科技概念高价"卖"一回，通过高估值发行新股和上市，坐拥强大的资金实力，占领产业的制高点，再从容规划,大手笔地投资好的项目,或是选择合适的对象进行收购。

长科的业务针对"提升人类健康及环境的可持续性两个层面",通过一项"细胞甄选、激活及驯化技术"(CSA2)开发不同的产品,范围包括生态农业、环境治理、医疗、保健及护肤五个类别。据长科总裁甘庆林透露,预计这5个类别的市场价值将达2000亿美元。长实已投入长科的金额达4.2亿港元,长科已注册专利的项目达40个。

不过,粗略估计长科上市时仍将处于亏损状态。对此,长实副主席兼董事总经理李泽钜表示,长科是否亏损,要视集团投放科研的成本而论,若停止可随时转亏为盈,但未必对公司发展有利。

长科目前仍在投入阶段,已成功市场化的产品仅"稳得高生态肥"一种,销售收入在1500万港元左右。

2002年7月2日,长科宣布公开招股,尽管整体投资环境欠佳,美国生物科技股半年中大幅缩水五成,公司仍在"烧钱"阶段,但由于长科管理层精心应对,凸显了以李嘉诚为首的团队魅力,从而成功地达到预期目标。

在外围风声鹤唳的情况下,因有李嘉诚数十年铸成的金字招牌,长科招股反应仍然不俗,公众认购获得超额120倍,冻结资金约316亿港元,国际配售亦超额10倍。上市前后,围绕长科的各种揭秘式新闻不断出现,频率之高为近期香港资本市场中罕见。而美国生物科技股在月初创下了1997年以来的新低,势必让人们对第二板市场的高风险股更加胆寒。但长科上市的表现,仍算是对投资者有所交代。一家香港报纸是这样报道的:"编号为8222的'长江生命科技'明天开始发行,招股价在2港元以下,招募13.07亿股,其中九成按照国际配售办法发售,余10%供公众认购。"

招股前一天下午,长江生命科技集团主席李泽钜携公司高层6人在长实总部会见记者,在发言中特别宣布了一项"重大的好消息"——长江生命科技最近在研究艾滋病治疗药物方面取得了"重大突破"。

据资料显示,这家公司成功研究出108个产品,并已在美国申请专利，到2002年取得的专利已有7项。另外，这家公司拥有50名科学家，其中20名有博士学位。这些科学家正夜以继日地进行生物科学方面的研究。目前他们开发了五大类产品，其中包括健康食品、农用化肥等，估计未来的市场总值可望达到2500亿美元。这是长科的前景所在。

一般而论，从事生物科技开发的公司短期内难以获得盈利，而且需要投入巨额资金，属于资本密集的行业。因此，外界并未普遍认同、看好这只新股。对此，李嘉诚的做法是亲自出来助阵。在7月2日下午的记者会上，李嘉诚出人意料地出现，并与台上6位公司高层举杯祝酒。有记者问李嘉诚"长江生命科技何时才能赚到钱"，李嘉诚表示具体时间不敢肯定，但他说："我可以告诉你，我对公司有信心。"李嘉诚所在的长实持有长江生命科技44%股份，其本人则拥有29%股份。

在2002年7月16日的首个交易日中，场面虽然没有像当年Tom. com那样万人空巷，但公开发售部分获得120倍超额认购，配售给专业及机构投资者的部分也获得约9.5倍超额认购。长科当日收市报2.15港元，较招股价升7.5%，成交金额为14.54亿港元，成交达6.65亿股，并以约138亿港元的市值，一举成为香港140家创业板的龙头老大，占当日创业板市场总成交金额的22.5%。

令李氏家族感到欣喜的是，长科以每股2港元公开发行的新股获得了120倍的超额认购，上市前其暗盘交易价最高达到4港元，一度拉动了香港的生化医药概念股。

长科上市后，其特种肥料推广及癌症药物开发并未如投资者憧憬般进展迅速，其股价也持续下滑。长科股价最高是2002年7月16日上市时的2.27港元，四个月后，该股曾经跌至1.20港元以下，投资者损失惨重。

2003年，"非典"引起了香港市民的恐慌。而市场的恐慌往往会催生新的机会。为抗击"非典"疫情，长科宣布提早于当月中旬推出Vita Gain免疫素，刺激股价大幅飙升19%，同时带动香港创业板指数逆市大涨5.6%。

长科主席李泽钜宣布推出"长江健康自强行动"，任何人士在完成该公司推出的 Vita Gain 免疫素疗程后，若患上伤风感冒，集团将提供免费医疗服务；若服用者染上非典型肺炎，长科将提供 20 万港元保健金。李泽钜表示，此次推出的免疫素，部分将提供给香港医护人员服用；产品推出前，曾给予 500 名员工服用，发现病假数字有所下降。该公司预期此产品每月可生产 10 万瓶，售价"相当于喝一杯咖啡"。消息传出后，长科股大涨近两成，收报 1.73 港元。如果从当月初的低位 1.16 港元算起，该股几乎涨了 50%。

长科能够迅速把"非典"危机变为商业机遇，为公司产品的服用人士提供信心保障，同时采用特别的营销手法，得到了投资者的认同。

不过，长科当时的收益主要来自投资及利息收入，要成为真正的生物科技公司还有待努力。当然，不可忽视的是，长科发行新股得到的 25 亿港元，还有 24.7 亿港元未使用，只是部分购买了债券，这将为公司科研发展及日后收购兼并提供基础。

2011 年年底，长科旗下的 Polynoma 公司黑色素瘤疫苗的三期临床申请获美国食品及药品管理局（FDA）接纳。Polynoma 公司是长科旗下的美国子公司，集团股权占比约 78%。

长科还同时开展了另外三个医药项目。其中，进入三期的河豚毒素是一种安全且不会产生依赖性的痛楚舒缓产品；已经确认的 CKBP002、CKBP004 则是有机会用于治疗肝癌和胰腺癌的两个项目，目前还处于临床前的研究阶段。

截至 2018 年 12 月 31 日，长科实现收入 52.3 亿港元。

2. 收购华娱卫视

长科上市了，李嘉诚又开始为自己的资本寻找新的篮子了。

2003 年，因为"非典"疫情暴发，香港发起了"一人一个橙"行动，组织人员致电李嘉诚请求支持。李嘉诚从其基金会中捐出部分资金，购买了 100 万个金山橙，分批送给香港 5 万名医护人员，表示对他们工作的支持与敬佩。

而这次突如其来的"非典"疫情，也使李嘉诚意外发现媒体具有不可战胜的力量，长科在股市上的不俗表现就是证明。在这个特殊时期，他将目光投向了华娱卫视，决定将资本投到新的篮子——媒体中去。对此，有人做过一个恰当的比喻——当资本爱上了媒体。

商机无处不在。李嘉诚的智慧正在于此，他从人们避之唯恐不及的"非典"中发现了新的商机。尽管他本人并不喜欢娱乐业，但是投资做生意和个人喜好是不同的，他区分得十分清楚。

在此之前，李嘉诚曾多次表达自己对投资内地媒体市场的兴趣，并在内地收购了鲨威体坛、羊城报业广告公司以及《亚洲周刊》。不过，他真正进入娱乐界则是入主华娱卫视。

华娱卫视是新加坡华人蔡和平于1995年创立的一个24小时华语娱乐频道，总部设在香港，创办后经营状况一直不佳，甚至面临破产。

2001年10月，华娱卫视成为首家在中国内地获得有线电视落地权的境外电视频道，进入广东地区。美国时代华纳公司旗下的特纳广播公司控股后，华娱电视的日子举步维艰。因为在广东、香港与台湾这三个地区，地方电视台的竞争异常激烈。凤凰中文台、星空卫视和亚视（ATV）也获准进入广东省有线网络。在所有竞争者中，华娱卫视唯一值得夸耀的是它有着实力雄厚的外资背景。而在香港，受到老牌电视台无线（TVB）和亚视的挤压，华娱的广告收入十分有限。

尽管特纳广播公司在完成一系列并购案之后，成为全球最大的传媒集团，但合并之后的经营状况一直不尽如人意，网络泡沫破灭、股价连番下挫，2002年的亏损额高达997亿美元。在内外夹击之下，2003年还处在投入阶段的华娱卫视对AOL时代华纳公司是一个不小的包袱。所以，当AOL时代华纳公司考虑变卖资产减债时，华娱卫视成了首当其冲的对象。

2003年，特纳广播公司亚太区总裁马可宝表示，集团希望为华娱卫视引入具有中资背景的股东。AOL时代华纳已开始与不少有中资背景的公司接洽。这时，李嘉诚的 TOM 集团进入了 AOL 时代华纳的视线。身为亚洲首富的李嘉诚除了拥有雄厚的资本实力之外，他本人在中国政府和民众中也具有良好的声望。这也是 AOL 时代华纳看重 TOM 集团的地方。华纳的这个平台也诱惑着野心不小的 TOM 集团，于是双方一拍即合。

2003 年 7 月 2 日，TOM 集团以每股 2.535 港元发行约 2100 万 TOM 集团新股，收购华娱卫视约 64% 股权，成为最大股东；AOL 时代华纳分公司特纳广播公司则继续持有余下 36% 的华娱卫视股权。TOM 集团在华娱卫视整体的营运上拥有控制权，包括业务发展、节目制作、广告销售和市场推广及营运；特纳广播公司则负责管理华娱卫视的节目内容准则，并继续执行现时与中央电视台 CCTV9 的对等落地协议。

TOM 集团在取得华娱 64% 股权的同时，承诺在未来 30 个月之内提供不超过 3000 万美元的运营资金，也就是说，TOM 集团将承担全部运营费用并主动背负起亏损的包袱。

完全接过这个包袱之后，TOM 集团达到了进军内地电视市场的目标，开始在内地进行本土化改革。华娱卫视采取了一系列的行动，其中包括将运营总部从香港移至深圳，同时在北京、广州、上海设立销售办事处；加大本土自制节目比重，由原来自办栏目不到 15% 提升至 40%。

除了在华娱卫视的自身发展上下功夫外，TOM 集团还为华娱卫视提供有力的资金后援保证。

在内容上，华娱卫视主张娱乐性和自创品牌。华娱卫视自制的节目《夜来女人香》《超级搜查令》等节目大受欢迎，黄金时段自己制作的节目已经达到了 40%。

2004 年年底，TOM 集团以 1000 万美元收购内地影视业最大的民营企业——华谊兄弟 35% 的股权。这次合作为华娱卫视在现有卫星平台拓展了层面，创造了更多的分销机会，并且提供了一个更大的广告销售平台。此外，华谊兄弟的业务范围还涉足影视经纪人业务领域，这也意味着 TOM 集团旗下的华娱卫视能够接触到内地的人才和创作资源。华娱卫视播出精心选购的最新的中国内地剧、港剧、台剧、韩剧、日剧等风格多样化、丰富多彩的影视剧，大受年轻观众的欢迎。

在传输渠道上，声称不在政策背后超车的 TOM 集团，在解决落地问题中也进展顺利。有这样一个事例：华娱卫视在 2004 年运作选秀活动《我是中国星》，最早发掘和推出了在《超级女声》中大红大紫的柯楠评审组合，该活动也有海选、PK 等环节，曾在华娱卫视覆盖到的广东地区受到相当的关注。但最终因为没有大面积的海量覆盖，无法形成足够的影响力，华娱卫视决定放弃继续主办该活动。

数字电视和网络电视向来被外界认为是两个潜力巨大的市场，是电视娱乐和内容制作的延伸市场。华娱卫视在完成节目数字化之后，开始向这两个市场发力。时任 TOM 集团首席执行官王兢曾表示，TOM 集团背靠李嘉诚的资金资源，目前可以动用的资金达 35 亿港元。在数字电视方面，TOM 集团正谋划着重金进入，不管是内容制作还是网络收费渠道和基础设施建设，TOM 集团都希望能参与进去。另外，作为中国四大门户网站之一的 TOM 集团网络也为华娱卫视节目的宣传和播出，提供了一个很好的平台。

"看多了有点腻，是个甜点电视台。"有人抱怨说。然而，李氏家族似乎就是看中了这一点"腻"，作为外资传媒，甜不怕，就怕太辣。"我们就是要发展娱乐，华娱卫视已经跟政府承诺不做新闻，而且全国性的新闻市场竞争太激烈。"王兢说。

李嘉诚曾经说过："在买之前，就要想到将来如何去卖。"这是他的投资准则之一。他收购华娱卫视，是一个进退自如、一举两得的生意。当华娱卫视遭遇低谷时，他低价买入并且签订了一个协议，30 个月之内提供不超过 3000 万美元作为华娱卫视业务的营运资金。值得关注的是，该协议同时给予特纳广播公司认购权，购回部分或全部 TOM 集团持有的华娱卫视股权，可以每年行使直到 2010 年。根据协议条款，若特纳广播公司购回部分股权，TOM 集团有权选择保留部分华娱卫视股权，或将全数拥有的华娱卫视股权回售给特纳广播公司。根据合同条件，TOM集团投资华娱卫视的3000万美元营运资金，在2010年前，特纳广播公司若想重新夺回控制权，需要支付7000万美元。也就是说，不出意外，只要公司运营正常，这笔收购、经营华娱卫视的生意已经稳赚不赔。

即便退一万步，TOM集团将来退出华娱卫视，TOM集团和特纳广播公司之间的非竞争协议自动解除，TOM集团仍然可以投资其他的普通话电视节目。

李嘉诚通过进军华娱卫视，不仅收获了利润，更重要的是他抢先一步占领了内地市场，这个市场空间广阔，他不仅可以保证这只篮子里的鸡蛋安然无恙，而且可以让TOM集团在实践中学习电视节目制作，可谓一举两得。

2006年上半年，华娱卫视有三成黄金时段节目是自己制作的，经营状况良好，业绩亦较为稳定。

在珠三角地区，华娱卫视的收视率一度遥遥领先，对于广东的观众来说，"凡是最热门的港台日韩偶像剧，都会第一时间在华娱卫视看到"。

可惜的是，由于电视广告市场的衰退，2016年10月，TOM集团决定在该年年底停播华娱卫视。2017年1月1日零时，华娱卫视的卫星信号及其节目终止播送。

3. 投资内地港口市场

港口投资是李嘉诚的主业之一。他进军内地港口市场，属于战略性投资。

1992年5月1日，李嘉诚宣布成立第一个在内地注册的联营公司，开始在内地投资开发港口项目。

起初李嘉诚有一个基本的投资策略，即"上海以南的（港口）就做，上海以北的不做"。而和黄在长江以南的港口投资中也很顺利，自1999年以来参与经营了包括深圳盐田港、上海、北仑、厦门等九家港口的集装箱码头。

1992年10月5日，李嘉诚与深圳盐田港集团有限公司（以下简称"盐田港集团"）合作，出资60亿港元建设深圳盐田集装箱码头。政府对这次合作十分重视，签约仪式在北京钓鱼台国宾馆举行，时任国务院总理李鹏亲自出席了签约仪式。当时内地经济正受到西方的联合抵制，和黄的投资有着重大的社会意义和政治意义，所以中央特别批准和黄掌握50.5%的控股权。在这一特殊背景下，这次投资既表现了李嘉诚的爱国之心，也彰显了他非凡的商业头脑。据说李嘉诚投资盐田港时，和黄内部有人表示反对，认为这个投资计划会减少和黄在香港的收益。但李嘉诚认为，相应减少的收益可以通过盐田港项目挣回来，把钱放在不同的口袋，总比眼睁睁看着钱落入别人的口袋要好。事实证明，李嘉诚看得确实比一般人更长远。2001年，盐田港集团的投资回报为3.21亿元人民币。2002年更是增加至4.76亿元人民币。到2009年，盐田港集装箱码头经多次扩建，总面积达344公顷，拥有集装箱专用泊位15个，每年处理的集装箱多达1200万个。

除了盐田港以外，李嘉诚在珠三角还投资了九洲港、高栏港、惠州港等港口，力求打造珠三角港口群。

1992年8月，李嘉诚与上海港集装箱综合发展公司联合成立上海集装箱码头有限公司，双方各自持有一半股权。其中，和黄投入10亿元人民币，上海港集装箱综合发展公司则以实物资产入股，包括7个集装箱泊位在内的12个泊位和相关设施。

1993年，和黄与上海港务局（上海国际港务（集团）股份有限公司）订立合资协定，预计在2010年将上海集装箱码头有限公司的吞吐量从1993年的90万标准集装箱增加到250万标准集装箱。到2000年，上海集装箱码头有限公司提前完成预期目标，吞吐量达到295万标准集装箱，2003年又增加到335万标准集装箱。

2001年，李嘉诚表示："和黄已经参与内地港口业务超过10年之久，日常运作相当好，增长也十分理想，有10%甚至20%的增长。"然而短短一年后，上海港务局对和黄产生了不满，认为上海集装箱码头有限公司收费过高。很快，和黄与上海港长达9年的合作走到了终点。2002年4

月,上海外高桥第四期的合作权被丹麦 AP 穆勒码头公司抢走。

2003 年在洋山港项目上,上海港务局更是李嘉诚的竞争对手,拿下了洋山港一期项目。据说李嘉诚曾向上海市政府相关官员直接表达了投资洋山深水港的强烈意愿,并针对这项投资给上海港务局写信,请上海港务局提供相关资料。随后,在洋山深水港二期项目上,李嘉诚终于得偿所愿,与丹麦马士基集团一起拿下了这个项目,双方分别占 32% 的股权,上海国家港务集团占 16% 的股权,中远集团、中海集团分别占 10% 的股权。洋山深水港建成后,年吞吐量高达 1017 万集装箱。有了它之后,上海港 2010 年的吞吐量达到 2907 万集装箱,首次超过新加坡,成为世界第一大集装箱港口。

李嘉诚为何如此看好内地港口业的发展?这显示出了他的一大智慧。

内地港口市场高门槛、高垄断、高回报、低竞争。港口投资规模通常都很大,有时会达到数十亿规模,这为其他企业的进入增加了屏障。港口业务具有天然垄断性,而且不可能被新技术所取代,一旦进入就会处于非常有利的地位,同时还能带来非常稳定的现金流,这是很多规模巨大的投资行业所缺乏的。从行业的角度来看,港口业务是投资回报相对较高的行业,当时平均可以达到 70%。

更重要的是,这里还有一个重要的支点性研究结论:对于中国这样一个大陆型经济体来说,市场的价值往往取决于供应量。港口是中国内地唯一在供应量方面具有可控制性前景的建设市场,谁控制了港口,谁就能充分、直接地分享中国经济增长所带来的好处。随着内地物流业的发展,以及加入世贸组织之后所带长的贸易增长,港口市场成了产出中国未来富翁的地方。从 20 世纪 90 年代开始,南到广西北海,北到大连、天津,都在兴起港口的建设热潮,这一热潮会至少持续 20 年。

李嘉诚的过人之处在于,他的投资总是在最合适的时机进入。他总能寻找到市场的最佳切入点,像一只猎鹰耐心地等待着猎物的出现,当猎物真的出现的时候,他会迅雷不及掩耳地出击将其捕获,从而为自己赢取巨额财富。

不过,李嘉诚在投资内地港口时也曾遭遇挫折,比如投资宁波北仑港和湛江港。

2001年6月9日，和黄与北仑集装箱公司合资组建了宁波国际集装箱码头有限公司，共同经营北仑港集装箱码头，项目投资金额为2.41亿美元，和黄占49%的股权。北仑港的港口条件优越，有着广阔的发展前景，是建设中的上海国际航运中心的关键组成部分，未来将成为长三角南翼的重要物流集散地。不过，在北仑港二期项目中，由于和黄不断提高集装箱作业费，引起了北仑集装箱公司的不满。所以，和黄在北仑港之后的五期项目中都失去了合作机会。

2007年，李嘉诚再次遭遇尴尬——招商局国际有限公司与广东省湛江市国资委签署协议，以16亿元人民币的价格拿下湛江港集团45%股份，并参与其整体改制。而在此前两年多的时间里，李嘉诚一直想要参与湛江港建设，但最终被拒之门外。

随着南方有发展潜力的港口被逐渐争食，北上成了李嘉诚顺理成章的选择。他打破自己投资港口不越过长江的惯例，却出师不利，因为没有货源优势而丧失了投资青岛港的机会。

2003年，李嘉诚表示愿意拿出500亿元人民币投资山东的港口，特别是青岛港。青岛港实力雄厚，是中国第四大集装箱运输港口，仅次于上海港、深圳港、宁波舟山港。李嘉诚打算投资青岛港的消息传出后，赢得了很高的呼声，但青岛港最终选择与英国铁行集团、丹麦马士基集团和中远集团合作。这主要是因为和黄的优势是经营码头，不能带来货源，因而无法满足青岛港对于货源的迫切需求。

所幸，李嘉诚很快在烟台港上扳回一局。

在北方港口中，烟台港的自然条件并不逊于国内知名大港，只是经营管理不善。2003年11月，美国环球货柜投资4.8亿元人民币，在烟台建设了两个集装箱码头，随着双方合作的加深，估计烟台港的货源已不成问题。而烟台港最急缺的资金和经营管理经验都是和黄的优势所在。随着山东半岛制造业基地的兴起，日韩产业向中国内地转移和国家振兴东北老工业基地，烟台正在构建渤海湾"黄金水道"，更为烟台港增加了吸引投资的筹码。

2004年10月20日，和黄与烟台港务集团公司合作发展烟台港八角港区项目，总投资达100亿元人民币，定位为国际大型深水综合性港区，整个项目的建设期为5~10年，共分三期工程，初期深水区投资额约为20亿元人民币。八角港区的效益及回报预计在9%左右，10年左右可收回全部投资。港口建成后，将形成44个3万~30万吨级的码头泊位，最终将使烟台港的吞吐量从现在的2288万吨飙升到2亿吨（含集装箱750万标箱）。

八角港区的建成可以使烟台加入到争夺北方航运中心的竞争中来。北方航运中心之争由来已久，尽管交通部规划的中国北方航运中心是由大连、青岛、天津三个港口组成集合体，但在推进市场经济体制以及港口彻底下放地方的形势下，谁都想抢占先机。而和黄正是这一争夺战中的胜利者。

在投资内地港口的同时，李嘉诚越来越不看好香港港口的发展前景，于是开始逐渐出售手上的相关资产。2005年6月，他以72亿港元的价格，将和黄在香港港口最重要的资产——国际集装箱码头20%的股权和中远国际集装箱码头10%的股权，出售给了新加坡港务局。

如今，和黄在26个国家的52个港口中，经营着319个泊位及多家运输船务公司，服务遍布亚洲、非洲、欧洲及美洲。在世界七大繁忙港口中，和黄参与经营的就有五个，它作为全球最大的港口投资、发展及经营商并非浪得虚名。

4. 做玩具交易平台的整合者

2002年1月，一份关于兴建玩具城的项目计划书摆在了李嘉诚的办公桌上。

对于许多期待与他合作的企业来说，可能这已经是迈向成功的第一步。这一次，幸运降临到了项目发起者的身上，这份计划得到了李嘉诚的认可，他决定投资广州，做一个为下一代提供娱乐的项目——玩具城。

据相关资料统计，全球玩具产量的 75% 来自中国，而广东则占全国玩具产量的 70%。换而言之，广东占全球玩具产量的一半以上。玩具已经成为我国出口的五大支柱商品之一，每年出口额超过百亿美元。不过，看似繁荣的玩具业的现状其实并不乐观，这种强势的背后隐藏着忧患。最大的一个问题是，玩具厂家小而分散，缺少整体规模效应。

在全国 8000 多家玩具企业中，近 70% 是 OEM 的出口企业缺少自主研发的设计和自主知识产权的品牌，只能收取低值的加工费。比如，芭比娃娃在美国的销售价为 10 美元，其中留在美国玩具商手中 8 美元，而生产这款玩具的广东某玩具企业出厂价仅为 1 美元。充足的订单并未给企业带来丰厚的利润，而是典型的"旺单不旺财"，肥水都流到了外国人手里。形成这种鲜明反差的原因是什么？从经济学的角度分析，大生产必然带来大流通，而大流通同时促进生产的进一步发展。不仅在玩具业，各行各业都是如此。如果没有好的流通平台，始终是廉价的劳动力、廉价的加工，自然处在产业价值链的低端，大量的利润被消耗在渠道上，被境外的玩具商所吞噬。

玩具业要从价值链的低端走向高端，市场是"圆梦"的唯一途径。早在 2000 年，玩具城的发起者就已经意识到了这一点，但是，他们认同的流通方式与普通意义上的批发市场截然相反。

早期自发聚集的批发市场是一种纯粹的买卖关系，完全靠成本和价格竞争，至于周边的环境、交通等都不是重要因素。所以，早期的批发市场大多业态层次较低，并且功能单一。内地的玩具业曾经有两个最大的集散地——广州一德路和浙江义乌，就同属这种业态。可以预见，其未来发展的空间将越来越狭小。

玩具城发起者在计划书中确立玩具城定位时，把现代商贸流通业与玩具业的特点充分结合，提出了玩具城现有的 10 大功能平台。这份计划书运用这一理念在日后说服李嘉诚爽快地投资时，起到了决定性的作用。

2003 年 7 月，李嘉诚经过亲自考察，拍板 9 亿元人民币投资，并特派长子李泽钜全权负责项目的签约。之后，长实、和黄闪电介入，分别注资 4.5 亿元人民币，联合广州国际玩具中心有限公司，合资成立广州国际玩具礼品城（下称"玩具城"）。长实、和黄各占 30% 的股份，负责项目的总体运营。

李嘉诚不仅亲自拍板投资，而且每周例会都会询问项目的进展情况。

在这个项目上，他的号召力毋庸置疑。从前期铺位热卖，到后期主题公园顺利拿下 1000 亩土地，一切都水到渠成。"李嘉诚的项目值得做，有的赚！"

2004 年 10 月 12 日，玩具城首期推出 500 个商铺，当天就被抢购一空。此前 6 月底在义乌，当地 300 多家厂商签订了 3 亿元人民币的认购意向书；8 月底在上海推介会上，也签订了 1.16 亿元人民币的认购单。玩具城一期总成交额 5.5 亿元人民币，各方赚得盆满钵溢。

2005 年 8 月底，占地 1000 亩、耗资 20 亿元人民币的动漫与玩具相结合的主题公园大致敲定，其声势不亚于香港迪士尼所引起的轰动。

接连不断地注资，并直接伸向玩具产业链的上游；涵盖物流、资金流、信息流的综合性平台，正由纸上规划付诸实现。由此可以断言，李嘉诚投资玩具业，理由并非那么简单。

仔细了解玩具业可以发现，这是一个庞大的行业，其背后惊人的数字，足以证明中国是全球玩具业当之无愧的主角。事实上，外界一直对玩具城存在一种误解，常常将其归类为地产项目。但是，究其核心理念会发现，玩具城"开发 + 运营"的运作模式，与普通的地产或者商业地产有着本质的不同。玩具城既是发展商，又是运营商，而运营往往是这类项目成败的关键。

玩具城是整合产业链相关环节的平台，从上游聚集潮流、产品方向以及技术等大量的信息，使入驻的企业更容易找到开发产品的方向。而与之匹配的技术、创意和设计，都会从玩具城引入的科研机构中找到相应的合作与协作。

交易是玩具城最基本的功能，但并不是单一的买卖关系。利用 10 万平方米的大型展览中心，可以 365 天不间断地进行展示。因此，企业接订单的机会将越来越多,并非以现成产品交易为主。玩具城将最终成为国内一级批发市场及国际买家集中采购的平台。另外,生产所需的原料或者半成品也可以在平台上简单地获取,从而降低企业的负担,使其可以专注于生产。

产品交易后如何走出去?这自然涉及流通的问题。玩具城希望建立一个高效的物流信息体系,从生产企业就能直接流通,无论是发往北京还是美国,无论是在路上还是船上,买卖双方都可以随时跟踪和管理货物的流向。

从上述功能定位来看,玩具城明显着眼于建立一个国际性的平台,而这一点与具有国际背景的"长和系"的设想不谋而合,完美结合使得利益最大化。简而言之,玩具城整合了玩具研发、生产到销售的整个产业链,而且是直接面向国际市场的开放平台。

李嘉诚说:"我们历来只做长线投资。如果出售一部分业务可以改善我们的战略地位,我们会考虑这一步骤。除了考虑获取合理的利润以外,更重要的是在取得利润之后,能否在相同的经营领域中让我们的投资更上一层楼。"

李嘉诚为这个平台的搭建,已经付出了1亿元的项目推广资金。每月不间断地宣传造势,这在内地十分罕见。而和黄的参与预示着玩具城打造"全球贸易流通平台"的发展轨迹:拥有欧洲第二大的零售网络的和黄,任何好的产品都可以通过其遍布欧洲各地的3000多个网点,迅速占领市场,同时把市场需求信息传递给玩具城的厂家,甚至直接带来订单;另外,和黄还有遍布全球的港口、码头、物流和集装箱业务。这意味着,依托玩具城这个平台,广东每年超过90亿美元的玩具出口将更加便利和快捷。

2005年5月,广东、福建、浙江、上海等八个玩具生产大省,组织了一次行业的聚会。当时,八省共同打出了一个口号:"玩具城不只是广东的、广州的,是大家的玩具城。"在各省之间仍然存在竞争的情况下,能达成这种共识实属不易,通过这次玩具行业会议,可以看到玩具城对全国经济的影响是巨大的。

玩具城二期规划10万平方米的会展中心的开工建设，将对玩具会展上规模、上层次带来很大的促进。尤其是广州"千年商都"的良好商业氛围，每年的广交会都带来一次万商云集的场面，所以，联合行业协会、会展公司，在玩具城这个平台上把会展的蛋糕做大，各方利益都能得以保证，并且这种联合办展也可以为采购商、供应商节省一大笔参展费用。

当然，玩具城作为具有10大功能的平台，需要国内外玩具业界的共同营造和运作。实现这一目标任重而道远，李嘉诚作为一个"整合者"正在稳步前行。

凭借面积大而新的优势，玩具城刚开始吸引了很多一德路的商家进驻，他们对这里充满期待，相信借助李嘉诚的影响力可以让生意红火起来。然而，玩具城未能往预设的方向发展，客流惨淡，不少档主只得又搬回一德路。目前大量铺位已关门，一部分铺位出租给了个人或企业用于办公。因管理维护不善，整个玩具城显得脏乱残旧。

一向眼光独到的李嘉诚，在玩具城这个投资上显然是失败了。2017年4月6日，玩具城终于迎来了新的发展，在李嘉诚大量出售内地资产之际，佳兆业集团控股有限公司低调地接手了这个项目。不过，外界对于这次交易知之甚少，佳兆业集团控股有限公司在收购完成后也没有对外公告。

5. 投资科技新秀

李嘉诚令人瞩目之处还在于，每每能挖掘出高科技行业的宝藏，其中包括Facebook、Siri和Spotify等科技新秀公司。

到了晚年，即便是唾手可得的利益，李嘉诚也会三思而后行。他在总结自己的投资经验时说：

"好景时，我们绝不过分乐观；不好景时，也不必过度悲观，这一直是我们集团经营的原则。在衰退期间，我们总会大量投资。我们主要的衡量标准是，从长远角度看该项资产是否有盈利潜力，而不是该项资产当时是否便宜，或者是否有人对它感兴趣。我们历来只做长线投资。

"好谋而成、分段治事、不疾而速、无为而治，若能抬出这四句话的精髓，生命是可以如此的美好。'好谋而成'是凡事深思熟虑，谋定而后动。'分段治事'是洞悉事物的条理，按部就班地进行。'不疾而速'就是你没做这件事之前，很早就想到假如碰到这个问题该怎么办，由于已有充足的准备，故能胸有成竹，当机会来临时自能迅速把握，一击即中。'无为而治'则要有好的制度、好的管治系统来管理。兼具以上四种因素，成功的蓝图自然展现。

"眼光放大放远，发展中不忘记稳健，这是我做人的哲学。进取中不忘稳健，在稳健中不忘进取，这是我投资的宗旨。"

2007年，李嘉诚斥资1200万美元买入Facebook 0.8%的股权，当时Facebook的市值为150亿美元。这个投资机会是周凯旋呈交给他的。李嘉诚做出这个决定只花了5分钟时间，但他考察这个行业却整整花了3年时间，直到他被Facebook不断增长的用户群及其在移动领域的业务前景所吸引。

1200万美元对他来说算不了什么，投到Facebook的原本是他的私人资本，那他为何如此谨慎呢？他解释说：

"我除了用很多时间来考虑失败的可能性外，还会反复研究哪些行业对我们是未来的机会，哪些行业风险高；哪些生意今天很好，但10年之后优势不再；哪些今天欠佳，10年之后却风景秀丽。比如石油公司赫斯基，最初大家并不看好，但我却一直很有信心。这是由于我平时对经济、政治、民生、市场供求、技术演变等一切与自己经营行业有关，或没有直接关系但具影响的最新、最准确讯息全都具备所有详细数据，加上公司里拥有内行的专家，所以，当机会来临时，我便能迅速做出决定。

"我从不间断阅读新科技、新知识的书籍，不至因为不了解新信息而和时代潮流脱节。

"几年前的一次会议上，我讲到Facebook。从最初的几家大学开始，有人说2011年还是2012年才达到4800万名用户，其实这家公司上个月已有4500多万用户。但是，如果你没有这个Information（信息）的话，要分析Facebook，你的数据就不足够。所以，做哪一行都要记住，最要紧的就是要追求最新的Information，做哪行都是一样！

"你做那个行业，一定要追求那个行业最好的知识、Information，最好的技术是什么，且必须处于最佳的状态。这是第一。第二，努力、毅力。不过，很重要的是，如果一个机构没有掌握与这个行业有关的知识，如果你判断错误，就算你再努力、再有毅力，失败的代价也很大。第三，就是建立好的制度与选用好的人才。"

2011年，在长实与和黄年度业绩发布会上，李嘉诚向外界透露，两家公司去年的营业额都有超过20%的增长，股东应占的净利润更是分别出现72%、178%的大幅提升，达到460亿港元和560亿港元。这一年，两家公司一共在内地成功投得五块土地，面积约65万平方米。就和黄来说，欧洲和加拿大的业务占2011年收益总额的比例为42%和16%，远高于在香港的收益。因此，李嘉诚表示，如果欧洲未来出现合适的业务，会继续进行收购与投资。

另外，公司已经累计向Facebook投资4.5亿美元。以Facebook上市后约1000亿美元的市值估算，李嘉诚持有的3%股权价值30亿美元，投资回报率高达560%。也就是说，Facebook为李嘉诚带来的回报将达到20多亿美元。

李嘉诚本人也认为，Facebook的投资是很成功的。但是，Facebook并不是长实持股，所以，等Facebook上市后，即使出售股票套现，最多只会拿回本金，其余的将作为长期投资。

李嘉诚的投资为什么能如此成功？他曾说，他投资的决策主要取决于公司前途、公司资产大于股票价值，以及管理人是否优秀负责。谈到股票市场，李嘉诚表示，只会买入有信心的企业股票，他对自己的企业最有信心，所以在适当的时候还会买入自己公司的股票。

对于 Facebook 的投资，不过是李嘉诚在高科技领域一系列回报丰厚的投资中最突出的一个例子。2009 年，他还向 Siri 公司投资 750 万美元，2010 年这家公司被苹果公司收购。他还投资了音乐网站 Spotify、众包汽车导航服务公司 Waze 和防水技术公司 HzO。

李嘉诚的投资心得经常影响市场动向，但对于业界的赞誉，他十分谨慎低调，笑说："巴菲特是投资专家，我不是。"

Spotify 公司的首席执行官丹尼尔·艾克称赞李嘉诚说："他和他的团队最酷的特点之一，就是他们对于想象中的世界发展方向了然于心。从他投资 Spotify 公司的那一刻起，他就保证自己的汽车要装上 Spotify。这事发生在 Spotify 还没有推出移动应用的 2009 年。他想要的是，什么时候 Spotify 能在每一辆汽车上普及。在他看来，Spotify 无处不在是理所应当的事情。他看到的并非技术上的限制，而是这个世界应该发展成的样子。"

一个年过八旬的老人如此睿智，实属少见。如今，李嘉诚对于挑选合适时机，填补初创企业的"死亡之谷"已经变得驾轻就熟。一些具有颠覆性的初创企业反过来为他规模更庞大的家业提供了更前沿的技术。事实证明，这位耄耋老人在数字世界也有着强大的魄力。

第二十二章　善举义行

功成名就后的李嘉诚，回到了阔别多年的家乡，乡亲们贫穷落后的生活情景让他泪流满面。为了帮助父老乡亲，他提供种种资助，在公司经营遇到困难的情况下仍然坚持独资兴建汕头大学。与此同时，他也不忘关怀弱势群体，把饱尝人间疾苦的人们挂在心上，不愿看到他们陷入无助的状态。

1. 热心公益事业

1978年9月底，功成名就的李嘉诚应邀到北京参加29周年国庆观礼活动。

这是李嘉诚第一次来到祖国的首都——北京。在北京，李嘉诚受到国家领导人接见，参加了国庆招待会。

北京之行，让李嘉诚既感陌生，又备感亲切，内心激动不已。他开始将眼光投向内地，将自己的事业与祖国的改革开放联系在一起，对向内地投资充满期待和热忱。

随后，他与夫人庄月明一起回潮州老家探亲。这是他阔别家乡38年之后，第一次回到家乡。"少小离家老大归，乡音未改鬓毛衰。"当年那个在战火纷飞的年代与父母远离故土、一步一回头的少年，如今已是一个到了知天命之年的地产大腕。家乡的山山水水在他眼里是那样的亲切，他的心情如同韩江水一样波涛起伏。

在潮州城内，街头散落搭建的简陋民房令他十分不解。经过了解，他才知道这是上山下乡返城知青搭建的住房。此时全国各地都已经热火朝天地开发建设，而家乡的人们还在这种简陋的房屋中生活，让他心里很不是滋味。

幼时，李嘉诚随父读过杜甫的诗句"安得广厦千万间，大庇天下寒士俱欢颜"，现在回想起来，更能为杜甫的胸怀所激励。在香港，他承建的楼宇近千万平方英尺，却不敢将自己的行为与杜甫的诗句联系在一起，因为是出于商业利益。他突然产生了一个想法，那就是帮助家乡人改善住房条件，让人们在整洁美好的环境中安居乐业。

回到香港后，他立即捐出巨款，建成了20幢高4层的住宅，解决了知青们住房难的问题。

1978年年底，李嘉诚从家乡的来信中获悉潮州还有很多返城的"黑户"，或露宿街头，或挤在临时搭起的矮棚笼屋里。他深感不安，马上复函家乡政府，提出捐建"群众公寓"以解房荒之急。

群众公寓两处共9幢，4~5层不等，建筑面积1.25万平方米，安排住户250户。李嘉诚共捐资590万港元，工期分几年完成，陆续迁入新居的住户无不欢天喜地。

群众公寓虽然没有从根本上解决房荒问题，但也算是他为家乡父老尽的一份绵薄之力。

1979年，李嘉诚再次回到自己的家乡。到达当晚，在潮州市政府举行的茶话会上，李嘉诚说了一席感人肺腑的话：

"我是在1939年潮州沦陷的时候，随家人离开家乡的，到今天已经有整整40年了。40年后的今天，我再次踏上我思念已久的故乡的土壤，虽然一路上我给自己做了心理准备，知道僻远的家乡与灯红酒绿的香港相比，肯定是有距离的，但是我绝对没想到距离会是这么大。就在我刚下车的时候，我看到站在道路两边欢迎我归来的，我的衣衫褴褛的父老乡亲们，我心里很不好受。我心痛得不想说话，也什么都说不出来，说真的，那一刻，我真想哭……"李嘉诚说到这里，潸然泪下。

回港后，李嘉诚与家乡飞鸿不断，明确表示愿为家乡尽绵薄之力，他说："月是故乡明。我爱祖国，思念故乡。能为国家、为乡里尽点心力，我是引以为荣的。""本人捐赠绝不涉及名利，纯为稍尽个人绵力……"

1980年前后，李嘉诚捐资2200万港元，用于兴建潮安县（今潮安区）医院和潮州市医院，大大改善了潮州的医疗条件。

其后，李嘉诚积极响应市政府发起的募捐兴建韩江大桥的活动，捐款450万港元，名列榜首，庄静庵居其二，陈伟南（香港屏山集团主席、饲料大王）列第三位。共集善款5950万人民币，大桥于1985年奠基，1989年竣工。

李嘉诚还多次捐款资助家乡有关部门设立医疗、体育、教育的研究与奖励基金会，每笔数额10万~150万港元不等。尤其令人称道的是，他淡泊功名，保持低调，不同意以他的名字为潮安、潮州两家医院命名。1983年元宵节，家乡政府有多项包括潮安、潮州医院在内的工程落成与开幕剪彩仪式，李嘉诚不愿参加剪彩活动。在有关领导的多次劝说下，他才在开幕前一分钟赶往医院剪彩。

其实，李嘉诚的善行又岂止在他的潮州老家。

1984年，他向中国残疾人基金会捐赠100万港元；1991年，他又捐出500万港元，并在1992—1996年陆续捐赠6000万港元。

1987年，他向中国孔子基金会捐款50万港元，用于赞助儒学研究。

1988年，他向北京炎黄艺术馆捐款100万港元。同年，捐款200万港元资助汕头市兴建潮汕体育馆。

1989年，捐赠1000万港元，支持北京举办第11届亚洲运动会。

1991年7月12日早晨，李嘉诚边用早餐，边听广播，惊悉中国华东地区发生百年未遇的特大水灾，随即以长实、和黄、港灯、嘉宏四公司的名义，捐出5000万港元赈灾。当天，他在华人行办公室接受香港《文汇报》等多家报馆的记者采访，他说过去对公众事业，一般是以私人的名义，这次以公司的名义，是想让全公司的股东和员工都参与进来。在他的倡议下，全港市民掀起了救灾的热潮，共捐赠5.66亿港元。

数日后，李嘉诚得知汕头遭遇强台风灾害，又以个人名义捐赠500万港元给汕头市政府。

李嘉诚在广州市和广东省的其他地方，先后有数千万港元的捐款。较大的捐赠项目有：认捐1000万港元，资助广州市科技进步基金会；以公司名义，捐助1000万港元给广东省教育基金会。

李嘉诚在香港也是一个大慈善家。

从1977年起，他先后给香港大学等几个教育机构及基金会，捐款5400多万港元。

1984年，他捐助3000万港元，于威尔斯亲王医院兴建一座李嘉诚专科诊疗所。

1987年，他捐赠5000万港元，在跑马地等地建立三间老人院。

1988年，捐款1200万港元兴建儿童骨科医院，并向香港肾脏基金、亚洲盲人基金、东华三院捐资共1亿港元。

20世纪80年代至今，对香港社会福利和文化事业的几十家机构捐善款逾1亿港元。

李嘉诚有个宗旨，"发达不忘家国"，"办公益事业乃是我分内之天职"。

李嘉诚在商业上的辉煌业绩，以及在公益事业上的慷慨之举，为他赢得了无数的荣誉。国家领导人邓小平、江泽民、李鹏等多次接见他，高度赞扬他为祖国、为家乡做出的贡献。

2. 独资兴建汕头大学

在李嘉诚为祖国人民所做的种种义举之中，独资兴建汕头大学，是描绘他赤子之情最浓重的一笔，被誉为其爱国义举的又一座丰碑。

20世纪80年代初，潮汕地区的人口已经达到1000余万。长期以来，没有一所大学，使这里的人们感到十分遗憾。近百年来，有不少潮汕人为建成一所大学而努力过。

1920年年初，饶平人张竞生在获得法国里昂大学的哲学博士学位后，回国出任家乡潮州的省立金山中学校长。任职期间，他深深体会到文化发达的潮汕地区需要建立一所大学。为此，他对金山中学进行教育改革，想把金山中学办成潮汕大学，但因无力摆脱军阀混战后的困境和世俗偏见的束缚，最后他愤然辞职，建立潮汕大学一事也流产了。

1925年2月，潮州人林子肩重新发起组建潮州大学的号召，并成立了筹备处，但终因经济上的重重困难又不了了之。

1949年，国民党政府的两广监察使潮阳人刘候武，向海外潮籍人士再次发出在汕头创办一所潮州大学的呼吁，并得到了香港地区和东南亚一带潮籍人士的热烈响应，在香港成立了筹款委员会。创建厦门大学的陈嘉庚先生闻讯十分高兴，热切期盼此次潮州大学的筹建能一举成功。不料内战的烽火很快蔓延到了潮汕地区，筹建潮州大学一事遂告夭折。

1978年9—10月，邓小平、廖承志等接见回国参观访问的泰国侨胞，对于他们提出在潮汕地区建一所大学的要求，表示完全赞同。

1979年，在党中央改革开放方针指引下，汕头被列为经济特区，对经济管理人才的需求大大增加。为尽快满足潮汕特区经济与社会的需要，迫切需要办一所大学，在这种形势下，海内外的有识之士再一次掀起了创办汕头大学的热潮。

筹委会副主任庄世平老先生就筹建大学的计划与李嘉诚交换意见。

李嘉诚表示，教育发展及医疗服务是社会两大支柱，人终身会乐于为此付出金钱、时间和心血，予以支持。他少年时希望能够像父亲那样投身教育或医疗服务，可惜在14岁时，父亲因病去世，他不得不过早地挑起家庭的重担，投身社会。少年时的遭遇，目睹贫病的痛苦，亦激发起他参与医疗和教育事业的热忱，并从中了解到生命的重大意义。

李嘉诚想起先父李云经努力办教育的往事，想起夫人庄月明支持独资办汕头大学的言语，于是请教庄世平："庄老，不知道办一所大学需要多少钱？"

庄世平笑了笑，回答道："这很难说，大学像海洋一样，投进去再多的钱也能消化得了。不过，我个人认为，只要有个带头人，创造一个良好的开端，将来一定能得到海外潮籍人士的积极响应。"

李嘉诚听了，果断地说："那就让我来做这个带头人吧！我马上捐出3000万港元，作为筹建汕头大学第一期工程的经费。"

接着，他满怀深情地说："庄老，这是包括先父在内的我全家人的心愿呐！如果我的父亲仍然在世，他一定非常赞成我捐资办汕头大学。"

从这一刻起，近百年来潮汕地区办大学一事才真正有了一个实质性的开端。不久，李嘉诚捐助的3000万港元便汇给了汕头大学筹委会。

20世纪80年代初期，正值汕头大学破土动工之际，中英关于香港问题的首轮谈判破裂，香港人心惶惶，局势动荡，经济严重衰退，各行各业倒闭现象不断发生。李嘉诚旗下的长实等上市集团公司也受到一系列严重打击，损失重大。对于是否继续捐款创办汕头大学，李嘉诚陷入了沉思之中：他和庄月明已经决定独资创办汕头大学，且已经对外宣布。从1980年9月的3000万港元，增至1983年5月的1.1亿港元，他都是独资负责到底。如今企业损失太大，汕头大学是否应缓建几年呢？

庄月明得知丈夫的想法后，坚决反对道："我除留下一身换洗的衣服外，其余的衣服都给你拿去卖掉，也一定要建成汕大。我的金银首饰，你也可以拿去卖掉，我不带金银首饰也要把汕大建成。"

李嘉诚笑着对庄月明说："我看，现在还不至于要卖你的衣服、金银首饰来建汕大,这主要是个意志。只要我们建汕大的意志不变,自然有办法继续给建汕大的钱。"随后,李嘉诚亲笔写信给汕大筹委会道:"近年世界经济衰退,影响所及,本人面临10年来的最困难处境。各行业倒闭及亏损者甚多,本人所经营业务亦深受打击。上述捐赠,在个人今后数年之现金收入,已达饱和。但鉴于汕大创办成功与否,较之生意上及其他一切得失,更为重要。而站在国民立场,能站在此适当时间,为国家桑梓竭尽绵力,即使可能面对较为困难本港经济情况下,仍属极有意义及应勉力以赴之事。"

李嘉诚坚定地向汕头大学筹委会表示,一定不让汕头大学建校工程停顿,将继续向汕头大学汇款。高教部副部长黄辛白出国考察时途经香港,会见了李嘉诚,谈到汕头大学继续施工之事,黄辛白希望李嘉诚先保自己,渡过难关之后再考虑续建汕头大学。

李嘉诚一方面感谢国家关心自己当前的困难,一方面又坚定地对黄副部长说:"不,不,我的事业可以破产,我的一切可以失败,但汕大一定要办,一定要办成。"他激动地指着自己的办公大楼,继续说:"我卖掉它,也要把汕大办起来。"

为了保证汕头大学有稳定而又可靠的资金来源,李嘉诚专门在海外组建了"李嘉诚汕头大学基金会有限公司"。基金会投资1000万美元,参与兴建汕头市10万千瓦火力发电站。建电站所获得的利润,全部用于汕头大学的发展。

在汕头大学的筹建过程中,李嘉诚多次追加捐款,从1980年9月的3000万港元增加到1989年10月的3.7亿港元,所捐款项超出了原计划的20倍。

当一座现代化的园林式学校呈现在家乡父老面前时,李嘉诚终于松了一口气。

汕头大学主楼楼群由十几栋环状大楼组成,由中国古典高架庭院式长廊将大楼连在一起。整座校园体现了中西合璧的特色,材料和设备都是世界一流的。自动水冷式空调设备是从日本购进的,调光装置是从美国引进的，大理石是从意大利运来的。其他如英国的吊灯、比利时的钢化玻璃、泰国的高级柚木等，都是其他大学所没有的。

1986年6月20日上午，邓小平在人民大会堂会见李嘉诚时，专门对他表示感谢。邓小平说："你为祖国做出的杰出贡献，我是理解的，中国人民是理解的，我代表全国人民表示感谢。"

李嘉诚对邓小平说："办汕头大学是我人生中最重要的一件事。发展教育事业对促进祖国的科学技术水平的提高非常重要，我愿意为此而努力。许多华侨和外国人愿意为汕头大学的建设贡献力量，希望这所学校对外开放一些。"

邓小平对李嘉诚的想法表示赞同，他说："这是一件好事，全国应调一些比较好的教员到那里去，把这所大学办好。我们今后要全力以赴，办好中国的教育事业。"

之后，李嘉诚上书邓小平，希望他指示国家教育委员会协助解决以下三个问题：

一、给予大学更大的开放，招揽国际良好之师资，并尽快调派国内优秀人才南下。

二、给予大学更大权限，在汕大成立研究院，派遣研究生出国，早日学成归来，为汕大服务，使汕头大学的水平能达到国际水准。

三、给予大学更大方便，使国内外有心为汕大贡献一分力量之人士，能为汕头培养科技人才贡献力量。

汕头大学的首任校长是曾任英联邦国家300余所大学协会会长的黄丽松博士。

在校董事会上，黄校长激动地说："据我所知，捐助大学的人，各国各地区都有。有捐校舍的，捐仪器的，捐奖学金的，大都是一项两项……我从没见到过有人像李嘉诚先生那样，除了负责整个大学的建筑费外，还捐赠图书、仪器和奖学金，捐赠教职员的津贴和出国进修费用，甚至购地、建宿舍、补助常年经费……"最后，他感慨动情地说："这是史无前例的，没有一所大学像汕头大学这样的幸运！"

李嘉诚对汕头大学付出的心血，正如他自己所说："我把一生的心血都放在汕大上了，不瞒你们说，我对汕头大学的事情比对任何事情都操心，我的头发都白了好多根！"但他对此却不求任何回报，他说："我只求报效祖国，别无所求。"

大学礼堂落成后，校方有人建议说："李嘉诚先生，您不愿意树碑立传，那么，这座礼堂用您的名字命名总可以吧？"遭到谢绝后，又有人提议道："或者用您父亲的名字命名如何？"

"如果我父亲还活着，他也不会同意这么做的。我看，叫大礼堂就很好。"李嘉诚说道，"一个人死去之后，如果灵魂有知，那么儿孙们所做的一切他都知道，就无须什么命名；如果灵魂无知，儿孙们所做的一切他都无法知道，即使用命名来告诉他也毫无用处。"

校方无法说服他，见他说得言辞恳切又有道理，也就作罢了。于是，直到今天，汕头大学校内处处凝聚着李嘉诚心血的建筑物上，没有任何一处留下他的名字，但是李嘉诚对汕头大学的贡献却永远留在了人们的心里。

1990年2月8日，汕头大学隆重举行全面落成典礼。

当天，李嘉诚同李泽钜、李泽楷及长实集团高级助手参加典礼。出席庆典的政要有：国务委员李铁映、全国人大常委会副委员长荣毅仁、广东省委书记林若、广东省政协主席吴南生、国家教委副主任何东昌、新华社香港分社社长周南、国务院港澳办副主任李后、全国侨联副主席庄世平等，李嘉诚的好友李兆基、郑裕彤、何添等大企业家亦同来助兴庆贺。

到1993年2月2日，兴建汕头大学，李嘉诚的捐款总额达8.8亿港元。更难能可贵的是，他在这上面也投入了无法估量的爱心，而且他的妻子庄月明一直到弥留之际，仍在关心着汕头大学的建设。

2008年7月，汕头大学成立了至诚书院，开始住宿学院的试点工作，不同专业、不同年级的学生住在一起，并开展以住宿学院为社区单位的各种活动，通过不同专业背景的交叉、不同兴趣爱好的交融，使学生开阔视野，培养自信心、独立性和社会责任感。这是汕头大学在探索学生培养模式的不懈努力中的一个重要环节。

2017年6月27日，李嘉诚应邀到汕头大学参加毕业典礼，看着校园里朝气蓬勃的年轻学子，他感慨不已，不由得想起了自己年轻的时候，那时的他怀着一颗赤子之心，历经种种磨难，终于取得了成功，创造了常人难以企及的财富。这也使他深刻体会到成长道路上的艰辛。在毕业典礼上，他发表了精彩的演讲——《愿力人生》，将自己的一些人生经验告诉这些未来的主宰者，希望他们在人生的道路上少走弯路，尽快获得成功。

3. 慷慨解囊，助无助者

在公益事业捐助活动中，让李嘉诚最难以忘怀的，是1991年他与属下集团捐给中国残疾人联合会的1亿港元。时隔8年，1999年，李嘉诚在致汕头大学/香港中文大学联合国际眼科中心成立的祝词中写道："至今我仍认为，这是多年来捐款中一件最深具意义的事情。"

多年来，李嘉诚从不间断与中国残联领导会谈，了解残疾人的状况。从谈话记录中，我们可以看到他屡屡提及"助无助者"。他说："人在无助的时候，帮一下，是最有益的。"早在1984年，中国残疾人福利基金会成立，邓朴方首次访问香港时，李嘉诚就捐款200万港元；中国残疾人联合会成立之后，1991年，李嘉诚再次捐资1.5亿港元。其间发生的故事令人回味：

1991年8月，邓朴方率中国残疾人展能团和艺术团访港。时值华东水灾，港澳同胞纷纷为灾民捐款。邓朴方申明，此次赴港不进行募捐筹款。李嘉诚执意前往看望，在刚刚向华东灾民捐献5000万港元后，又当面送给中国残联一张500万港元的支票。

晤谈时，邓朴方特别提到："我们把你的捐款作为'种子钱'，每用1港元，带动各方面拿出7倍以上的配套资金，用到残疾人最急需的项目上。"

邓朴方的一席话，与李嘉诚的办事原则不谋而合。他连声称赞道："每一个铜板都是辛辛苦苦得来的，你们使用资金的效益这么高，令人佩服！你们所做的是一项高尚的事业。"李嘉诚还向邓朴方索要了残疾人事业的资料回去参阅。

当天晚上，李嘉诚与两个儿子长谈。内地残疾人的困难令他动情，中国残联使用捐款的效益令他动心。

8月16日，李嘉诚与邓朴方再次见面。李嘉诚说："我决定再捐1亿港元，也作为一颗种子。你们只需争取四五倍的配套经费，便可帮助更多的残疾人士。我捐钱，你们落实个计划，为残疾人办事。眼居五官之首，是心灵之窗。在残疾人中，盲人最为困难。"李嘉诚对复明工作情有独钟，特别期望用5年时间把内地400多万白内障患者全部治好。

李嘉诚又说："邓先生，能够帮助残疾人士是件很有意义的事情。你知道吗？上次与你谈了两个小时后，我返回办公室，很兴奋，竟然忘了肚子空着，便拿了杯白兰地喝下，立即感觉有些醉了。"

邓朴方感动地说："十分感谢你的好意，我们回北京研究、计划一下，再向你报告。"

经过三个月的紧张工作，中国残联深入调查、精心测算，并与有关部门反复研讨，结论是：受组织工作和医务力量的限制，5年内难以治愈全部白内障患者；况且，盲人只是残疾人中的一部分，其他各类残疾人也亟待救助。鉴于中国残疾人事业刚刚起步，百业待举，急需制定实施一个均衡、务实的整体计划，却苦于缺少资金。为了让捐款发挥更大作用，中国残联期望将其作为更多领域发展的启动资金，成为一颗给各类残疾人带来更多利益的大种子。为此，中国残联着手草拟残疾人事业五年计划纲要，并致函李嘉诚，希望与他的代表磋商。

12月初，李嘉诚委派次子李泽楷到北京全面了解内地残疾人状况，工作的要点、难点，以及正在拟订的计划纲要草案。

几天后，李嘉诚致函邓朴方："贵会最能了解残疾人士之需要，所做之决策亦能令残疾人士无论心理及生理之健康均得到最大之帮助，本人及属下公司均乐意配合……"

1991年12月29日，国务院正式批准颁发了《中国残疾人事业"八五"计划纲要》及与其配套的16个业务领域实施方案，中国残疾人事业首次有了与国民经济和社会发展计划同步的系统发展计划。李嘉诚出资1亿港元选择了其中最急需资金的8个项目，从中央到地方，各级政府也为此投入了十几亿；同时，社会各界热心关注，踊跃赞助。

从1991年至1995年，李嘉诚播下的这颗种子结出了丰硕的果实，不仅促进残疾人事业由小到大、从点到面，走上系统发展的轨道，而且使众多残疾人实实在在地受益。具体表现在以下几个方面：

其一，白内障复明手术使107万名患者重见光明，年手术量由10万例提高到25万例。到2000年累计实施333万例手术，年手术量提高到45万例，实现了白内障致盲人数的负增长。现在，李嘉诚又开始关注角膜移植，着手解决第二大致盲因素。

其二，低视力者配用助视器，使以往被误作盲人的4万低视力者告别了朦胧世界，并为数以千万计的低视力者带来福音。

其三，聋儿听力语言训练使"十聋九哑"成为历史，6万聋儿开口说话，并形成了系统的聋儿康复体系。

其四，小儿麻痹后遗症矫治使36万名患者走向新生活，并通过计划免疫，1995年以来，未再发现脊髓灰质炎。到2000年，以往124万名小儿麻痹后遗症患者中的手术适应者基本得到矫治。

其五，弱智儿童康复使10万名弱智儿童经过训练，提高了生活自理、认知与社会适应能力。

5年间，共有163万名残疾人重获新生，并为更多的残疾人带来了希望。

此外，资助建设的30个省级残疾人综合服务设施，为残疾人提供了全方位服务；还针对内地自然环境普遍缺碘的情况，为6752万孕妇、婴儿等特需人群提供了碘油丸，不仅预防了智力残疾，控制了碘缺乏病，而且使新生儿的智商得以提高。

回顾历程，邓朴方十分感慨地说："在我们创业之初，李先生的捐款真是雪中送炭，催生了《中国残疾人事业"八五"计划纲要》，带动了事业的全面发展，给6000万残疾人的命运带来整体而久远的影响。"

正如管子所云："一树百获。"青海一位因外伤而双目失明的70岁老人，从来没有走出过草原。老人对同是盲人的中国残联领导说："草原很大，我走不了多远，可听很多从我家经过的人都提起李嘉诚。他没有来过我们这儿，可他让草原上的许多盲人都睁开了眼。他有一颗金子般的心！"

在四川自贡，盲人理事去看望一个白内障手术后复明的聋人。盲人与聋人无法交谈，聋人就把他的哥哥找来，打着手势由哥哥转述："感谢政府和残联，感谢李嘉诚先生。"这位聋人后来给工地挑土，一天挑100担，挣6块钱。他"讲"："每天攒一点，等攒够了，真想到香港当面谢谢李嘉诚这位老爷子。"继而，他手指南方，双手作揖……

这种无声的语言真的令人感动。下面发自肺腑的声音就更使人震撼。

一个叫翟艳萍的姑娘，因脊髓灰质炎导致小儿麻痹后遗症，只能手扶脚面在地上蹲行。她羞于见人，从未出过家门，熬过了漫长的28年——直到接受了矫治手术。她激动万分地说："28年来，我第一次知道自己的身高；28年来，我第一次站起来做人！"说到这里，她泪流满面，向李嘉诚深深地鞠了一躬……这是1993年，北京人民大会堂举行的一次有李嘉诚参加的汇报会上发生的事情——现在，翟艳萍已经有了工作，有了家庭，有了孩子。

在中国残联，有一封来自云南弥勒县的信，写信人叫任志刚，他让中国残联将信转寄给李嘉诚。小任十分聪明，却因小儿麻痹后遗症失去了上大学的机会。他在信中写道："您不认识我，但我知道您。我还知道，千千万万像我这样的您不认识的人都知道您，因为我们都是您助残项目的受益者，都是对您心存万分感激的人。"他接着说："我做了矫治手术后，就在心底发誓，一定要做出样子给您看！我从经销汽车零配件、修理汽车干起，现在已拥有100多万元的固定资产，6000多平方米的厂房，在边远地区可以算非常富裕了。"他最后说："我的家乡叫'弥勒'，这大概与佛教有些渊源。李嘉诚伯伯，愿佛保佑您！"

佛本无意，事在人为。残疾人质朴的话语，也许尚不能表达他们的心情于万一。

人由文传，传以人立。桃李不言，下自成蹊……

在中国残联，保存着各类残疾人及相关组织机构10年间与李嘉诚的往来信件，厚厚的两大册。大到项目的选择、捐助资金的使用安排，小到为一个残疾人解决具体困难，能想到的、能做到的，李嘉诚都亲自过问。还有一盘录影带，它的由来更发人深省：李嘉诚在电视上看到国外假肢技术的最新报道，便让人从电视台找来录影带，快递到北京供中国残联参考。李嘉诚说："这是我作为一个国民应尽之天职。"

他在一篇文章中写道："世界上要成就每一样真正有价值而值得骄傲的事，都必须有正确的人生观，为理想和目标付出时间、努力、坚强的意志和奋斗精神。大家以崇高的价值观付出爱心、精神，善用宝贵的资源贡献社会，共同为人生留下美好的种子。"这就是李嘉诚与残疾人之间鲜为人知的平凡故事。

人们从中可以读出商海之外的李嘉诚，一个生活中的立体的、大写的"人"。佛学大师赵朴初临终前在医院挥毫为李嘉诚题词：拳拳爱心。

很少题词的李嘉诚，在甘肃省残疾人康复中心也一挥而就：发扬人性中光明与高贵的一面，为无助者提供无偿服务。残疾人送上了他们的礼物——在众多残疾人的签名之上，托出一行大字：您的爱改变了我们的一生！

一位国际名人、一名华人首富，他对社会最困难的残疾人群体的关爱——天地可鉴！

4. 成立李嘉诚基金会

李嘉诚少年经历忧患,因父亲早逝,他15岁便辍学到社会上谋生,深深体会到健康和知识的重要,同时认为对无助的人给予帮助是世上最有意义的事情。他也认识到个人力量毕竟有限,唯有事业成功,才能对社会和国家作出更大的贡献。

随着事业逐渐发展壮大,李嘉诚越来越热心于公益。1980年,李嘉诚基金会成立,之后他更系统地对国家的教育、医疗、文化、公益事业进行资助。至2005年,他历年来累计捐赠额超过80亿港元,大部分是现金捐赠——在中国内地的捐赠占总捐赠额的71%。李嘉诚认为教育及医疗是国家富强之本,所以他对教育及医疗事业的捐赠比例达88%。

他将自己在加拿大帝国商业银行的近5%股权全数出售,套现所得约78亿港元全数拨入李嘉诚基金会,使李嘉诚基金会有了雄厚的财政基础,可从事更多的教育、医疗、老人福利等公益事业。

从此,基金会成了他的第三个儿子,需要他通宵达旦工作的日子大都与公益项目有关。

2006年8月,李嘉诚又宣布,未来将把1/3的个人财产捐做公益慈善之用,有关资产会放入其名下的李嘉诚基金会。据《福布斯》2006年全球富豪排行榜资料显示,李嘉诚个人的财富约188亿美元,约合1500亿港元,1/3的个人财产有500亿港元。

李嘉诚说过,他的基金"百分之百从事慈善事业,即使是家族的人,或基金会董事,也没有一个人可以从中获取一角钱"。至于基金将来的运作,他说:"我不喜欢随便给钱就算数,我给钱或工具,可以让你继续维持下去。不论是2000万元、5000万元还是1亿元,如果说一定有好的成效,即使是100亿元,分开10年,对我来说绝对没问题。"虽然过去曾捐款给外国机构,但李嘉诚强调基金会近九成会投在香港和内地。他希望将来这个基金可以至少延续100年。基金会里有不少外界人士专门负责有关方面的事务，基金会捐助哪一个项目，不是由哪个人说了算，而是由董事会无记名投票决定。

李嘉诚深知教育是一切传统和进步、尊严和智慧的基石，对国家的发展至为重要。他曾经说过："教育的重要，关系国家的强弱、社会的兴衰以及时代的进退，甚至于一个机构、一个家庭，其成员的教育程度高低，都对其发展前途有着深远的影响。"因此，他一生都致力于捐助教育，推动教育进步。

汕头大学是他资助的最大公益项目，也是他付出心血最多的项目。从1981年投资兴建起，至今捐资已逾21亿元。最初10年，他每次到汕头大学都要工作至凌晨，比任何生意占用的时间都多。汕头大学每年的校董会他不仅亲自参加，而且常常给学生们举办讲座，对他们进行鼓励和教育。在一次讲座中，他说："创办汕头大学是我超越生命的承诺。"

他主动与教育部合作，设立"长江学者奖励计划"和"长江学者成就奖"，鼓励海内外优秀知识分子为中国迈向国际学术水平而努力，吸引年轻学者回国工作。

他开展西部教育医疗计划，支持西部地区的教育医疗发展项目，其中涵盖范围最广的项目为"西部大学网络建设工程及中小学现代远程教育教师培训工程"。西部教育医疗计划由李嘉诚基金会捐资3亿港元推行，其中最重要的项目是西部中小学现代远程教育计划。计划自2001年以来，已建设完成1万个能够直接接收中国教育卫星宽带多媒体传输平台教育资源讯息的中小学教学示范点。另外近40个项目也已大致完成。除了建设示范点之外，计划还包括14所大学网络建设工程、高校访问学者交流、少数民族大学生奖学金、大学基建项目、大学科研项目、医疗扶贫项目、中小学建设项目以及文化项目。

李嘉诚还创办长江商学院，资助清华大学建设"未来互联网络技术研究中心"，捐建北京工业大学综合科学楼，并对上海外国语大学、香港大学、香港公开大学、香港理工大学等众多学校进行捐助。

北京工业大学综合科学楼由李嘉诚捐资人民币1200万元建成,坐落于大学校园南区,楼高14层,建筑面积超过3.2万平方米,设施包括办公室、国家重点实验室、激光加工中心、可容纳100人开会的会议室、可容纳150人的多功能厅以及贵宾接待室等。它是"211工程"重点建设项目,也是北京市50项重点建设工程之一。大楼落成后不仅成为北京工业大学的标志性建筑物,更是大学高科技研究的基地。

清华大学未来互联网络研究中心由李嘉诚基金会捐资1000万美元兴建,建筑面积超过3万平方米,提供Internet 2技术研究的基础设施,是中国未来信息科技发展的重点研究基地。研究中心又是Internet 2的示范和运作中心,开发其他创新研究,并与美国Internet 2和世界其他先进信息网络互相联系。研究中心的投入使用使中国Internet 2的研究工作踏出了重要一步,对中国Internet 2技术、科教发展有重大的贡献,促进了国家实现科教兴国的目标。

在香港,李嘉诚资助了若干所大学。香港历史最悠久的香港大学先后得到李嘉诚多次捐助,最大规模的一次是为纪念李嘉诚的夫人而捐建庄月明楼,为香港大学各期校舍扩展计划中最具规模者。他还向香港大学李嘉诚专业进修学院捐助,购入上环信德中心4楼,设港岛区教学中心,建筑面积33 286平方尺,满足了该校22%的教室需求。

同时,他又资助香港理工大学完成"促进专才教育,推动企业发展"的计划,达到"励学利民"的目标。这项捐款是香港理工大学创校以来获得的最大数额的个人捐款。

此外,李嘉诚基金会还开展了以环保为主题的"千禧万里行"活动,挑选1000名品学兼优的香港高中生,到内地以及东南亚、欧、美、澳等地作短期游历访问,亲身体会"读万卷书、行万里路"的真义。

捐资医疗,提升医疗水平,也是李嘉诚捐助的一个重点。

李嘉诚基金会开展的"长江新里程计划",资助了30个省、市、自治区的省级残疾人综合服务设施的建设,并开展了智残、小儿麻痹等各项预防、治疗与康复服务。目前实施中的项目有假肢装配、聋儿语训教师培训及中西部地区盲童入学计划等。李嘉诚说，帮助残疾人康复及自立，不仅残疾人得益，而且减轻了家庭、社会的负担，对社会也有非常大的效益，所以说这项计划是极有意义的。

李嘉诚基金会自1998年起，资助汕头大学医学院第一附属医院推行医疗扶贫及宁养（临终关怀）服务，主要服务对象是贫苦无助的晚期癌症病人，由医务人员上门提供镇痛治疗及心理辅导，尽量减轻病人的痛苦，使他们在人生的最后旅程活得有尊严，并感受到人间的真情与关爱。2001年，李嘉诚捐资在全国20所重点医院开展宁养服务，在香港捐资兴办5家安老院，包括佛教李嘉诚护理安老院、明爱李嘉诚护理安老院、佛教宝静安老院、圣公会李嘉诚护理安老院、佛教李庄月明护养院等。

香港沙田威尔斯亲王医院李嘉诚专科诊疗所设在香港中文大学教学医院——威尔斯医院，配置先进的医疗设备，为广大市民提供专科门诊服务。

早年父亲遭受病痛去世的经历，使李嘉诚深深体会到健康对人尤其是贫困的人的重要性。他热爱自己的家乡，十分希望能为家乡人民做点实事。李嘉诚基金会捐资1000万元支持汕头大学、香港中文大学联合汕头国际眼科中心策划的"关心是潮流"农村扶贫医疗计划，以因白内障而失明的眼疾作为首个诊疗目标，计划使潮汕地区3~5年成为"无白内障失明地区"。

同时，李嘉诚基金会在香港地区也开展了"健康创繁荣"计划。基金会与香港医院管理局合作，为期5年。通过为市民免费进行健康测试、举行展览等活动，提醒市民注意某些疾病的症状，加以防范，以降低疾病的发病率和死亡率，提高社会的健康意识；并通过外展网络，宣传推广策略，策动社区资源共同参与，使全港市民受惠。

在国内发生严重自然灾害时，李嘉诚基金会总是率先进行捐款，号召各界关怀受灾人民。在香港，李嘉诚基金会除多年来大力支持公益金辖下逾140家慈善机构外，还直接捐助个别有意义、创新的项目，并赞助商会、社团与环保组织活动。

据2015年的胡润报告估计，李嘉诚累计通过以自己名字命名的基金会捐献了150亿港元，内地占了九成，其中45%用于教育、38%用于医疗、11%用于文化教育与宗教，剩余的6%则用于公益。

第二十三章 过冬法宝

从 1997 年到 2008 年，李嘉诚经历了两次金融风暴，一次是亚洲金融危机，另一次是全球金融危机。大萧条到来之时，有人破产，有人资产严重缩水。然而，每一次李嘉诚都不伤筋骨，甚至还实现资产增值，其中奥妙并不复杂。

1. 降价促销，逢低储地

李嘉诚的创富故事已经广为流传，但很少有人发现，李嘉诚在金融危机或者经济衰退中往往表现出高人一筹的"创富力"，甚至能够使个人财富更上一层楼。

比如，在 1996 年的福布斯全球富豪排行榜中，李嘉诚以 106 亿美元名列香港富豪第三位，位居李兆基家族和郭炳湘兄弟之后；而在 1997 年亚洲金融危机爆发后，李嘉诚的财富反而在 1999 年大幅增长，首次坐上香港第一富豪的交椅，并且成为亚洲首富。

在 2007 年 3 月的全球富豪排行榜中，李嘉诚以 230 亿美元的财富位列香港地区第一，比第二名李兆基的 170 亿美元多出 50 亿美元；在美国次贷危机爆发之后的 2008 年 3 月，李嘉诚的财富达到 265 亿美元，比李兆基 190 亿美元的财富增速更快；而在金融海啸席卷全球后，"和黄系"的股价跌幅远小于李兆基的"恒基系"，双方的财富差距还在进一步扩大。

由此可见，李嘉诚是名副其实的不倒翁、常青树。

1997年亚洲金融风暴之前，香港经济连续多年高速增长，但李嘉诚却时刻保持危机意识。财报显示，以地产开发为收入主要来源的长实在这一年大幅降低了长期贷款，提高资产周转率，使流动资产足以覆盖全部负债，而不是像新鸿基地产等开发商那样向购房者提供抵押贷款。1996年香港经济上扬，房价和股市都出现了波澜壮阔的大行情，长实的流动资产净值大幅增长，长期负债却保持着原有的线性增长速度，从而在1997年下半年亚洲金融危机爆发时，流动资产仍然大于全部负债。这样，无论地产价格跌幅多大，都不至于对长实造成致命的打击。

香港经济中一直存在一个特殊现象——股地拉扯，也就是股市与楼市的联动。具体流程是：房地产商纷纷上市，到股市融资，以募集资金四处圈地，造成地价不断上涨，而高价圈来的地也直接反映在房地产商的市值上，然后房地产商不断在资本市场上增发新股再融资，形成"良性互动"；而在销售市场，高地价"暗示"并推动现售房价的上涨，房地产商赚取巨额利润，推动股价进一步上涨。不过，由于李嘉诚在长实的持股比例仅为33%左右，为了保证控制权，长实除1987年参与"长和系"供股计划外，一向很少进行股本融资。

1997年亚洲金融风暴之前，香港恒生指数从1995年年初的6967点猛升到1996年年底的13 203点，涨幅高达89.5%；而且自1995年第四季度起，香港地产市道也从谷底迅速回升，房价几乎每天都创出新高，中原地产指数由1996年7月的66点急升至1997年7月的100点，12个月内升幅逾50%。在股价和房价高涨的情况下，长实于1996年实施了9年来的首次股本融资，募集资金51.54亿港元。此外，长实还通过附属子公司向少数股东大量发行股份的方式，募集资金41.78亿港元。财报显示，长实1996年的融资前现金流出净额高达88.88亿港元，通过股权融资，使当年的净现金流入由负数转为正数。这也使长实在亚洲金融危机爆发、市场银根收紧之后，仍然可以进行选择性投资。

1997年第四季度突如其来的亚洲金融风暴，使香港的经济和物业市场急转直下，银行信贷紧缩，股市及资产价格大幅缩水，投资和消费愿望低落。但是，根据长实的公告，"第四季度发售的鹿茵山庄及听涛雅苑二期项目，在淡市中仍然取得了理想的销售业绩"。其中，听涛雅苑二期获得了高达3倍的超额认购。之所以能够取得这样的成绩，李嘉诚坦承是因为"灵活掌握市场动向的营销策略"。换而言之，是长实在业内率先进行了降价销售。

长实开发的鹿茵山庄第一次开售，正值1997年10月股灾之后，香港楼市停滞不前之时。开始，长实以分层单位约12 000港元/平方英尺、独立洋房约16 000港元/平方英尺的高价出售，但是内部认购冷淡，于是推迟4天公开发售，并宣布减价两成促销。受此消息影响，香港大埔区的楼价迅速下跌了7%，元朗、上水等邻区的楼市也因此受压。此后，听涛雅苑二期以平均每平方英尺5181港元开价，最低价不到4700港元，被香港媒体称为"市场之震撼价"，"威胁同区楼价，对市场雪上加霜"。在减价促销的同时，长实还推出了各种优惠措施，比如在推销天水围嘉湖山庄美湖居剩余单位时，推出"110%信心计划付款方法"，采取期权的概念以"包升值"来促销。

长实低价促销新楼盘之后，香港地产开发商纷纷加入减价行列。数据显示，到1998年1月，香港各区的大型私人住宅售价从1997年第二季度的高位大幅回落，跌幅普遍超过三成，大部分回到了1996年年初的水平。

减价风潮也燃起了开发商之间的"战火"。1998年5月，新鸿基地产（简称"新地"）推出青衣晓峰园160多个单位，楼面售价为4280港元/平方英尺。但长实马上以比市价低两成的"超震撼价"——楼面4147港元/平方英尺，推出青衣地铁站上盖盈翠半岛对撼。结果造成轰动效应，开售当天即售罄1300个单位，而新地的晓峰园只售出约80个单位。新地随即部署减价反击，将晓峰园售价大幅减少一成七，并委托地产代理大规模促销。

众所周知，香港地产商在几十年的浮沉拼杀中形成了自己独特的风险管理模式，即"地产开发＋地产投资（物业出租）"的模式。但是，港岛中区等优质地段的物业早年间已被怡和、太古等老牌英资洋行占据，很少有新的土地供应。因此，在亚洲金融危机前，长实的销售收入以房地产开发为主，地段集中于地价较低的市区边缘和新兴市镇，而且大多在新修的地铁站附近，从而便于在项目完工前预售。财报显示，1997年物业销售占长实销售收入的79.88%，占经常性利润的84.61%。

李嘉诚在这一时期还抓住竞争者减少的机会，成为竞标拿地的大赢家。1998年1月，港府通过招标的方式相继出售位于沙田马鞍山的一块酒店用地及位于广东道前警察宿舍的住宅用地。通常政府只对公开拍卖的土地限定底价，而不对以招标方式出售的土地限定底价。根据地政公署的解释，这次之所以采用投标方式，是因为最高投标价往往比次高投标价高出很多，而最高拍卖价通常只比次高拍卖价高出一个价位，而且当时的地产市场已经陷入低迷，拍卖要有好成绩，必须有若干竞投者争相出价。香港地政总署在招标前估计，马鞍山土地的售价应为10.56亿港元。但是，因为对形势判断有误，地政总署一共只收到了两份标书。其中，长实以1.2亿港元的最高投标价中标，相当于楼面价2150港元/平方米。这一案例成为香港地产拍卖史上的经典。与此类似，测量师在政府出售广东道前警察宿舍土地前估计，该地价约值4000港元/平方英尺，总价超过40亿港元，结果，以长实为首的财团以28.93亿港元标价再夺一城，楼面地价仅为2840港元/平方英尺。

亚洲金融危机之前，李嘉诚充分利用其声誉及资金，与一些"有地无钱"的公司合作，共同开发这些公司拥有的土地，并通过协议约定利润分配。这种合作对长实十分有利，因为它既可以分享住宅市场的盛宴，又不需要付出大笔资金购买土地。更重要的是，这些合作开发公司按权益法记账，长实只摊占这些公司的损益，而不合并对方的财务报表。这样，即使合作公司为获得高利润运用了较高的财务杠杆，也不会放大长实自身的财务风险。

2002年以后，李嘉诚把重点转向内地市场，通过合作开发的方式大量储备土地。为了避免在合作开发公司占有的股权比例过高（通常不能超过50%，并且不能是单一最大股东），从而无法用权益法记账，长实往往选择同属于李嘉诚旗舰公司的和黄作为合作伙伴。

另一个需要指出的技巧是，地产高潮时期将工业用地改为住宅和商业用地，需要向政府缴纳大量资金补地价，但是，如果把谈判拖入地产低潮时期，补地价的费用就相对低廉，可以大大降低开发成本。1998年6月，经香港城市规划委员会批准，长实额外增加海逸豪园开发项目的可建楼面面积约3.94万平方米；12月，长实又获准额外增加东涌市地段的住宅楼面面积约10.56万平方米。

李嘉诚还善于借助金融危机中的"利空"增持长实股份。在地产企业处于低潮时，2000年5月17日，摩根士丹利宣布将长实剔除出MSCI指数，从而引发了市场的抛售情绪。但就在同一天，长实宣布拟购入李嘉诚在新加坡私人投资的旭日湾物业的权益，代价是给予李嘉诚1860万股新股，使李嘉诚个人及其信托基金的持股量从34.9%升至35.8%。德意志银行等投行均认为，长实收购"旭日湾"的价格比该资产的实际价值高出10%~15%，而且公布日期的选择显然难以用巧合来解释。

这个做法的另一巧妙之处在于，李嘉诚的持股量由此突破了35%的全面收购触发点（根据香港《公司收购及合并守则》，持股超过35%就要向全部股东发出全面要约收购，目前这一触发点已经降至30%）。按照惯例，用资产换股比较容易获得香港证监会的批准豁免全面收购，而从二级市场收购则很难获批。一旦获批，李嘉诚就享有了另一项权利：根据香港证监会的规定，持股超过35%的股东，有权在每12个月内购买不超过5%的已流通股份，直至达到50%。由此，李嘉诚的增持自由度大大增加。

"当大街上遍地都是鲜血的时候，就是最好的投资时机。"李嘉诚这句经典名言，又在内地酒店业和旅游业得到验证。2008年，就在内地"楼市危机"甚嚣尘上时，李嘉诚却逆市而动，在内地又完成了超过600万平方米的土地储备。如此逢低吸纳的操作，恰似30年前他在香港地产界的创业史。他对投资产业的选择，依然是高壁垒、高增长、高回报，追求的行业目标是业内第一或第二。

2. 争取每一个投资机会

与其他地产商相比，长实最大的优势在于利润来源分散，由于持有近50%的和黄股份，加上和黄的国际化和多元化程度高，在一定程度上减轻了香港房地产业的衰退冲击。

和黄对长实的帮助还体现在直接现金支持上。1997年，在地产业高峰期，长实将持有的70.66%的长江基建股权卖给和黄，和黄则以现金55.68亿港元及发行2.54亿股普通股作为代价。通过这次股份发行，长实持有和黄的权益增加了约3.6%。

亚洲金融危机为长实改变盈利模式提供了机会。在1997年的年报中，李嘉诚表示："现虽面对经济放缓之环境，（长实）稳健中仍不忘发展，争取每个投资机会，继续拓展多元化业务。"1998年，一向以住宅地产为主的长实忽然加大了对出租物业的开发，旗下出租物业在年内相继落成，使当年的固定资产较1997年猛增423%。虽然商业物业、写字楼和工业物业市场当时也处于调整期，但与住宅市场相比，需求相对稳定，可以提供可靠的租金收益。李嘉诚在当年给股东的信中说："集团的优质楼面面积将于未来一两年显著上升，使集团的经常性盈利基础更趋雄厚。"

此外，长实在亚洲金融危机后退出了基建业务，代之以发展酒店和套房服务业务，以提供稳定性收益。到2007年，物业销售已减少到只占长实经常性利润的75.06%，而物业租赁占16.41%，酒店和套房服务占7.27%，降低了由物业销售不稳定所带来的巨大波动。

如果把长实看作一家地产公司，那么多元化经营的和黄，更充分地放大了李嘉诚逆市扩张的投资哲学。很容易看出，1997年之前，和黄的利润波动很小,而在此之后,波动明显增大;1990—1997年,代表利润增长率波动幅度的标准差仅为6.56%,而1997—2007年则扩大到12.88%。换句话说,亚洲金融危机后,和黄的业绩波动和经营风险大增,李嘉诚对和黄的经营策略有了很大改变。

和黄在新世纪的商业模式为:通过一系列能产生稳定现金流的业务,为投资回报周期长、资本密集型的新兴"准垄断"行业提供强大的现金流支持。在亚洲金融危机后,和黄先后出售了"橙"公司等资产,用非经常性盈利平滑了业绩波动。另一方面,资产出售带来的利润,为和黄在危机后的低潮期大举投资港口、移动通信等"准垄断"行业提供了资金支持。

1997年亚洲金融风暴前,经过多年的全球化与多元化发展,和黄主要从事七项业务:港口、地产、零售、制造、电讯、能源和金融,收入和利润构成比较分散。因此,亚洲金融危机之初,和黄受到的冲击较小。不过,随着危机的影响扩散,香港经历了前所未有的资产贬值和严重的经济衰退,和黄的地产、零售等部门开始受到冲击。比如,和黄地产部门1998年的税前盈利比1997年减少23%,这还不包括巨额的特殊拨备;港口业务1998年同比下滑8%,最重要的国际货柜码头葵涌的业务出现萎缩;零售、制造和其他服务部门1998年的经常性息税前盈利同比减少37%,其中,零售部门的百佳超市和屈臣氏大药房在内地出现亏损,香港丰泽电子器材连锁店盈利持续疲弱。

和黄的资金流由总部统一管理,如果当年的经常性利润较低或者现金流紧张,和黄往往会用出售旗下部分投资项目或资产的方法来解决。

比如,在零售业受到亚洲金融危机巨大冲击的背景下,和黄首先出售了宝洁和记有限公司的部分权益。还有一项重要出售是亚洲卫星通讯。早在20世纪90年代,和记电讯与英国大东电报局、中信集团合作成立合资公司亚洲卫星通讯,和黄持股54%,主营卫星通讯和电视业务。为了集中精力发展移动通信业务,1997年和1998年,和记电讯分两次出售了持有的全部54%的股份,扣除成本共盈利23.99亿港元。此外，和黄还在1998年将和记西港码头10%的股权出售给丹麦马士基航运公司，一次性获得4亿港元收益，并计入了营业利润。

自20世纪90年代以来，和黄采取了一种独特的商业模式：拥有一系列能产生稳定现金流的业务，从而为投资新业务提供强大的现金流支持。这些新业务通常是回报周期长、资本密集型的新兴行业，或称为"准垄断"行业。亚洲金融危机为和黄大举进入这些行业提供了机会。

第一个行业是港口。和黄的港口业务从1995年开始走向全球化，亚洲金融危机期间，和黄在全球范围内大举收购港口。1997年，为把握缅甸加入东盟的时机，和黄将仰光的货柜港权益增至80%；同年，由和黄控股90%的子公司和记港口（英国）公司购入了Thamesport货柜港，并签订了一份收购Harwich（哈尔威治）国际港口的协议，进一步加强英国的港口业务。此外，和黄还取得了巴拿马运河两端的巴尔博亚港和克里斯托瓦尔港的经营权，持有两个港口72%的实益权益，并收购了大巴哈马机场公司50%的权益。1998年3月，和黄在香港国际货柜码头有限公司的权益由85%增至88%，在盐田港的实益权益由47.75%增至49.95%。1998年2月，和黄收购新落成的英国泰晤士港货柜港；4月，收购Harwich国际港90%权益，进一步巩固在英国市场的地位。

另一个行业是移动通信。香港的富豪大多以地产起家，并逐渐形成多元化产业集团。但是多元化企业中，能够大手笔投入电信或高科技产业的，只有李嘉诚。

1999年是世界电信企业最风光的一年，电信类企业的股票市值屡创新高。李嘉诚抓住时机，创造了"千亿卖橙"的"神话"。在卖掉"橙"之后，截至1999年末，和黄手持的现金头寸约110亿港元，如果算上上市和未上市的可变现资产，和黄可以运用的现金达到2030亿港元。李嘉诚认为，这足以支撑和黄进军3G领域。

起初，和黄预计经营3G的成本，包括牌照费、器材、利息及争取客户所需要的支出，全部加起来也不会超过1123亿港元。因此，和黄在出售"橙"后，在全球各地不断竞投3G牌照。不幸的是，3G的发展远没有李嘉诚想象的那么乐观。在终端价格一降再降的同时，和黄必须承受当年高价收购牌照带来的巨额资产摊销。2002年，和黄的3G业务亏损20.7亿港元；2003年，亏损183亿港元；2004年亏损扩大到370亿港元。到2004年末，和黄已向3G业务投入约2000亿港元。因为市场担忧3G前景，和黄的股价大幅下挫。

在风险日增的情况下，李嘉诚采取了零散出售、分拆上市的办法。1999年8月，和记电讯澳洲公司（HTA）在澳大利亚公开招股，并在澳大利亚证券交易所上市。11月，和黄通过将以色列的子公司Partner电讯在纳斯达克和伦敦证交所首次公开发行股票，取得溢利13.92港元。2000年2月，和记电讯将持有的10.2%的曼内斯曼公司股权转换为5%的沃达丰电讯公司股权，获得利润500亿港元，随后又售出沃达丰电讯公司约1.5%的股份，获得利润16亿港元；2001年5月，和记电讯将其在Voice Stream Wireless中持有的股份全部出售给德国电信，获得利润300亿港元；2002年4月，以4.1亿美元出售香港和记电话有限公司19%的股权给日本NTT DoCoMo公司，获得盈利22亿港元。

到2004年，为解决3G后续资金问题，李嘉诚开始分拆旗下主要的电信资产上市，尽量将3G业务的影响孤立化，从而最终解决3G的困扰。分拆上市主要分为以下几步：

第一步是分拆香港的固定电话业务上市。2004年1月28日，和黄宣布将香港的固定电话业务注入中联系统控股有限公司（简称"中联系统"），借壳上市。翌日，中联系统复牌后股价急升40%，收市报1.52港元；和黄以0.9港元，相当于当日股价六折的价格配售中联新股18.18亿股。3月5日，中联系统改名为和记环球电讯控股有限公司（简称"和记环球"）。

第二步是分拆2G业务，即分拆中国香港和澳门、印度、以色列、泰国、斯里兰卡、巴拉圭及加纳等地的电信资产上市。分拆之前，市场普遍预期和黄会将2G业务注入和记环球，但是，李嘉诚却选择让2G业务独立上市。2004年10月15日，新分拆出来的和记电讯国际上市，和黄持有70.16%股权。通过这次分拆，和黄获得特殊盈利41亿港元。

第三步是由和记电讯国际"私有化"和记环球。和记电讯国际上市之后，和记环球帅印旁落，股价一浪低于一浪。和记电讯国际上市计划宣布当天，和记环球收市大跌至0.61港元，并由此一路走低，2004年7月间更跌落至0.46港元的水平。2005年5月3日，和记电讯国际与和记环球共同宣布，将通过协议安排的方式将和记环球私有化。持有和记环球的小股东可以选择现金或股份两种方案：每一股可换取0.65港元现金，或将每21股和记环球股份转为2股和记电讯国际；现金及股份选择的价格，分别较和记环球股份最后交易日溢价约36.84%及48.38%。市场对此反应不一。有投资者认为，之前和黄以0.90港元配股，而和记电讯国际如今仅以0.65港元的现金报价进行私有化，实为高卖低买，有失公允，建议提高收购价格。但李嘉诚不为所动，自始至终坚持原报价。最终，该私有化计划以压倒性多数获得通过。通过对和记环球在市场预期利好的时候进行配售，在利好落空的时候进行回购，李嘉诚进行了一次成功的套利，但是，该事件引发了关于保护小股东权益的广泛讨论。

第四步是进一步分拆3G业务。2004年12月，和黄披露有意出售25%意大利3G业务的股权并将在意大利当地上市。但是，由于市场形势的变化，和黄的IPO计划始终未能实施，于2006年宣布无限期搁置。

和黄选择的新领域往往需要很长时间才能产生盈利，在通过零散出售资产无法满足后续资金投入时，和黄采取将各项目分拆上市的战略，使各项目独立运作，负担自身的现金流，从而缩短整个新投资领域的回报期。而且，随着越来越多的项目被分拆上市，各项目的内在价值得以体现，可以避免和黄股价出现被严重低估的情况。

2007年2月，和记电讯国际出售了所持印度第四大移动电讯运营商和记埃萨（Hutchison Essar，和黄与印度埃萨集团合资成立的电讯公司）的股份，一次性获得693.43亿港元溢利入账，市场一直憧憬和黄会将这笔套现资金用于并购。

2007年以来，和黄内部最活跃的业务无疑是赫斯基能源。除了与中国海洋石油集团有限公司（以下简称"中海油"）在南海共同开发石油和印度尼西亚项目外，还在冰岛获得了两个石油勘探项目。更重要的是，2008年3月，与英国BP公司达成协议，成立针对油砂开采及下游炼化的合资企业。这家石油公司目前已成为和黄最大的盈利来源，也是李嘉诚与和黄最大的经常性现金流来源。仅2008年第二季度，赫斯基能源公司就分派季度息0.5加元，个人持有赫斯基约36%股权的李嘉诚，以及持有约34.6%股权的和黄，估计分别获派股息约11.82亿港元和11.36亿港元。

2008年10月20日，和黄宣布以每股平均价8.286港元，增持794.6万股和记电讯国际股份，持股量升至59.29%。随后，李嘉诚于当月21日和24日，分别以每股8.908港元、9港元的平均价，在场内增持2023.1万股和记电讯国际股份，从而使李嘉诚、长实及和黄持有的和记电讯国际股权由66.87%增至67.03%。

增持完成之后，2008年11月12日，和记电讯国际发布公告，宣布每股派息7港元。如此高的派息金额大大出乎市场预期。

3. 现金为王的"过冬"策略

2008年11月，正在经受金融海啸肆虐的香港进入一个严峻的经济寒冬。从2007年10月末港股疯狂牛市之后的31 638点，到2008年10月黑色风暴后的13 968点，香港恒生指数整整回调了56%，大部分投资者的腰包都缩小过半。事实上，如果投资表现差过恒生指数，缩水的程度会更糟。买股票的大部分是有闲钱的人，所以股市崩盘首先影响的是香港的富豪们。

被封为"亚洲股神"、一路唱好股市的恒基地产主席李兆基，在9月初传出股市失利的信息，他表示不敢再对恒生指数公开预测。不久，雷曼兄弟公司破产，李兆基也成了雷曼兄弟公司挂钩产品的"苦主"，业内人士称其市值约78亿港元的账户被冻结，即使解封，价值也会大大缩水。

内地的新兴富豪似乎也无法独善其身。据《福布斯》中国富豪榜统计，金融海啸将中国富豪的财富卷去约1万亿元人民币。碧桂园大股东杨惠妍身家缩水千亿元人民币。纸业大亨张茵的身家从2007年的253.5亿元人民币跌到2008年的约18亿元人民币，惨跌出富豪榜之外。

当众多内地与香港富豪纷纷倒下的时候，人们发现，只有李嘉诚幸免于股灾。自2007年起，每次重大媒体发布会，李嘉诚都会提醒大家谨慎投资。

2007年5月，李嘉诚严肃地提醒A股投资者要注意泡沫风险，随后不到半个月，"5·30"便出现了，A股暴跌。到了8月，港股在"直通车"消息的刺激下出现非理性飙升，李嘉诚特意向股民发出忠告，香港与内地股市均处高位，而且要留意美国次贷问题。上述两次言论，均被内地一些所谓股评家批评为"不懂股票市场"。

到2008年3月27日业绩发布会时，港股刚刚经过"3·17"股灾，市场开始出现反弹复苏迹象，但是李嘉诚再次对香港市民呼吁，金融风暴还没有完结，买楼买股要量力而行。到8月22日，市场充斥着内地政府将斥资数千亿元人民币救市的消息，股市再次飙升。李嘉诚又一次语重心长地公开唱衰，希望股民慎重考虑，并直斥"利用此类消息赚钱是罪过"。

2008年9月15日，雷曼兄弟公司倒闭，黑色十月股灾出现，欧美出现严重的信贷危机，几乎没有人再怀疑李嘉诚的判断能力了。

李嘉诚为何能做到"众人皆醉我独醒"？面对金融危机，他的"过冬策略"是什么？其实，李嘉诚不仅公开提醒投资者注意风险，他自己也在实践中做好提前"过冬"的准备：他在2007年便大手笔减持手中的中资股，回笼资金至少上百亿港元；在产业布局方面，他也在两年前便开始了调整。

从2007年李嘉诚旗下信托基金的操盘记录来看，李嘉诚减持南方航空、中国远洋控股以及中海集装箱运输有限公司可谓是神来之笔。

李嘉诚是上述三只股票的基础投资者，早在 IPO 时就以较低成本买入。他持有南方航空的股票最早可以追溯到 1997 年的招股时期，当时招股价约 4.7 港元，李嘉诚一直是该股的长期持有者，但是从 2007 年 9 月 25 日至 11 月 30 日，李嘉诚基金及和黄总共进行了多达十次的密集减持，共减持近 1.62 亿股，套现 17.02 亿港元。

按当年招股价计算，这 10 次减持后李氏基金获利 9.4 亿港元；如果按不同的减持市值计算，若这批股份保留至 2008 年 10 月底，市值只剩 1.9 亿港元，跌幅高达 91%。

另一只密集减持的是中国远洋控股。李嘉诚从 2007 年 11 月 1 日开始减持该股，至 12 月 14 日总共进行了六次操作，共减持 1.8 亿股，套现 51.72 亿港元。该股 2005 年上市时招股价是 4.25 港元，由此计算，李嘉诚获利约 44.07 亿港元；相反，如果这批股份保留至 2008 年 10 月底，市值将只剩下 7.19 亿港元，跌幅高达 86%。

中海集运是李嘉诚 2007 年下半年减持的第三大中资股，共进行了五次大减持，共减持 5.56 亿股，套现 20 亿港元；如果不减持，这批股份到 2008 年 10 月底将跌去 87% 的市值，只剩 4.78 亿港元。

这三大股票算下来，李嘉诚在 2007 年 9 月至 12 月共套现近 100 亿港元，避免了巨额损失。

在 2008 年 8 月的中期业绩会上，李嘉诚表示，从现在到明年，无论如何，如果是抱着投机心态投入股市的，就要非常小心。如果是投资的人，就要花些时间研究经济。

李嘉诚常说："现金流、公司负债的百分比是我一贯注重的环节，是任何公司的重要健康指标。任何发展中的业务，一定要让业绩达致正数的现金流。"基于这样的理念，长实一直奉行"现金为王"的财务政策，注重维持流动资产大于全部负债，以防地产业务的风险扩散。

在 2007 年美国次贷危机爆发之前，和黄就开始采取静观待变的态度，积聚现金。2007 年和 2008 年上半年，和黄的对外投资明显减少。比如，港口部门在收购新港口方面明显不如前几年活跃。同样，零售部门也在收缩。2000—2005年，和黄在欧洲收购零售资产的活动非常频繁，仅在保健与美容连锁领域，2000年并购英国的Savers，2002年并购欧洲的Kruidvat，2004年并购拉脱维亚和立陶宛的Drogas及德国的Dirk Rossmann，2005年并购土耳其的Cosmo Shop和法国的香水及化妆品零售商玛丽奥诺（Marionnaud）。但是，2007年之后没有任何收购。和黄地产的情况也与此类似，2007年在国内收购土地的活动明显减少，并且只是集中于一些重点区域，比如上海浦东、武汉和重庆。和黄董事总经理霍建宁表示，和黄把重点放在了如何提高现存资产的盈利能力上。

2008年3月，香港楼市气氛还相当炽热，不少地产商惜售单位，长实却按市场单价开售新盘，即使销售反应热烈也不加价，一口气卖出1900多个单位，套现约100亿港元，成为当年卖楼套现最多的发展商。9月，香港银行相继调高按揭利率，并收紧按揭贷款，导致整个楼市逆转，物业交易投资回落。由此可以看出李嘉诚在上半年对地产方面的判断之准。

2008年11月起，李嘉诚以超低价大量抛售上海、北京等地的物业资产。其中，上海的静安寺世纪商贸广场、四季雅苑、御翠豪庭及其商铺等住宅和商业房地产，为他带来44亿元人民币的现金流。这一方面是为了规避内地房地产的泡沫破裂，另一方面也是为了回笼资金，保证公司资金链的安全。

作为一个企业家，李嘉诚十分关注对经济层面的把握，以及对企业战略方向的管理与预测。正如他所说，他经常想的是几年甚至10年以后的事情，这也是他为何能在这次金融海啸中站稳的重要原因。

成为和黄盈利宝器的赫斯基能源就是一例。李嘉诚在22年前把这个加拿大油砂能源公司收至旗下，起初由于油砂炼油的技术原因，该公司一直亏损，而且国际油价长期不振，外界并不看好这次投资。但是时过境迁，随着技术水平的提升，采油砂的成本一桶只需要10美元，而国际油价飙升，甚至超过150美元/桶，即便油价回落，按最不乐观的

50美元/桶估计，也是稳赚不赔。事实上，2008年上半年，赫斯基能源公司已经为和黄贡献了85.4亿港元的盈利，占和黄固有业务盈利的比重上升至28%。

长期以来，长实的对外长期投资等非流动资产十分庞大，但李嘉诚一直奉行"高现金、低负债"的财务政策，资产负债率仅保持在12%左右。李嘉诚曾对媒体表示："在开拓业务方面，保持现金储备多于负债，要求收入与支出平衡，甚至要有盈利，我想求的是稳健与进取中取得平衡。"

从集团架构来看，长实是整个长和系最上层的公司。截至2008年10月，李嘉诚旗下信托基金持有长实40.24%股份，长实持有和黄49.9%的股份，而和黄持有长江基建84.6%的股份，长江基建持有港灯集团38.9%的股份。同时，长实分别持有44.3%的长科集团及14.6%的TOM集团股份，和黄则持有59.3%的和记电讯国际、71.5%的和记港陆及29.35%的Tom集团股份。按2008年10月31日的市值计算，长江集团旗下在香港上市的公司联合市值为5420亿港元。此外，长和系旗下还有多家公司在国外上市，如和黄持有在多伦多证券交易所上市的赫斯基能源公司34.6%股份和在澳大利亚证券交易所上市的和记电讯澳洲公司52.03%股份，和记电讯国际持有在纳斯达克和以色列的特拉维夫证券交易所上市的Partner电讯的股份等。

在新的架构下，李嘉诚应对金融危机和经济衰退的策略主要围绕长实展开。同时，由于和黄贡献了长实约2/3的利润，其在危机中的应对策略也同样重要。研究发现，长实与和黄的危机应对策略有很大不同，而正是因为二者的策略互为补充，才使整个长和系历经危机而不断壮大。

为了适应李嘉诚的整体战略，长和系内不同公司的派息策略明显不同。位于金字塔架构底层的公司派息率较高，而位于顶端的长实就较低，这样便于李嘉诚统一调配长实系资金资源，也可以使长实的现金流保持通畅。

第二十四章 撤资风波

自2013年以来,李嘉诚抛售内地和香港物业的消息不绝于耳,甚至引发了"别让李嘉诚跑了"的大讨论。6年间,李嘉诚至少出售了2500亿港元的内地和香港资产,同时大量收购欧洲资产。对此,无论如何解读,都必须承认,李嘉诚善于规避风险,懂得止盈。对他来说,在市场风险增加的情况下,及时套现、落袋为安才是真正的投资。同时他也希望自己的商业帝国在他故去之后能够正常运转,有个良好的延续,从而给他的人生画上一个圆满的句号。

1. 抛售资产

很长一段时间以来,李嘉诚的投资一直被视为市场的风向标,而他的避险意识更是为人称道。他在数十年的商海生涯中,几乎躲过了所有经济危机,并且屡屡在低谷入市,包括在20世纪60年代后期适时从塑胶花转行到地产业,后又投资港口生意,甚至在印度尼西亚排华骚乱时投资印度尼西亚港口。

2013年,人们纷纷传言李嘉诚要把资本从香港和内地市场撤离。正所谓无风不起浪,实际上,从李嘉诚2000年投资加拿大赫斯基能源公司开始,多年来,他要从国内撤资的谣言一直没有停息过。而且,从2011年开始,他在内地也没有再拿过地,并开始出售内地和香港的资产。2011年3月，以429亿港币出售和记港口信托62%的权益；5月，以123亿港币出售汇贤房地产投资信托40%的权益。2011年5月，以44.38亿元人民币出售位于上海长乐路的世纪商贸广场写字楼。6月，出售古北的高档公寓御翠豪庭。

与此同时，李嘉诚的两个儿子也有"资产转移动作"。从2000年开始，李泽钜累计斥资2000亿港元收购了英国、加拿大和澳大利亚的11个基建项目，涉及电力、水务、天然气供应等。2012年10月，李泽钜又斥资167亿港元收购荷兰国际集团在中国港澳、泰国的保险业务。在2012年的和黄业绩发布会上，李嘉诚宣称："在2年内，要将长江实业99%的资产分布于全球50多个国家。"

2013年，为了给海外投资"补充资金弹药"，李嘉诚加快了抛售内地、香港的资产的步伐。

2013年7月，以58.49亿港币出售香港天水围嘉湖银座商场。

2013年8月，以32.68亿港元出售长实与和黄共同持有的广州西城都荟广场各50%股份，随后又以19.4亿港元出售上海北外滩盛邦国际大厦、以89.5亿港元出售上海陆家嘴东方汇经中心、以38.4亿港元出售南京国际金融中心、以72亿港元出售北京盈科中心、以49.5亿港元出售重庆大都会等项目。

2014年3月，以24.72亿港元出售亚洲货柜码头60%股权，以440亿港币出售屈臣氏的24.95%的权益。11月，以38.29亿港币出售和记港陆71.36%的权益。

2015年2月，以6.74亿港币出售香港"新界"的商业地产物业盈晖荟；同年6月，以90亿港币出售港灯集团19.9%的权益。

2015年10月26日，以200亿元出售上海陆家嘴的"世纪汇"综合体。

李嘉诚之所以抛售内地资产，除了对内地楼市不确定性的担忧外，他"以时间换空间"的慢开发模式也难以适应市场环境。一直以来，他信奉"值钱的是土地而不是房子"，所以，拿到一个项目后，通常要等五六年才进行开发,这种囤地待涨的模式以前还获利颇丰,但如今却饱受非议,而且也让他错过了2014年至2015年的楼市大涨,少赚了数十亿港元。

而抛售香港的核心资产,则是为了把投资重点转向海外尤其是欧洲。商人的本性是追逐利润。2008年全球金融危机后,投资风险已经充分释放,资产价格处于低位。国内包括万达、碧桂园、绿地等开发商都纷纷加大了海外投资的力度。李嘉诚属下的管理人士曾经表示,目前香港可供李嘉诚投资的机会已所剩无几,而欧洲投资机会的大小和规模都要超过香港。2016年8月,李泽钜说:"没有生意是我们一定要做的,也没有物业是我们一定要握在手里的,除了长江集团中心,因为我们都需要办公室工作。"这也意味着,李嘉诚还会有一系列的出售行动。

2017年7月29日,以144.97亿港元出售旗下和记环球电讯的全部权益。9月,以20亿港元出售长实地产和电能实业在山顶道的两大住宅地块。10月,以402亿港元出售香港中环中心75%的股权。12月,以20亿港元出售香港和富萃物业。

据统计,至2017年,李嘉诚抛售在港资产共套现587亿港元;如果从2013年开始算起,李嘉诚抛售在港资产已经套现超过1000亿港元。

尽管李嘉诚声称依然看好中国经济,但抛售中国资产却毫不含糊,一共套现约2600多亿港币的巨额资金,这些资金大部分被投到英国,涉及的业务包括电讯、基建与能源等领域。

2010年7月30日凌晨,李嘉诚旗下的长江基建集团有限公司、香港电灯集团有限公司,联合李嘉诚基金会及李嘉诚(海外)基金会,签订"握手"协议,以91亿美元收购法国电力集团旗下的英国电力网络业务EDFEnergy的100%英国受规管及非受规管电网资产,发出不可撤回要约书。

EDF在英国的电网资产由三个地区网络组成,配电服务范围覆盖伦敦、英国东南部及东部,客户数目约为780万户人。EDF供应英国约

1/4 的电力,为该国最大的配电商。此外,EDF 在当地尚以商业合约形式,从事为私人设施提供配电服务的非受管制业务。

收购后,长江基建与港灯集团各占收购项目 40% 的权益,其余 20% 权益由李嘉诚基金会及李嘉诚(海外)基金会持有。李嘉诚表示,他并非对英国情有独钟,无论什么项目,只要是在政局稳定、有法律保障的国家,都有可能投资。最关键的还是看投资项目的回报率与稳健性。

这次参与收购英国电网的有李嘉诚旗下的基金会。李嘉诚由衷地说,自己是"君子爱财,不仅取之有道,而且用之有道"。事实上,李嘉诚基金会除了慈善事业这个主业外,近年来也参与了多项投资活动,一度成为李嘉诚认购香港市场新股的替身。比如,2005 年与苏格兰皇家银行及美林组成财团,认购 50 亿股中国银行,2009 年沽出 20 亿股套现 40.6 亿港元。后来,基金会也成为大昌行集团、中国重汽集团、中外运航运、中国中铁等新股基础投资者。

2010 年 11 月 1 日,李嘉诚旗下的长江基建与港灯集团发表联合声明,宣布已在英国当地时间 10 月 29 日完成了对英国电网的收购,涉及金额约 700 亿港元。其中,长江基建与港灯集团分别承担 280 亿港元。当时长江基建手头现金达 100 亿港元、零负债,港灯集团手头现金约 47 亿港元,负债率约 4%。资金充裕,债率太低,所以此项目已由英国多家银行安排融资。此次收购可令长江基建及港灯集团在英国的业务版图大幅扩展。

2011 年,李嘉诚又将目光转向自来水企业,以 309 亿港元收购英国最主要的污水处理以及水供应公司诺森伯兰水务公司。这家公司为英国 420 万的人口服务,范围覆盖英格兰东南部以及东北部地区。

2012 年,以 77.5 亿港元收购英国天然气公司近 30% 的市场份额。

2012 年 7 月,由长江基建牵头的财团以 30.32 亿美元收购英国管道燃气业务。7 月 31 日,和记黄埔收购英国曼彻斯特机场集团。

2014 年 4 月,投资 15.12 亿美元在伦敦商业区金丝雀码头重建

ConvoysWharf，开展商住项目。长实由此成为英国最大的单一海外投资者。

2015年1月，以10.27亿英镑收购英国Eversholt铁路集团。同月，斥资约102.5亿英镑收购英国第二大移动电信运营商O2UK。

2018年3月19日，李嘉诚一手创立的亚腾资产管理公司宣布正式进军欧洲，并把总部定于英国伦敦。

2018年，斥资10亿英镑（约105.4亿港元），收购伦敦瑞银公司的总部大楼。

截至2018年，李嘉诚已经向英国投入超过4000亿港元，控制了英国三成的天然气市场、1/4的电力分销市场及约5%的供水市场，另外还有三个港口、一个通信公司、一个机场，以及其他大大小小的产业，如房地产资产、高铁公司等。从某种意义上讲，李嘉诚的长和系已经主导了英国的经济与民生领域。

因为欧债危机的影响，很多人都不看好欧洲的业务，但是李嘉诚却反其道而行之，大力投资欧洲。他说："明知现在欧洲这样，我们还要这么做（抄底投资），是因为我相信5年后这些业务都有好增长。"

2012年2月，李嘉诚以9亿欧元收购奥地利的Orange业务。

2013年1—6月，以32亿港元收购新西兰EnviroWaste废物管理公司，以9.5亿欧元收购荷兰AVR-AfvalverwerkingB.V.废物转化能源公司，以77.5亿港元收购爱尔兰电信O2业务。

2015年1月，收购荷兰的大型连锁药房Drix，但没有公布交易价格。

2015年8月，将旗下3Italia业务和俄罗斯电信公司VimpelCom旗下业务WindGroup进行合并。

2015年10月，以2.88亿欧元（约合3.24亿美元）收购葡萄牙风电公司IberwindGroup。

2016年6月，李嘉诚旗下维港投资4000万美元（折合3.12亿港元），入股德国手机银行Number26。由上可知，李嘉诚在欧洲的投资主要集中在供电、燃气和通信等领域，这类公用事业能够源源不断地产生安全持久的稳定收入，回报率在15%以上，而且即使遇到经济危机，也不会受到沉重打击。更重要的是，英国、欧美等国家更符合李家第二代的思维和做事风格，有助于他们更好地开展业务，永保基业长青。在抄底欧洲、收缩中国香港和内地投资的同时，李嘉诚也没有放弃亚洲。

2011年年初，李嘉诚斥资2.45亿马来西亚吉特林，从德国产业金法兰克福资产管理公司和马来西亚当地发展商Puncakdana集团手中，收购了西塔地带购物广场。

同年5月，李嘉诚又以4.5亿马来西亚吉特林成功竞标马来西亚的三家购物广场——梳邦再也高峰广场、马六甲永旺城市广场和第一满家乐购物广场，成功入主马来西亚的超市零售业。

2013年12月底，李嘉诚参股的新加坡亚腾公司收购了澳大利亚麦格理集团旗下的韩国地产公司。

对于自己的一系列动作，李嘉诚说："在一个真正的商业人士眼中，应该是只有赢利的业务，而没有永远的业务。任何一项业务，当它走过自己的成熟阶段之后，必将走向衰落，而这个时候如果不进行自我调整，还抱着不放，必将随着该项业务的衰落而走向失败。"

2. "商业考量，与撤资无关"

数年来，李嘉诚在内地和香港大量卖出、在欧洲大肆收购的行为，看起来确实很像是在进行资产大转移，这也难怪人们会产生猜疑。对此，李嘉诚多次出面回应说，"不会从中国撤资"，"我爱香港、爱国家，长实、和黄绝对不会迁册"，"集团从来没有撤资，有边际利润就会继续做，但上市公司始终要向股东交代，若外国回报率比香港高，自然会到外国投资"。

有一次，李嘉诚接受记者采访，谈及撤资问题，他微笑着说："外界说长和系撤资是一个大笑话。……在香港的这几百亿收租物业，我们永远不会卖。"

2013年11月，李嘉诚接受《南方周末》专访，对自己从内地和香港撤资一事做出回应。他说："我们在世界上52个国家都有投资和营运。包括地产在内，集团曾经在不同国家出售业务，有的赚了超过1000亿港元，赚数百亿港元的也有不少……以在新加坡投资为例，这二三十年来，我们与当地政府的关系非常融洽，而出售物业总值以百亿元计。过去2年多因地价上涨，在当地买不到合适的土地，现在只剩下不足1%的住宅单位尚未出售，也未持有任何收租物业。"

"企业按照法律经营，赚得盈利后再去其他任何地区投资；或因经营不善亏损、业务回报低或前景欠佳而退出，均属纯商业决定。在香港，如价钱合理，会继续买。也可能会卖掉外国的一些资产，或将资产上市，这都不稀奇。高卖低买本来就是正常的商业行为。"

对于出售内地和香港的物业及资产的行为，他解释说："一切地产买卖都是正常的商业行为。作为和黄集团的核心业务，大型住宅类项目建成以后的惯例是直接卖出，90%都会出售。实际上，今年到目前为止，我们在香港卖楼只得到了40亿港元，是近13年来最少的一年……再说，长和系在香港还拥有不少出租物业，包括长江集团中心、华人行、和记大厦、中环中心等，总面积大约有380万平方英尺。内地包括北京、上海的出租物业，总面积有500万平方英尺。这两地出租物业总市值加起来至少1700亿港元，这些物业都不会卖，而外国的出租物业与之相比，只有0.5%。"

最后，李嘉诚强调："日后即使再出售业务，也只是商业考虑，跟'撤资'没有关系。"

然而，这仍然未能平息人们对他的议论。2015年9月，新华社瞭望智库发表了署名罗天昊的文章《别让李嘉诚跑了》，在互联网上引起了轩然大波，起因是李嘉诚以200亿元出售了在上海开发的楼盘。这一举动被看成是李嘉诚撤离中国，将财富转移到欧洲的前奏。文章直斥李嘉诚："不顾念官方此前对其在基础设施、港口、房地产等领域的大力扶持，在中国经济遭遇危机的敏感时刻，不停抛售，造成悲观情绪在部分群体中蔓延，其道义的高点，已经失守。"

9月29日，李嘉诚发表了长达3页的亲笔信，公开回应关于他"撤资""不爱国"等的质疑。他说："最近一些人对我本人和集团作出毫无根据的指责，惹来网民及媒体的关注。在此，我多谢各位的关心，并借此机会做出回应。首先感谢内地、香港以及国外的朋友对我的肯定和信任，我明白言论自由是一把两刃刀，因此一篇似是而非的文章，也可引发热烈讨论，这是可以理解的，但文章的文理扭曲，语调令人不寒而栗，深感遗憾。"他在发给记者的新闻稿中说，在零售方面，他在全球拥有13 000家店铺，其中，内地从2年前的1300家增加至今天的2300家，增幅为77%。

正所谓清者自清，对于自己被抨击"不爱国"，李嘉诚诚恳地表示，"此心安处是吾家"，"我身本无乡，心安是归处"。

3. 王者回归

在英国宣布脱欧以前，李嘉诚在欧洲的投资收益还是挺可观的，2016年上半年，长和系在欧洲的税前利润同比增幅达11%，远远超出了其他地区。

出乎李嘉诚意料的是，英国"脱欧"会变成现实。他曾多次在公开场合表示，"脱欧"无论对英国还是欧洲，都会产生巨大影响。而他进军英国的初衷，本是想借助英国的自由贸易优势及在欧盟的经济实力来拓展欧洲市场，一旦英国"脱欧"，他的计划将瞬间化为泡影。

2016年6月24日，英国脱欧通过公投后，全球金融市场受到了较大影响，英镑兑换美元暴跌10%左右，李嘉诚在英国的近4000亿港元的资产也损失惨重，他旗下的四家旗舰上市公司市值（包括长和、长江基建、电能实业和长实地产）在两个交易日内累计蒸发714亿港元（约合612亿元人民币）。李嘉诚的资产净值也随之降至286亿美元，尽管他仍然是香港首富，但是已经失去了中国首富的地位。对此，李嘉诚表示："不管结果怎样，我们在英国的业务还将继续，如果英国最终脱欧，那也不会是世界末日。"

事实上，当今中国和世界都面临着百年一遇的商业变革和升级，商业模式和产业模式都在发生着巨大的变化，每个人都必然被卷入其中，深受洗礼。

随着英国开始推进脱欧进程，英镑的价值开始走弱，李嘉诚开始减少对英国的投资，将投资重心转向澳大利亚市场，以减轻对英国的依赖。2016年，李嘉诚旗下的长江基业与国家电网公司竞购澳大利亚电网Ausgrid，但被澳大利亚政府阻挠。2017年，李嘉诚另辟蹊径，以约424亿港元收购澳大利亚能源公用事业公司，从此在澳大利亚站稳了脚跟。

与此同时，李嘉诚旗下的内地和香港其他业务如零售、码头、医药，包括地产本身，依然在正常运营之中，某些业务甚至在加大投资。

2015年，李嘉诚以3.4亿港元增持长江汽车母公司五龙电动车（集团）有限公司（下称"五龙集团"）。五龙集团是一家纵向整合的纯电动车制造企业，主要股东有中信集团、李嘉诚基金会、中华创新基金会等。

2015年12月，李嘉诚参股的新加坡上市公司亚腾资产管理有限公司（简称"ARA"），斥资30亿元收购了上海陆家嘴的东亚银行金融大厦。东亚银行金融大厦原名高宝金融大厦，2008年年底，香港东亚银行以10亿元人民币买下了10层写字楼，并以此获得了大厦的冠名权，将其改名为"东亚银行金融大厦"。相比7年前东亚银行的买入价格，现在仅以30亿元人民币的价格就收购整幢大厦，显然十分划算。加上李嘉诚在2015年上半年曾以160亿元的价格出售正在兴建中的上海东方汇金中心，大赚一笔。仅花30亿就能在上海抄底一栋写字楼，又成就了他"高卖低买"的手笔。

购入东亚银行金融大厦后，李嘉诚认为内地和香港的楼市趋于平稳，打算根据楼市政策的变化进行新一轮的投资。他说："2015年上半年香港物业市况整体维持稳健，内地部分主要城市市场气氛及物业交投亦属平稳，如无不可预见重大不利发展，2015年下半年两地物业市场将维持稳定，但物业长远发展方向将继续由房屋政策所主导。"

2016年，李嘉诚又斥资19亿港元买下了香港大楼。随后，长实子公司裕辉投资公司击败17个财团，以19.53亿港元夺得沙田九肚地块。

2017年5月11日，李嘉诚在长实地产股东会议上表示，2017年物业开展业务仍会出卖价值数百亿元物业，2018年也会一样，但他同时也表示不会放弃地产业务。

李嘉诚作为商人的嗅觉依然灵敏，粤港澳大湾区概念首次亮相是在2016年的广东省政府工作报告，正是在这一年，他宣布在内地投资100亿元。2018年，李嘉诚在惠州的第一个地产项目落地，就在大亚湾！同时，李嘉诚也是惠州湾的大股东。

除了在内地投资楼市之外，李嘉诚还低调地投资内地教育。2015年12月，广东以色列理工学院在汕头启动了建院仪式。李嘉诚和广东省各级领导、以色列方要员出席了仪式。广东以色列理工学院是由汕头大学与以色列理工学院合作筹办的大学，李嘉诚基金会捐资1.3亿美元。这是李嘉诚自1981年捐资创办汕头大学、2001年捐资兴办长江商学院后，第三次斥资办学。

其实，对李嘉诚来说，相比利润，安全是更重要的。随着他日渐年老，他旗下的产业已经很难像以前那样茁壮成长，他担心自己故去后，两个儿子无法在内地长袖善舞，所以将业务重心转向欧洲，这既是无奈之举，也是自保之举。他自己也说过自己从来就不是大家口中的那个"超人"，可能算是一个成功的商人，但更希望在人生的最后能够画上一个圆满的句号，而不是在晚年节外生枝。同时，他也希望他的家人以及他的商业帝国在他故去之后能够正常运转，延续下去。

且不说李嘉诚在英国的投资的目的及正确与否，2019年他为中国华为的海外发展所做出的贡献却是有目共睹的。

2019年1月，华为多次和英国商议5G合作不太顺利，在准备搁置合作计划的时候，李嘉诚出手了。2019年1月21日，英国电信公司ThreeUK宣布与华为签订价值20亿英镑的5G合作协议。ThreeUK是李嘉诚在英国投资的电信公司，也是英国第一家要求与华为合作的电信公司。这使华为打破以美国为首的欧美国家的层层封锁，顺利走出了全球5G布局的第一步。而李嘉诚也不吃亏，得到了相应的回报。2019年1月25日，有关部门批准李嘉诚控股的电信公司在内地运营。

或许李嘉诚是出于利益的考虑才出手拉华为一把，但身为华人，打断骨头连着筋，他帮助华为打开欧洲市场的行为，无愧于曾经的华人首富称号，从中我们也看到了一个世界级华人企业家对于民族企业的支持，以及拳拳爱国之心。

第二十五章 一代儒商

李嘉诚坐拥巨额财富，却生活简朴，平易近人，在为人处世、产业经营、商业竞争等方面均有值得称赞之处。随着年龄的增长，他工作热情不减，仍然亲自打理自己的千亿资产王国。不过，考虑到家族的传承，他也未雨绸缪，提前做好了财产的分配计划。

1. 为人低调，谦逊好学

李嘉诚处世一贯低调，不像有些富豪，出了名后就大肆招摇。他深谙谦逊为人的道理，不愿哗众取宠，也不愿出席一些开幕剪彩仪式。在香港，他只是一个普通市民，不喜欢出名，更不喜欢曝光。

他在内地和香港捐的善款、做的善事不胜枚举，令人赞叹的是，他捐建的许多建筑物并没有以他的名字命名；更令人称道的是，他多次以匿名形式捐出一笔笔巨款。他这样做，说明他一不图名，二不图利。

由于从小受到传统文化的熏陶，李嘉诚处处表现出彬彬有礼、为人谦和的君子风度。1983年，汕头大学奠基典礼邀请他出席，到机场迎接他的嘉宾包括著名经济学家、汕头大学首任校长许涤新先生。李嘉诚走下飞机，一看见许涤新校长，赶快走过去与许校长长时间握手致意，谦恭的态度就如同一位学生面对教导多年的老师。

在纪念庆典上，校方请贵宾们签名留念。作为汕头大学的创建人，李嘉诚本应该在第一页写上自己的名字，但他却把名字签在了第3页。工作人员接触过李嘉诚之后，无不认为李嘉诚为人谦和亲切。李嘉诚没有因为自己的身份、地位、财富而轻视这些普通的工作人员，他谦虚低调的态度、平易近人的作风给人留下了非常好的印象。

1987年年初，李嘉诚到汕头大学参加学校第一届董事会会议，当时他正在感冒发烧，而且香港的股市有些动荡，但他依然抱病参加会议，并一直坚持工作到深夜。次日开会的时候，他的病情加重，还犯了胃病，为了不影响工作，他悄悄地让工作人员帮他买点饼干，就着白开水吃点饼干，再把药吃下去，一直坚持到会议结束。事后，他还一定要把买饼干的钱还给工作人员。

李嘉诚就是这样一个人，努力实践并希望能够达到"宁静、俭朴、平和、快乐"的境界。香港人都尊称他为"超人"，但他毕竟是个普通的人，也有劳累疲倦的时候，有时也会对朋友和身边的工作人员说："我很疲劳，希望休息！""我的身体似乎不属于我自己一样！"甚至对朋友开玩笑说，他"随时就可退休"。

李嘉诚为人谦虚谨慎，毫无出风头的想法，尽可能保持低调，但他又做不了彻底的隐士。他不是一架赚钱机器，他有情感、有理想、有信念。他清清白白地赚钱，光明磊落地做人，也善意地希望社会上的人都这样。因此，他在公众与记者面前，会自觉不自觉地宣传自己的人生观、价值观。

2008年6月26日，李嘉诚在汕头大学发表演讲，与在场师生分享了自己谦虚做人的人生准则。他认为，一个人若想拥有非凡的人生，就要有能超乎"匹夫"的英雄特质。英雄所具备的品德不仅是勇气，还要有胜不骄的度量和败不馁的德行，更要知道生命不仅仅是胜利的短暂欢欣或失败的暂时挫折。他说，人不能自欺，不能认为自己具有超越实际的能力，不能自我膨胀，不能陷入不切实际的幻想，不然就会被动地、不自觉地走向失败的宿命。

他还分享了自己为人处世的诀窍："'自负指数'，那是一套衡量检讨自我意识、态度和行为的简单心法。我常常问自己,我是否过分骄傲和自大?我是否拒绝过接纳逆耳的忠言?我是否不愿意承担自己的言行所带来的后果?我是否缺乏发现问题、预测后果和解决问题的周详计划?

"我深信,谦虚的心是知识之源,是通往成长、启悟、责任和快乐之路。在卓越与自负之间,智者会亲前者而远后者。背道而驰的结果,可能是一生成就得之极少,而懊悔却巨大,成为你发挥最佳潜能的障碍,减弱你掌控人生处境的能力。"

演讲结束后,有记者问及为何会选择以"自负指数"作为演讲内容,李嘉诚回答说:"就像我演讲时说的那样,我深信,谦虚的心是知识之源,是通往成长、启悟和快乐之路。我希望在座的每一位同学都能在卓越与自负之间,亲前者而远后者,努力成为一个出色的人。"

李嘉诚为人和善,并不意味着他对媒体就有求必应。香港记者写的有关他的新闻报道,多半来自记者招待会或"外围"采访。据传,香港记者无一人专访过李嘉诚。在香港记者中,林燕妮的名气不可谓不大,当时她替《明报周刊》做"数风云人物"访问,希望能够专访李嘉诚,但总是遭到婉拒。万般无奈之下,她只能以广告商的身份去长实洽谈业务,这才接触到李嘉诚。

林燕妮说:"李嘉诚亦不是绝对不肯接受访问,熟知他性情的长实人说,老板小风头不肯出,但很大的风头则又不同了。如果是美国《时代》杂志、《新闻周刊》采访,当然有希望了。"

当然,李嘉诚绝无歧视香港记者之意,只是不便开这个先例。香港有这么多报刊、这么多记者,他就是什么都不干也应付不过来。

作为一个具有刚毅性格的男子汉,无论外界如何评议自己,李嘉诚都一如既往地按照内心认定的目标去奋斗拼搏,去为人处世。

他对知识看得很重,从来没有因早年失学而放弃对知识的追求。

"披星戴月出门去,万家灯火返家来",是他青少年时期度过的一段岁月的真实写照。那时,他每天的工作时间是 15~16 个小时,而且没有星期天。如此辛苦的工作没有让他低下头来，为了早上不迟到，他在床头放了个闹钟，以便早上能够准时赶到公司上班。在如此艰苦的条件下，他仍然没有忘记学习。挣钱的不易及对知识的渴望使他节衣缩食，勤俭度日，用省下的钱从旧书摊上买来旧书杂志，以增加精神营养。

创业之后，李嘉诚仍然很惜时，积极工作和学习知识。他手上带着的普通电子手表比别人的手表总要快10分钟，以免误事。1950年，他刚刚创办长江塑料厂，因为没有任何财会经验，他便靠晚上自学财经类的书籍，自己完成公司的相关会计账簿。他说："结合知识与业务，就会离成功更近。"为了获取行业发展的最新资讯，他还订阅了美国的行业月刊《当代塑料》。

为了提高自己的文化知识水平，有段时间他坚持上夜校进修，回家后通过收听收音机的"空中隐形教师"节目来学习英语。

成为"地产大王"后，他仍然坚持学习，就连坐车上下班或办事的空隙都不放过，要么读书读报，要么看文件看资料。晚饭后他还会看20分钟左右的英文电视，看的时候还会跟着播音员用英语大声说出来，因为他"怕落伍"。

睡觉前他也会看书，对于非专业书籍，他只会抓重点来看标题、简介等；对于与业务相关的专业书籍，因为比较难懂，他就会查找相关资料，直到看懂为止。有时看到精彩处，他会舍不得把书放下，直到把文章看完才关灯上床。在这样的晚上，他绝对不敢看床边的小闹钟一眼，因为担心知道自己看书看得这么晚，翌日便会提不起精神，影响工作；不看闹钟，不理会自己因看书而减少了多少睡眠时间，翌晨5时59分闹钟一响，他便照样起床，收听6时整的电台新闻广播，作为一天的开始。

除了看书之外，李嘉诚还喜欢看电影。不过他看电影不是纯粹为了娱乐，而是为了进行体验式的学习。由于经常出入上流社会，他需要在电影中学习扮演不同的人物角色，以便更好理解不同社会层次、不同人群的真实想法。

李嘉诚认为，知识就是财富，就是未来。在知识经济时代，即使你有资金，也很努力，但是缺乏知识，不了解最新的资讯，失败的可能性还是很大。但是，如果你有知识，又有资金，成功的可能性就会大大增加。所以，他说："不管工作多忙，我都坚持学习。白天工作再累，临睡前我都要斜靠床头翻阅经济类杂志，我从中汲取了大量的知识和信息，我的判断力由此而来。"

在长实工作了26年的洪小莲说："李先生常说的一句话是，不懂便要学。"看着自己的老板由最初从事塑胶行业，转做地产，再发展港口、通信、石油等行业，每一门生意的细节，他都了解得很清楚，这一点使她由衷地佩服李嘉诚。

"记得我初到长实时，有一次午饭后，我坐在自己的位子上看报，李先生突然走过来，看到我在看娱乐版，他说你看这些是浪费自己的时间，全无得益，又学不到什么，值得吗？我最初的反应是，自己在休闲，无所谓。后来仔细再想，他实在说得很对，从此我便很留意自己对时间的利用和分配。"洪小莲不止一次说，若她跟的老板不是李嘉诚，今天她肯定会是另一个人。

回忆自己当年创办长江塑胶厂之前的情景，李嘉诚说："同事们去玩的时候，我去求学问，看见他们每天保持原状，而自己的学问日渐提高。当我做生意时，我便警惕自己，如果有骄傲之心，总有一天会碰壁，所以我把公司命名为'长江'——长江不择细流，不嫌弃细河流或是细的泉水，把它们都吸引过来，否则怎能汇成长江？"

李嘉诚认为，文、史、哲、政、经、科学等知识，都是现代企业家必须掌握的。如果能跟上社会进步，甚至跑前一点，判断未来的能力会更强，所以他的企业王国紧扣着香港的经济发展，或者更准确地说，是比香港的经济轨迹走前一步。

2. 视名誉为第二生命

"成由勤俭败由奢",李嘉诚始终谨记中华民族的这句训诫。他对人慷慨,对自己却严格要求。他非常重视名誉,经常说:"名誉是我的第二生命,有时候比第一生命还重要。"一些记者喜欢捕风捉影,但从未挖到过李嘉诚的绯闻。

李嘉诚吸取个别名人因行为不检点而让形象受损的教训,在社交场合,凡有女明星、女艺员、港姐、亚姐这些人物在场,他都敬而远之,更不用说与她们合影。在香港,富豪以重金包养女明星的事情并不少见,但李嘉诚对此却避之唯恐不及。香港某周刊曾放言,愿以40万港元买女明星与李嘉诚的合照。然而悬赏多年,至今仍一无所获。

有一次,澳门赌王何鸿燊的海港酒店开业,李嘉诚前去祝贺。正当两位老友兴致勃勃地聊天时,一位女明星笑容可掬地向他们走过来,在场记者连忙举起相机,等待着那价值40万港元的合照诞生。何鸿燊是主人,又与娱乐圈的女星们熟稔,见这位明星到贺,顿时眉开眼笑,趋前迎接。当他拉着女明星的手,回过头来准备向李嘉诚介绍时,李嘉诚早已不见了踪影。记者们眼见到手的横财化为乌有,大失所望。

妻子庄月明去世时,刚刚60岁出头的李嘉诚仍然精神矍铄,身体健康,又拥有万贯家财,但他的私生活却始终很检点,从不放纵自己。他对妻子忠贞不渝,因此没有人向他提及续娶之事。直到现在,他仍将妻子的遗照供在家中,每年清明节都会带着两个儿子给妻子上坟。

《明报周刊》曾发表题为《一生最怕惹绯闻,视名甚重》的文章,文中提到这样一件事:某报说,一位李姓地产商与某港姐有染,不久,香港资深女记者林燕妮首次赴华人行的长江总部,与李嘉诚商谈广告事宜。她说:"奇怪的是,一坐下来,他(李嘉诚)开腔谈的并非公事,而是澄清传媒对他的绯闻传言。李嘉诚说:'我跟某某港姐绝对没关系,亦不认识,外边乱讲。'"

李嘉诚与林燕妮谈及此事,是因为林燕妮是新闻圈中人——香港首屈一指的名牌专栏作家。他大概想借林燕妮之笔予以澄清。林燕妮事后说:"我们是做广告的,绯闻我们不关心,但他显然十分介意。"

客户并未问起此事,李嘉诚却急于澄清,再说李姓地产商有好几个,李嘉诚如此谨慎,可见他对绯闻的惧怕程度。然而,偏偏有个不识相的神奇才女,一忧"超人"丧偶数载,甚为寂寞,二缘"超人"魅力过人,为之倾倒,于是向李嘉诚大表爱意。

1995年情人节,两幅"示爱"广告赫然刊登在《明报周刊》上,求爱者是自称"无敌浪漫女作家"的西茜凰。此女姿色和风采颇佳,常在文中言及被俊男包围。

西小姐爱上的人有两个,都是香港赫赫有名的顶尖人物:一位是首席财阀李嘉诚,一位是第一才子金庸。两人皆有才(财),正如西小姐在电话中回答记者采访时所言:"才(财)子佳人。"

西小姐手书示爱广告,她给超人的题字是:"嘉千骏之长,诚万川之江。"取首尾两字,合起来就是嘉诚、长江。她在示爱广告中还称"超人"为"嘉诚贤兄",可见"情妹"用心之良苦。

西小姐的示爱方式如此露骨泼辣,使得李嘉诚避退三舍。舆论界称,才女单相思没意思,花开终不见果落地。

李嘉诚是出了名的注重形象的人物,这恰恰符合中国传统观念中的谦谦君子。他从不摒弃这一良好的习惯,从不做行为不检点之事,这使他在商业上有了更好的信誉。但也许是树大招风的缘故,在他如此注重形象和信誉的情况下,还是有许多关于他的传言。

清明扫墓是中国的传统习俗,香港人也不例外,他们每到清明节都会赶往各坟场祭祖扫墓。其中到沙岭坟场的人数居多,为避免交通堵塞,所有车辆都得停泊在入口外,然后步行进入。

有一年清明时节,有一辆房车直接驶到坟场脚下,人们纷纷围观,想看看来者何人,原来是大名鼎鼎的李嘉诚。有些人为亲睹"超人"风采而兴奋不已,有些人则愤愤不平,为何他有这等特权?一位记者向

护场的警官质询,才知道缘由。随后,他写了一篇题为《超人拜山享特权》的短文,为李嘉诚澄清事实。文中说:

"根据边界警区助理指挥官赵先生表示,只要预先申请通行证,或向住在边境区持有长期通行证的友人借上一用,贴于车上,便可驶入禁区。普通市民皆可这样做,并不限于富豪。"

事实虽然得以澄清,但是要想不被盛名所累,李嘉诚出入公众场合还是要更加谨慎小心。

3. 简简的生活更有趣

成为富豪的李嘉诚说过这样一句话:"就我个人来说,衣食住行都非常简朴,跟三四十年前根本就是一样,没有什么区别。"

诚然,李嘉诚的财富并不是靠节俭积攒而来,但我们仍然不能否认节俭对于财富积累的重要作用。一个人如果养成了挥金如土的习惯,即使拥有金山银山,早晚也会被挥霍一空。

简单举例来说,在香港山顶区买一幢豪宅就需耗资数亿港元,买一艘超豪华游艇也需耗资数亿港元。因此,单买几幢豪宅、几艘豪华游艇,就可使金山坍塌。李嘉诚没有这样做,他在自己1962年结婚时购置的那幢房子里一住就是30多年。

李嘉诚的境界还不止于此,他不是单纯地为了节俭而节俭。"充实人生,勿使虚度",这是他的一个座右铭。尽管是华人巨商,但他不为自己的功业骄傲;尽管拥有巨大财富,但他没有安于现状、享受人生。

那么,李嘉诚是怎样看待自己用心血和汗水换来的功业和财富呢?他所持的态度是:"要多做公益事业,多救济残疾及贫困的人,特别是要用在教育和医疗方面……要乐于助人,对自己要节俭,对别人要慷慨……"

据知情者说,李嘉诚虽贵为长江实业集团董事局主席,但他的办公室和会客厅的装饰和摆设却极为简单,"几乎没有什么太值钱的东西",

他那张普通的皮椅一坐就是 20 多年,从来没有要求更换过。即使与长实系财团属下的附属公司总经理们的办公室相比,李嘉诚的办公室也多少有些寒酸。

一般人会认为,李嘉诚这样的"大人物"应该是高贵威严、唯我独尊的。他浑身上下应该穿着超级名牌,吃的大概是满汉全席的规模,身边也肯定会跟着一批保镖。然而,李嘉诚的做法与世俗人的想法截然相反。

他经常穿一套普通的黑色(或深蓝色)西装,搭配雪白的衬衣和条纹领带,并且春夏秋冬几乎一样。夏天天气热,巡视工地时,他有时也把西装外套脱下来。一个冬天,一位陪同人员笑问他:"李先生,您不怕冷吗?"他却笑着回答:"我倒喜欢较冷的天气!"工作过程中,西装衬里的骑缝线裂开了,他一忙起来,来不及叫人去缝就走了。

他从不炫耀自己的衣饰和身份,人们也没有看到他披金戴钻。他穿的皮鞋同样很普通,只是擦得很亮,当然这是礼仪需要。出门时,他带的小皮箱只装着洗漱用具、内衣睡衣,还有一些必要文件。

他说:"衣服和鞋子是什么牌子,我都不怎么讲究。一套西装穿十年八年是很平常的事。我的皮鞋 10 双有 5 双是旧的。皮鞋破了,扔掉太可惜,补好了照样可以穿。我手上戴的手表也是普通的,已经用了好多年。"

李嘉诚的饮食也比较简单,经常是一菜一汤或两菜一汤,饭后一个水果。巡查工地时,和工人一起吃大众盒饭,他照样吃得津津有味。宴请客人的时候,他常常把客人带到公司总部的宴会厅吃饭,一般连水果在内共 8 道菜。碗是小号的,分量也是有控制的,使客人能够吃得恰到好处,不致不够,也不致胀腹,更不致浪费。

多年来,李嘉诚不抽烟不饮酒,很少去参加舞会,受人邀请时,他也极力避免。他唯一的嗜好就是打高尔夫球。

他虽有名贵的房车,却喜欢乘坐普通的轿车,有时也会坐的士。

总的来说,李嘉诚给别人的整体印象是朴实中透着风度,简约中流露出不凡气质。

有的人不明白李嘉诚为何要这样做，李嘉诚说："我现在的生活标准甚至还不如1962年的生活标准。我觉得简单的生活更有趣。"

作风如此务实的李嘉诚，得到了不少媒体的赞誉。

美国《幸福》杂志评价李嘉诚是"最为俭朴的亿万富翁"。该杂志在一篇题为《海外华人喜欢挣钱而不喜欢花钱》的文章中说：

"亚洲除日本以外的财富大部分掌握在海外华人手中，这批人既有特殊的才能，又富有创造精神。""（他们）工作刻苦努力，不断进行再投资，并大力发展教育事业。他们憎恶摆阔式的消费，特别喜欢多挣少花。他们把挣到钱看作极大的乐事，是生活中最激动人心的事情；他们热心于慈善事业，慷慨捐资，但是，在个人消费方面，他们很可能是世界上最为俭朴的亿万富翁……在香港从事房地产交易的李嘉诚已获得25亿美元的资财，但他对俭朴的生活更有兴趣。他在国外没有任何房产，赴约都是乘公共汽车前往。"

美国《财富》杂志这样说道，在全世界的超级富豪中，"有的挥霍无度，也有的生活节俭"，而"最节俭的是香港大亨李嘉诚"。

1992年5月20日《人民日报》（海外版）在《李嘉诚生活俭朴》一文中，引述李嘉诚的话说："我这个人对生活要求并不高，简单的生活是我的愿望。如果有一天我老了，不用工作了，我还是希望过简单的生活。"

4. 商场做对手，场外做至交

中国有句俗语："做事先做人。"这是许多中国人的为人处世之道。李嘉诚的挚友庄世平，对李嘉诚事业成功的关键用"待人以诚，执事以信"八个字作了精辟的概括。

"诚信"二字向来被李嘉诚奉为做生意的宗旨，并认为这是企业能否成功的关键。他说："我做生意一直抱定一个宗旨，就是不投机取巧和以诚待人。""在香港及世界各地做生意,信用最重要。一时的损失,将来是可以赚回来的,但损失了信誉,就什么事情也不能做了。"香港的记者和评论家对李嘉诚的品德评价说:"在投机与不诚实的环境中,很多人靠欺骗来赚大钱,李嘉诚很诚实、正直,对自己的事情负责。""李嘉诚的发迹靠'诚',他的最大资产也是'诚'。""李嘉诚忠实可靠、言行一致,人如其名。"

李嘉诚说过:"最简单地讲,人要去求生意就比较难,生意跑来找你,你就容易做……顾信用,够朋友,这么多年来,差不多到今天为止,任何一个国家、任何一个省份的人,跟我做伙伴的,合作之后都能成为好朋友,从来没有一件事闹过不开心,这一点我是引以为荣的。"

最典型的例子莫过于老竞争对手怡和。李嘉诚鼎力帮助包玉刚购得九龙仓,又从置地购得港灯,还率领华商众豪"围攻"置地。然而,李嘉诚并没因此与纽璧坚、凯瑟克结为冤家,不共戴天。第一次"战役"后,他们握手言和,还联手发展地产项目。

"要照顾对方的利益,这样人家才愿意与你合作,并希望下一次合作。"追随李嘉诚20多年的洪小莲,在谈到李嘉诚的合作风格时说,"凡与李先生合作过的人,哪个不是赚得盆满钵满?"

善待他人,是李嘉诚一贯的处世态度,即使对待生意上的竞争对手亦是如此。

众所周知,李嘉诚和李兆基是高尔夫球友,是高尔夫球"四大天王"中的两个,他们经常到俱乐部玩球,几乎形影不离。但是,这两个朋友之间,却展开过几乎是你死我活的商业竞争。

是所谓"商场无父子"吗?既是又不是。说"不是",是因为所谓"商场无父子",是指那种为了利益六亲不认、为富不仁的行为,这种行为从来为人们所不齿;而说"是",是因为他们在商言商,把感情深埋于心底。他们的用意,是既不让铜臭玷污了友情,又不让友情影响了生意。

李嘉诚的长实与李兆基的恒基,在新界马鞍山均有大型商居楼盘,长实的叫海怡花园,恒基的叫新港城。两个楼盘仅隔一条马路,两人在美丽华之役后，再次展开了竞争。

第一回合，始于1994年年底，李嘉诚先声夺人，减价推出海怡花园，很快便卖出800余个单位，使李兆基的新港城看客锐减。李兆基急忙还招，也来个减价售楼。

1995年7月13日，恒基宣布以先到先得的方式开售248个单位，售价为每平方英尺4100港元，比二手价还便宜；恒基还推出九成按揭，住户只要交一成的楼价就可以入伙。更新鲜的是，恒基搞幸运抽奖，1/10的中奖率，中奖者可得十足黄金。

装修示范单位，是长实的一贯做法，但李兆基另有创新。他聘请著名设计师萧鸿生推出8款装修，供买家任意选择，最便宜的一款仅4万多港元一套单位。

7月14日，恒基安排看楼，公司的免费巴士不停地往返于沙田广场至新港城之间。私车看客，可获3小时免费停车。看客免费享用早餐、晚餐。这又是系列吸引看客的条件之一。

聪明的李嘉诚，岂会错失马鞍山看客如云的良机？他做了一个非常合算的安排。7月13日晚，长实从媒体获悉恒基的楼价后，马上将新港城对面的海怡花园定价为每平方英尺售4040港元，较新港城的平均楼价要低60港元。

7月14日，长实又火速请名师高文安设计监做示范装修单位，赶在15日向看客开放。时间太仓促，示范单位非实楼，而是模型。

7月14日晚，长实董事洪小莲出席恒威25周年酒会时向记者表示："我们的海怡花园比新港城优胜好多好多。"

一般竞争对手在公众场合，会可能避免过激语言，尤其不宜直言不讳地褒己贬他。洪小莲此番话，想必是有意为之。《壹周刊》评论道："这个破天荒的评论，掀开了李嘉诚和李兆基马鞍山之战的序幕。"

两强对撼，在售楼现场更呈剑拔弩张之势。

长实的职员对看客说，海怡花园比新港城便宜，请的是著名设计师高文安，装修和用料也比新港城好。而新港城的经纪商也大肆挖苦海怡花园:"我们这里有八佰伴购物中心,海怡连街市都没有,商场又小,没得比。"当看客说海怡花园有美景时,经纪商笑道:"论海景,马鞍山的都差,向西北;买新港的山景单位,向东南,岂不更好!"

7月16日,恒基造势达到了高潮,与新港城相连的八佰伴商场开张,看客如潮。长实见势不妙,第二天晚上11点左右在排队等候新港城发售的人龙面前(已有180余人连夜排队),挂出一条醒目的长幅——"海怡花园每尺仅售3275港元起!"一时间,新港城排队的人龙缩了一截。

记者采访李兆基,他强装出轻松的模样,表示不会再减价与海怡花园对着干,"只要楼盘好,买家就不会计较这几十港元"。

几天后,李兆基的249个单位好歹推了出去。上次美丽华收购战,李兆基力挫"超人",胜券在握。这次马鞍山比拼,长实总算杀了李兆基处处与"超人"争锋比肩的气焰。

值得注意的是,李嘉诚和李兆基虽然在商场上互相厮杀,毫不客气,但是并没有影响双方的关系,二人仍然经常相聚,共享友情之乐。

李嘉诚重感情,对于商战中的对手,并不排斥在场外做至交。不仅如此,他还懂得体恤下属,让下属分享利益。在与"客卿"的合作中,他也很善于为他人谋利益,做到仁至义尽。

前已提及,杜辉廉也是曾对李嘉诚的事业鼎力相助的一个"客卿"。

1984年,唯高达公司被万国宝通银行并购,杜辉廉随之参与万国宝通国际的证券业务。杜辉廉是长实多次股市收购战的高参,并实际操办了长实及李嘉诚家族的股票买卖,因而被商业界称为"李嘉诚的股票经纪人"。

1988年年底,杜辉廉与他的好友梁伯韬共创百富勤融资公司,李嘉诚当即决定帮助百富勤公司,以报杜辉廉相助之恩。杜、梁二人各占百富勤公司35%的股份,其余股份由包括李嘉诚在内的十八路商界巨头参股。这些商界巨头也得到过杜辉廉的帮助,所以在接到李嘉诚的邀请后都欣然允诺。他们都和李嘉诚一样不入局、不参政,目的仅在于助其实力，壮其声威。

李嘉诚的意思是，用人者与所用的人应该利益均沾，这样才能保持长久的合作关系。相反，仅考虑自己的利益，而无视对方的权益，只能是一锤子买卖，使自己的生意做断做绝。

"如果生意只有自己赚，而对方一点不赚，这样的生意绝对不能干。"李嘉诚说，"重要的是，首先得顾及对方的利益，不可为自己斤斤计较。对方无利，自己就无利。要舍得让利，使对方得利，这样，最终会为自己带来较大收益。"

5. 三权分立——用心良苦的分家方案

进入21世纪后，李嘉诚的商业帝国控制着六大上市公司，这六大公司的业务彼此相关度颇低。它们分别是：长实集团有限公司，主营物业发展与投资、地产代理、楼宇管理、控股；和黄，主营物业发展、货柜码头服务、零售业、制造业、电信和电子商务发展；长江基建集团有限公司，主营运输、能源、基建材料、基建工程；香港电灯有限公司，主营发电与电力供应；TOM集团有限公司，主营门户网站、互联网信息、户外媒体、印刷、电子商务及软件开发等；长江生命科技集团有限公司，从事生物科技产品的研发、商品化、市场推广及销售。总体而言，李氏商业帝国有7项主要业务：港口及相关业务、电信、物业发展及控股、零售生产及其他、能源、基建、财务与投资。

据统计，香港每7套住宅中就有一套是由李嘉诚的公司建造。他还控制着香港70%的港口物流，在公用事业、移动通讯服务等行业也拥有巨大的市场份额。他在内地的成就，尤其是零售业和房地产，也令人瞩目。

作为这个庞大的商业帝国的掌门人，尽管已经后继有人，但年过八旬的李嘉诚仍然没有退休的意愿，在争议声中开展"80后"的工作。

每周，李嘉诚都在办公室里工作五天半，他说："勤奋是个人成功的要素，所谓'一分耕耘，一分收获'，一个人获得的报酬和成果，与他所付出的努力有很大关系。运气只是一个小因素，个人的努力才是创造事业的最基本条件。"

在一次业绩发布会上，他说："我今早4点多起床，打完球再参加一个活动才来这里。我看到很多比我年轻十几岁的同事都在打呵欠，但我完全没有。我干得很开心！"话语中流露出"活到老干到老"的拼劲。

每天早晨，李嘉诚都会在办公桌上收到一份当天的全球新闻列表。这份新闻列表没有写内容摘要，而是一个个"原封不动"的新闻标题，主要来自《华尔街日报》《经济学人》《金融时报》等全球知名媒体。这些关于全球经济、政治、地产、贸易、财经等各行各业的报道，如潮水般汇入李嘉诚的大脑，经过冷静的分析、缜密的思考，最后化繁为简，帮助他做出精准的预判。

进入2012年，李嘉诚84岁了，家业交班的问题日渐引起外界的关注。

赵本山的小品中有一句话："人生最痛苦的事情是，人没了，钱还在。"对于穷人来说，也许不存在这样的痛苦。但对于富豪来说，这确实是个问题。尽管中国有句俗话："钱乃身外之物，生不带来死不带走。"但对一个富豪而言，寿终正寝前如规划不当，留下一大笔财富，终究会后患无穷。

相比西方，财富传承对香港人还是个较新的概念，目前仍处于财富从第一代向第二代传承时期。香港企业更看重人际关系，重视父业子承，往往要求第二代、第三代参与上市公司营运，预备日后接棒掌舵。

这样做通常会衍生两个问题：第二代能力可能不如第一代，导致第一代不愿或不敢退休，担心自己离开之后企业王国会衰落；第二代人之间可能"同室操戈"，导致企业分裂，甚至为争产争权对簿公堂。这也让投资者担心一旦李嘉诚身故，不但其事业将发展停顿，而且会出现争产风波。

事实上，香港由于这个问题解决不好而造成的豪门纷争也越来越多，事业和财富的传承问题开始陆续浮出水面。

2011年，澳门赌王何鸿燊家族爆发分家之战，何鸿燊的律师控告二太太蓝琼缨、三太太陈婉珍、二房5名子女等11人非法配股及转移资产。几房妻儿公开争夺赌王家产，一场家族战争爆发。拥有巨额家产的何鸿燊尽享齐人之福后，不得不面对自己造成的尴尬局面。

此外，还有华懋集团王氏家族因主席龚如心去世引起的争产案、南丰集团陈廷骅家族争产案、新鸿基地产郭氏三兄弟争产案……亲人反目、诉诸法庭的现象屡见不鲜。

相比龚如心、何鸿燊等家族争产的热闹，霍英东家族从表面上看并无兄弟阋墙的先兆。2010年年底，此前皆称家业继承已经妥善安排的霍家兄弟公然内讧，霍英东长房三子霍震宇上诉至香港高院，控告霍英东集团总裁及遗嘱执行人、兄长霍震寰私吞遗产，霍震霆等10余名家族成员均在被告之列。

2011年3月，香港新鸿基地产联席主席郭炳江和郭炳联，因涉嫌贿赂政府官员被香港廉政公署拘捕。而该案件疑因几年前的郭氏家族风波引发，向廉政公署举报郭氏兄弟的正是与他们争夺家产的亲兄弟郭炳湘。受此消息影响，新鸿基地产股价暴跌13%，市值一日蒸发382亿港元。

或许正是因为这个原因，年届84岁的李嘉诚至今仍亲自打理他的千亿资产王国。他曾在一次接受采访中表示，退休后，长子李泽钜会负责他在香港的上市业务，次子李泽楷则接管海外的私人生意，而且强调香港业务和海外生意的市值差不多，间接暗示会把财产均分给两个儿子，不至于有兄弟争产的风波。

李嘉诚这一决定也算是未雨绸缪，十分明智。

目前李嘉诚共有4个孙子、3个孙女。长子李泽钜和妻子王富信连生3个女儿后，于2006年生下第一个儿子；次子李泽楷与梁洛施生了3个儿子。因此，李嘉诚的巨额资产，未来可望由传承李家香火的4个男孙来继承和打理。而身为香港电讯盈科集团主席的李泽楷个人身家也十分丰厚，估计有13.5亿美元，因此他的3个儿子未来除继承来自爷爷李嘉诚的千亿身家，还有李泽楷的数十亿资产，被外界认为分得的财产将比李泽钜的独子来得多。

不过，由于李泽楷与梁洛施的关系特殊，他们的3个非婚生子将来能否顺利继承父业还无法预知。

梁洛施是香港著名歌手、影视演员，12岁时得到演艺界大腕杨受成的赏识，因具有一股"争气"劲儿加上美貌，顺利签入英皇娱乐集团有限公司，合约为期18年。16岁时，梁洛施正式出道，杨受成不惜重金为她安排各种演出、广告活动，并将她推向影视界。在陈可辛导演的《春田花花同学会》一片中，梁洛施与英皇娱乐集团有限公司一哥谢霆锋演绎了一个搞笑的故事，这部影片受到影迷的一致认可。

2008年年初，梁洛施与李泽楷传出绯闻。随后，在李泽楷的资助下，梁洛施通过法律途径提出与英皇娱乐集团有限公司解除合约。双方纠缠半年后，终于达成庭外和解。谈及此事，杨受成有些无奈地说："我们处理得很成熟，对方要求解约，最好合理去谈，终于谈成。你不让她走，她不接工作。告她，又有什么赔偿？又没有朋友做，好头不如好尾，和平解决。"

2009年6月4日，22岁的梁洛施为李泽楷生下1个儿子，自此飞上枝头变凤凰，从此改写人生，被称为"现代灰姑娘"。这个孩子的诞生使一向稍显叛逆的李泽楷与父亲的紧张关系得到了很大程度的缓解。李嘉诚为这个孙子取名为"长治"，"长"是辈分排字，而"治"则是他希望孙儿能够"自治"，将来自律自省，成人成材，对他人、对社会有所贡献。

2010年6月底，梁洛施又为李泽楷生下一对双胞胎儿子。令人遗憾的是，这段事实婚姻仅仅维持了3年时间，因李泽楷公务繁忙，二人聚少离多，感情渐淡，最后决定分手。梁洛施与李泽楷聚散匆匆，但她为"小超人"留下子嗣，也为李氏家族商业帝国的继承带来了一些悬念。

2012年5月25日，李嘉诚在出席旗下公司长江实业与和记黄埔股东会后，向媒体披露了他对财产的分配计划：

长子李泽钜将得到超过40%的长江实业与和记黄埔的股权，以及加拿大最大的能源公司赫斯基35%的股权。这三块业务是李嘉诚旗下最值钱，也是权重最大的资产（约2000亿港元）。

对于次子李泽楷，李嘉诚也丝毫没有吝啬，表示会全力协助他的事业。据李嘉诚透露，李泽楷看中的新资产，并非"和黄系"六大业务，也不是传媒和娱乐业务，属于可长线发展的传统行业，与之洽谈业务的都是香港和海外的公司。

港媒称，从分配的公平性来说，李嘉诚两个儿子分到的财产无论是实物还是股票、现金，数量上是旗鼓相当。

李嘉诚说，两个儿子的事业会朝不同方向发展，在事业和财产方面都不会发生冲突，"两兄弟一定有兄弟做"。他还向媒体表示自己身体很好，仍没有退休的打算。目前公司有一班优秀的管理人才，如果自己休假几个月去旅行，相信有长子李泽钜及一班同事打理，一定能管理得很好。

一同出席记者会的李泽钜表示："爸爸的安排我们永远都OK。"被问及会不会担心给予李泽楷的钱多于"长和系"，他笑说父亲没有这么多钱。李嘉诚透露，李泽楷对财产的分配也很满意。李泽钜被问及会不会觉得父亲偏心，李嘉诚代答说，李泽钜若不满意，可以和李泽楷交换。

据《福布斯》2012年年初的统计，李嘉诚的身家多达255亿美元（约合1989亿港元），全球排名第9位，连续多年稳居华人首富的宝座。长和系拥有多家公司在香港上市，其中长实、和黄、电能和长江基建均是举足轻重的大蓝筹；此外，还拥有和电香港、长科及TOM集团等，都在各自所在行业占据重要地位。截至2012年4月30日，长江集团旗下在香港上市公司的总市值为8230亿港元。

李泽钜凭借扎实低调的作风，已逐渐接手李嘉诚旗下的多项资产，并成为实际控制人。他本人也因数次成功的投资案例，被商界人士誉为"香港最有影响力的企业家之一"，个人家产超过50亿港元。

"小超人"李泽楷则高调得多，他热衷于投资新媒体，擅长资本运作。1991年，李泽楷投资4亿美元创办香港卫视，1993年以9.5亿美元卖出，引发世人瞩目。同年，他创办盈科集团，2009年在一片反对声中实现电信盈科私有化，赚取了超过 55 亿港元的收益。目前家产过百亿港元。

除了李泽钜和李泽楷两个儿子外，李嘉诚觉得自己还有第三个儿子，也就是他的"李嘉诚基金会"。因此，在分配财产时，他也谈到了这一基金的分配。他说，基金占了他家产的很大一部分，基金将由两个儿子共同管理。他希望两个儿子都能接受这个决定。

可以看出，李嘉诚的分产方法比较聪明、理智，也为两个儿子接班减少了变数。他的分家安排之所以深受投资者关注，不仅因为其涉及多家大型上市公司的未来管理，也因为这个安排为华人社会的财富传承难题提供了值得思考借鉴的案例。

2016 年 7 月 29 日是李嘉诚的 88 岁生日，亲朋好友都来给他祝寿。这一年，李嘉诚的视力和健康都大不如前，但是他并不担心这些，还说自己是老当益壮。他说："如果我想，那么在接下来的 5 分钟之内或今天的任何时候，我就能退休。我的儿子，50 多岁的李泽钜，已经在我身边工作了 30 年，最近几年更是全天候打理生意。不过，现在还没有定下让长子接班的确切日期，现在的分工还会持续。"

时间转眼来到了 2018 年，李嘉诚 90 岁了，他终于决定退休了。2018 年 3 月 16 日，长和港交所发布公告称，90 高龄的李嘉诚即日起卸任董事会主席一职，由长子李泽钜接棒。随后，李嘉诚也发布了退休声明，全文如下：

"回望过去，本人由 1950 年创业开始，1972 年长江实业（集团）有限公司上市，于过去 68 年间，一直带领长江集团稳步发展，经内部增长及收购合并，积极拓展业务及收益多元化与全球化，并适时作策略性检视以及重组，尽心尽力为股东争取最佳利益及回报增值，本人衷心感谢各股东多年来对本人的支持及信任。

"往后应董事会要求，本人同意出任公司资深顾问，冀为集团继续做出贡献，就重大事项提供意见。

"董事会亦建议并推选于长江集团与本人并肩服务 33 年之李泽钜先

生出任公司主席,并续任董事总经理,而一众高层行政人员全体将继续与李泽钜先生共同推动集团迈向崭新业务里程。本人希望各股东能对李泽钜先生的领导继续给予全力支持。集团对前景充满信心。

"处身充满竞争及挑战的全球化年代,具智慧、创意澎湃、经验丰富及勤奋忠诚的员工,是集团最宝贵的资产。谨借此机会,对董事会同仁及本集团各部门忠心员工年内之勤奋工作、忠诚服务及贡献,深表谢意。"

5月10日,在最后一次主持股东大会后,李嘉诚正式交棒给长子李泽钜。他则转任长和系资深顾问,佣金为每年5000港元。对此,他表示自己只是顾问,而不是掌权者。

作为全球华人商界领袖、蝉联20年的香港首富,李嘉诚是一个当之无愧的传奇人物,在很多香港人看来,李嘉诚退休也象征着"一个时代结束了"。但虎父无犬子,李泽钜作为"长江帝国"的新掌舵人,已经用自己的实力证明,他有能力带领这艘巨轮继续前行。

6. 既富且贵的人生追求

对于金钱,李嘉诚有着自己独到的见解:"要在商场获得成功,首先要学会处理自己的金钱,明白金钱得来不易,非要好好地爱惜它、保管它不可,切忌花天酒地、花个精光。因为金钱本身也好像有灵性似的,你不理会、不爱惜它时,它就会无情地和你分手。"

他常说:"世界上并非每一件事都是金钱可以解决的,但是确实有很多事情需要金钱才能解决。"

他的公司从无到有、从小到大,在经商的过程中,他深深地体会到了赚钱的艰辛。但是,他做生意与做人都有原则,正如他所言:"是我的钱,一元我都要;不是我的钱,送到门口我也不会要。"这话是他经常挂在嘴边的。

和黄在巴哈马有很多投资,巴哈马政府要给李嘉诚一个赌场牌照,每年可赚2亿美元,但他认为这种生意不适合自己,于是拒绝了。在滚滚红尘中，拒绝那些对人有害的生意，让自己的良心得到安宁，比赚多少钱都有意义。

君子爱财，取之有道。李嘉诚说："1957年至1958年，我赚了许多钱，那两年，我很快乐。"一年后，快乐换来迷惘，他想："有了金钱，人生是否就可以快乐呢？"左思右想，他终于想通了："当你赚到钱，有机会时就要用钱，这样赚钱才有意义。"

尽管腰缠万贯，但是李嘉诚始终没有将自己定位为一个富翁、一个有身份有地位的富豪，而是甘愿做一个平常人，过平常人的生活。他说："上天给我恩赐，我并没有更多的财产要求。如果此生能够做点对人类、对民族、对国家长治久安有益的事情，我是乐此不疲的。"

新加坡《联合早报》在《香港地产大王李嘉诚》一文中说，"李嘉诚从不炫耀自己的财富"，"李嘉诚最为香港财经记者与股评专家推崇的是克己奉公，在合适的时间以个人的财力去资助公司的发展，跟一般中饱私囊、拿公司的钱私下去另开天地的商人完全不同……他很重视提高华人的声誉，而且热爱乡土，乐善好施"。该报还说李嘉诚"大智大勇，艰辛创业，富贵不淫"。

2005年在接受央视《面对面》节目专访时，李嘉诚直言："富贵两个字，不是连在一起的。这句话可能得罪了人，但是其实有不少人富而不贵。"李嘉诚认为，真正的"富贵"是要懂得用自己挣来的金钱，对社会尽一点义务和责任。"只有你做些让世人得益的事，这才是真财富，任何人都拿不走。"

曾经有一份研究报告预测，中国奢侈品消费额将维持20%的增长率，到2015年将达到115亿美元，中国将成为全球第二大奢侈品消费国。而中国社会科学院经济研究所收入分配课题组公布的我国基尼系数已经达到0.46。两条消息合起来看，似乎让人直觉上可以判断：我们已经有很多富人了，但他们并未将多少财富用于慈善和公益事业，而是对钻石名表之类的奢侈品趋之若鹜。

我们的商业公司追求什么？我们的商业社会追求什么？也许李嘉诚

热心公益事业的手笔，很多企业家一辈子都无法企及，但是，我们应能触及李嘉诚富贵观念的真谛。财富有高低之分，对财富的态度同样也有贵贱之别。对财富的态度是在创造财富的过程中练就的，而不是拥有财富平台之后凭空产生的善心。

有些人因为碰上改革开放的好机会而捷足先登，发了点小财，从此安于现状，整天吃喝玩乐，放荡颓废，不思进取，碌碌无为，坐吃山空。这种态度会消磨人的意志，很可能会让人坠入贫穷甚至灾病之中。而李嘉诚绝不是"小富即安"的人，他时刻居安思危，奋起直追，不知疲倦地创造财富。富可敌国后，他成立了以自己的名字命名的基金会，并把基金会当成自己的第三个儿子，愿意将资产的1/3交给基金会做公益事业。他常年穿着蓝色传统西服，佩带仅值26美元的手表，跟家人的聚餐通常是简简单单的四菜一汤。

某天早上，他到停车场去取车，伸手在口袋里拿钥匙时，不小心掉落一枚2港元的硬币，刚好滚到另一辆车的车轮底下。于是，他蹲下来尝试着把硬币拾回。有一个印度籍的服务生看见李嘉诚蹲下，急忙走上前来问有什么事，李嘉诚告诉他后，他立即帮忙捡起来，交给了李嘉诚。李嘉诚接过硬币，从口袋里拿出100港元钞票奖励给这个服务生。

服务生不明白李嘉诚为什么这样做。李嘉诚说："要是我不拾这个硬币，车子一开它便会掉进坑里，从世上消失了，但是现在我拾回它，它便可以继续它的用途。我另外给你100港元，这些钱是有用的，不会消失。"

这件小事说明了李嘉诚的一种理财哲学，也说明了他的思维风格，那就是用社会总净值的增损来判断个人行为合理与否。只要社会总净值增加了，自己损失一点也不算什么；相反，如果社会总净值减少了，自己即使收获了一定的利益也是损失。

沧桑的目光和稚嫩的目光交集到一起，往往能触及人类心灵中最珍贵的东西。李嘉诚在与孙子共享天伦之乐时，打开一本故事书《盔甲骑士》，读后竟然大有感悟。

书中的主角是一位心地善良、英勇善战的骑士，他杀死作恶多端的恶龙，拯救遇难的美丽少女，赢得了国王赏赐的闪亮盔甲。他习惯了盔甲的光芒，时刻舍不得脱下，久而久之，连他美丽的妻子朱丽叶和可爱的儿子克里斯托弗都记不清他的面容了，最后连他自己也忘记了自己的真面孔。妻子对他说："你爱盔甲远甚于爱我。"她和儿子准备离开他。

骑士蓦然惊觉，他想脱下盔甲，可是盔甲已经生锈，再也脱不下来了！骑士去请全国最有名的大力士铁匠帮忙，却无功而返。于是，他到远方去寻找能解开盔甲的人。历经沉默之堡、知识之堡和志勇之堡，骑士终于在真理之巅卸下自己人格的面具，发自他内心深处的泪水最终融化了已经锈蚀的盔甲。

李嘉诚热心地向大家推荐这本《盔甲骑士》，在他看来，财富就像国王赏赐给骑士的那副闪亮的盔甲，考验着我们的人生态度。财富会生出很多境界，或低微，或伟大。如果财富有灵性，可以选择它的主人，那么，它会选择怎样的主人呢？大多数人希望财富选择一个有正义感、有爱心、对社会有责任感的主人，在这样的人手中，财富更能增进大多数人的幸福。这也说明，财富只是人生利器，它以何种姿态出世完全取决于拥有者的态度和运用。

财富拥有者修养的深浅决定了财富境界的高低，拥有者越能为财富赋予积极的社会意义和精神内涵，财富就越能脱离其纯粹金钱的本意，而成就高尚的境界。

良田千顷，日食不过三餐；广厦万间，夜眠占床八尺。如果仅仅把富贵人生理解成为金钱奔波，沦为失去精神家园的奴隶，我们就无法理解李嘉诚回馈社会的善举。更多的中国企业家应从李嘉诚身上领悟到，财富这副黄金盔甲穿上身只是为了更好地征战，卸下黄金盔甲，企业家便能成为构建社会和谐的引领者。

企业的强大是国家强大的名片。企业家不贪财恋富，在更为高远的价值观驱动下，更能促使人们专注于商业智慧的挖掘和运用。这就是一个真正富贵的生活境界。

李嘉诚悟透了商道，更是悟透了人生大道。